Kohlhammer

Herausgeber:

Der SEEGEN-Verbund

Leitung: Prof. Dr. med. Harald Gündel
Klinik für Psychosomatische Medizin
und Psychotherapie
Albert-Einstein-Allee 29
89081 Ulm

Ansprechpartner und Kontakt:
Maximilian Baxendale (Koordination)
seegen@uni-ulm.de

AutorInnen:
Peter Angerer, Maximilian Baxendale, Kirsten Bikowski,
Karl Blum, Marieke Born, Ulrike Bossmann, Antonia Drews,
Rebecca Sarah Erschens, Melanie Gantner, Melanie Genrich,
Elena Gesang, Anja Greinacher, Manuela Gulde, Nicole Hander,
Madeleine Helaß, Florian Junne, Thomas Klein, Janna Küllenberg,
Imad Maatouk, Nadine Mulfinger, Christoph Nikendei,
Natalia Radionova, Monika Rieger, Eva Rothermund,
Sascha Ruhle, Jochen Schweitzer, Tanja Seifried-Dübon,
Felicitas Stuber, Stefan Süß, Elena Tsarouha, Britta Worringer,
Ute Ziegenhain, Stephan Zipfel, Dagma Brendle, Jens Walkowiak,
Sabine Lettau, Marc Jarczok, Julika Zwack, Lucia Jerg-Bretzke,
Martin Peters, Jolanda Brezinski, Ronald Limprecht,
Regina Krisam, Meinhard Kieser, Maja Stiawa, Bernd Puschner,
Anna Ehmann, Andreas Müller, Meike Heming,
Kira Schmidt Stiedenroth, Lisa Guthardt, Anja Sander und
Harald Gündel.

Der SEEGEN-Verbund (Hrsg.)

Seelische Gesundheit am Arbeitsplatz Krankenhaus

Was macht uns stark und wie bleiben wir gesund?

Das SEEGEN-Gesamtmanual

Verlag W. Kohlhammer

Dieses Werk einschließlich aller seiner Teile ist urheberrechtlich geschützt. Jede Verwendung außerhalb der engen Grenzen des Urheberrechts ist ohne Zustimmung des Verlags unzulässig und strafbar. Das gilt insbesondere für Vervielfältigungen, Übersetzungen, Mikroverfilmungen und für die Einspeicherung und Verarbeitung in elektronischen Systemen.

Die Wiedergabe von Warenbezeichnungen, Handelsnamen und sonstigen Kennzeichen in diesem Buch berechtigt nicht zu der Annahme, dass diese von jedermann frei benutzt werden dürfen. Vielmehr kann es sich auch dann um eingetragene Warenzeichen oder sonstige geschützte Kennzeichen handeln, wenn sie nicht eigens als solche gekennzeichnet sind.

Es konnten nicht alle Rechtsinhaber von Abbildungen ermittelt werden. Sollte dem Verlag gegenüber der Nachweis der Rechtsinhaberschaft geführt werden, wird das branchenübliche Honorar nachträglich gezahlt.

Dieses Werk enthält Hinweise/Links zu externen Websites Dritter, auf deren Inhalt der Verlag keinen Einfluss hat und die der Haftung der jeweiligen Seitenanbieter oder -betreiber unterliegen. Zum Zeitpunkt der Verlinkung wurden die externen Websites auf mögliche Rechtsverstöße überprüft und dabei keine Rechtsverletzung festgestellt. Ohne konkrete Hinweise auf eine solche Rechtsverletzung ist eine permanente inhaltliche Kontrolle der verlinkten Seiten nicht zumutbar. Sollten jedoch Rechtsverletzungen bekannt werden, werden die betroffenen externen Links soweit möglich unverzüglich entfernt.

Konzeption und Gestaltung: Stefanie Deutsch, Ulm
Bildmaterial: © Ulm, März 2022

1. Auflage 2024

Alle Rechte vorbehalten
© W. Kohlhammer GmbH, Stuttgart
Gesamtherstellung: W. Kohlhammer GmbH, Stuttgart

Print:
ISBN 978-3-17-044877-3

INHALT

VORWORT UND EINLEITUNG ZUM SEEGEN-GESAMTMANUAL	7
TP1.A GESUNDE ARBEIT	11
Inhalt – TP1.A	14
Einleitung zum Teilprojekt	16
Warming-up	17
Wissensvermittlung	21
Vorstellen der weiteren SEEGEN-Elemente	30
Einführung eines Praxistools auf Teamebene	33
Runder Tisch 1. Ordnung	39
Abschluss	42
Referenzen	43
Anlage A: Überblick benötigte Unterlagen und Material	45
Anlage B: Fallbeispiele aus der Praxis und weitere Anregungen	45
TP1.B DILEMMAKOMPETENZ	51
Inhalt – TP1.B	54
Einleitung zum Teilprojekt	55
Zu Beginn	62
Part 1 – Begrüßung und Kennenlernen	63
Part 2 – Dilemma-Konzept kennenlernen & erkunden	65
Part 3 – Das eigene Dilemma erkennen, verstehen & beschreiben (Teil I)	69
Part 4 – Das eigene Dilemma erkennen, verstehen & beschreiben (Teil II)	72
Part 5 – Von der richtigen zur verantworteten Entscheidung	75
Part 6 – Kommunikationsstrategien	77
Part 7 – Schachmattsätze & Schachmattgesten	81
Part 8 – Hausaufgaben & Abschluss	84
Part 9 – Begrüßung und Inhaltliche Wiederholung	87
Part 10 – Nutzung eigener Werte und Haben- & Sein-Zielen als Verortungs- & Entscheidungshilfe	89
Part 11 – Nutzung von Gefühlen als Wegweiser & die Fähigkeit zwischen primären und sekundären Gefühlen (Greenberg) zu unterscheiden	93
Part 12 – Systemische Organisationstheorie & Solidarisierung in der eigenen Organisation	98
Part 13 – Inhaltliche Zusammenfassung, Abschlussreflexion & Hausaufgabe	101
TP1.C STRESSPRÄVENTIVE FÜHRUNGSKOMPETENZ	105
Inhalt – TP1.C	108
Hintergrund	110
Einleitung zum Teilprojekt	112
Zu Beginn	114
Modul 1: Selbstfürsorge als Führungskraft – Stresskompetent Führen	115
Modul 2: Führungshaltung und -verhalten – Gelingende Arbeitsbeziehungen gestalten	119
Tabellarischer Ablauf Modul 1 und Modul 2	122

Modul 3: Motive, Bedürfnisse und Stressoren von Mitarbeitenden – Achtsam Kommunizieren als Führungskraft	126
Tabellarischer Ablauf Modul 3	130
Modul 4: Erfolgreich Gestalten in komplexen Bezügen – Die Ressource ´Team´ stärken	132
Tabellarischer Ablauf Modul 4	136
Referenzen	137

TP1.D VEREINBARKEIT VON BERUF UND FAMILIE — 139

Inhalt – TP1.D	143
Online-Materialien	144
Einleitung zum Teilprojekt	145
Zu Beginn	147
Modul 1: Begrüßung und Einführung	149
Modul 2: Supermama, Superpapa – Vereinbarkeit und Familie	153
Modul 3: Superwoman, Superman – Vereinbarkeit und Beruf	157
Modul 4: Praktisches Stressmanagement und der nächste Schritt	162
Literaturverzeichnis	165
Anlage	167

TP1.E GESUND BLEIBEN IM BERUF — 171

Inhalt – TP1.E	174
Einleitung zum Teilprojekt	176
Zu Beginn	177
Zeitstruktur des Trainings	178
Modul 1: Warm-Up und Achtsamkeit	180
Modul 2: Stress und Ressourcen	185
Modul 3: Altern als Stressor und Ressource	193
Modul 4: SOK	200
Modul 5: Evaluation der SOK-Projekte	205
Modul 6: Abschluss und Integration	207
Anhang A: Achtsamkeitsübungen	209

VORWORT UND EINLEITUNG

ZUM SEEGEN-GESAMTMANUAL

VORWORT UND EINLEITUNG

Liebe LeserIn,

spätestens seit der Corona-Pandemie ist klar: Das Gesundheitswesen, und natürlich auch unsere Kliniken, sind ein wichtiger Rückhalt unserer Gesellschaft. Ohne unsere Kliniken und vor allem ohne den vielen Mitarbeitenden würde es nicht gelingen, ein gesundes Leben für unsere BürgerInnen zu ermöglichen. Die Menschen, die in Krankenhäusern als PflegerInnen, ÄrztInnen oder im Management arbeiten, engagieren sich jeden Tag, damit die medizinische Versorgung gewährleistet ist.

Diese Arbeit wird allerdings immer wieder unter Bedingungen durchgeführt, bei denen Mitarbeitende des Gesundheitswesens bis an ihre Grenzen gehen und manchmal darüber hinaus. Und: Die Belastungen in den Kliniken haben in den letzten Jahren und durch Corona noch einmal zugenommen! Das bleibt nicht ohne Folgen für die Gesundheit der Mitarbeitenden selbst und wirft die Frage auf: Was können alle Beteiligten tun, um die Gesundheit und Motivation der Mitarbeiter in den Kliniken zu unterstützen?

Um den Risiken der Arbeit auf die eigene Gesundheit entgegenzuwirken und damit natürlich auch die Versorgung der Patienten zu verbessern, wurde das „betriebliche Gesundheitsmanagement" – kurz BGM – entwickelt, das in verschiedener Form fast weltweit zum Einsatz kommt. Dort wo kein umfassendes BGM implementiert wird, findet häufig „betriebliche Gesundheitsförderung" – kurz BGF, welches ein Teil des BGM darstellt – statt. Denn die zentrale Erkenntnis zur Organisation von Arbeit ist klar: Eine gesunde Belegschaft bedeutet auch engagierte Mitarbeiter und führt zu einer Win-Win – Situation: Bessere Gesundheit, mehr Zusammenhalt und Motivation im Team und damit auch mehr Kreativität und Produktivität in der Organisation.

Leider fehlt in den meisten Kliniken der Bundesrepublik Deutschland bislang ein systematisiertes BGM, wodurch gesundheitsgefährdende Faktoren sowie Risiken bei der Arbeit evidenzbasiert verhaltens- und verhältnispräventiv verringert werden können. Dies gilt gerade für psychische und psychosomatische Beschwerden. Stattdessen dominieren oft Schlagworte wie „Personalmangel" oder „Arbeitsverdichtung" oder „familienunfreundliches Arbeitskontext" die fachspezifische und öffentliche Diskussion um die Arbeitsbedingungen im deutschen Gesundheitssystem.

Das BMBF-Verbundprojekt SEEGEN hat sich zum Ziel gesetzt, eine komplexe Intervention zur Stärkung der seelischen und psychosomatischen Gesundheit am Arbeitsplatz Krankenhaus zu entwickeln und zu evaluieren. Unser Verbundprojekt wurde im Rahmen der Förderinitiative des Bundesministeriums für Bildung und Forschung finanziert und 2017 initiiert. Die Laufzeit war ursprünglich auf 4 Jahre angelegt, in der zuerst die einzelnen Bausteine einer späteren komplexen Intervention in der sog. Phase 1 (Dauer: 2 Jahre) erarbeitet und pilothaft implementiert wurden. In Phase 2 (geplante Dauer ebenfalls 2 Jahre), die aufgrund der Corona-Pandemie um insgesamt ein Jahr verlängert werden musste, wurden diese Bausteine zu einer komplexen Intervention zusammengeführt und evaluiert.

Durch die Krisensituation der Coronavirus-Pandemie (SARS-CoV-2) ab März 2020 in den Krankenhäusern und Kliniken mussten wir die Fortsetzung der Phase 2 zwischendurch in ca. der Mitte der Interventionsphase (Phase II) pausieren und wichtige Änderungen vornehmen, damit die Projektziele weiterhin verfolgt werden können. Nach entsprechenden Anstrengungen aller Beteiligten, dank der guten Zusammenarbeit aller Verbund- und Praxispartner sowie mit der Unterstützung des BMBF ist es uns gelungen, einen Teil unserer Ziele zu realisieren. Die unterbrochene Implementation der komplexen Intervention (mit Interventions- und Kontrollphase) konnte dann doch noch mit zeitlicher Verzögerung und Veränderung des Evaluationsdesigns abgeschlossen werden.

Das im Folgenden zusammengefasste SEEGEN-Manual ist ein wichtiges praktisches Ergebnis unseres Verbundprojektes: Dieses Kompendium beinhaltet die ausführlichen Manuale der einzelnen Bausteine der komplexen Intervention: Zuerst folgt das Manual „Gesunde Arbeit", welches den Fokus auf die Erarbeitung der Kompetenz zur Gestaltung gesunder und motivierender Arbeitsbedingungen legt. Als Zweites folgt das Manual „Dilemmakompetenz", bei den Teilnehmende eigene Dilemma besser verstehen sollen und Handlungsspielräume erarbeiten. Drittens folgt das Manual „Stresspräventive Führungskompetenz". Dieses Seminar richtet sich speziell an Führungskräfte und deren Führungsstil. Das vierte Manual bearbeitet das Spannungsfeld „Vereinbarkeit von Beruf und Familie" und das fünfte Manual „Gesund Bleiben" bietet den Rahmen um eigene Strategien zur besser gesundheitlichen Selbstfürsorge im beruflichen Alltag zu entwickeln. Diese fünf Manuale neu entwickelter und bereits (teilweise pilothaft) evaluierter Interventionen speziell für das Setting Krankenhaus sind das zentrale Ergebnis der ersten zwei Jahre unserer gemeinsamen Arbeit im Projekt. Inhaltlich fokussieren die Interventionen auf einzelne Themen der Lebensphasen sowie auf unterschiedliche Aspekte von Führung.

Damit interessierte Akteure und/oder KollegInnen jeweils für den lokalen Bedarf passende Maßnahmen zur Gesundheitsförderung am Arbeitsplatz Krankenhaus mit Fokus auf das seelische Wohlbefinden praktisch, mit theoretisch-fundiert und nachhaltig umsetzen können, haben wir dieses ausführliche Werk verfasst. Zusätzlich zu dieser Zusammenfassung der einzelnen Interventionsbausteine bietet das SEEGEN-Handbuch einen Überblick zum Gesamtkonzept der komplexen Intervention sowie weitere nützliche Implementierungshilfen.

Noch ein wichtiger Hinweis: Für die praktische Umsetzung unserer komplexen Intervention oder einzelner Teile davon sind alle Einzelmanuale so zu verstehen, dass diese so mit einander kombiniert werden können, wie es für Sie und die Mitarbeitenden an ihrem Standort am besten passt. Auf dieser Grundlage hoffen wir, dass Sie mithilfe der im Folgenden dargestellten Manuale bereits bestehende Konzepte zur Gesundheitsförderung erweitern oder auch ein BGM an ihrem Krankenhaus überhaupt grundlegend etablieren können. Für weitere Implementierungshilfen lesen Sie sich in das Kapitel 2 „Bestandsaufnahme" des SEEGEN-Handbuches ein.

Wir danken allen Beteiligten, den SEEGEN-Mitarbeitenden, VerbundpartnerInnen und Praxispartner, dass das SEEGEN-Projekt mit der Erarbeitung der komplexen Intervention sowie der zusammengefassten Manuale der Einzelinterventionen erfolgreich entwickelt und so gut wie möglich umgesetzt werden konnte.

Selbstverständlich haben wir auch viel im Rahmen der vergangenen fünf Jahre gelernt, was nicht in diesem Handbuch stehen kann. Neben den bisher im Rahmen des SEEGEN-Projektes entstandenen Fachartikeln stehen wir auch gerne soweit wie es uns möglich ist für persönliche Rückfragen zu Ihrer Verfügung.

Wir wünschen Ihnen viel Freude beim Lesen und der konkreten Umsetzung!

Herzliche Grüße im Namen des gesamten SEEGEN-Teams

Professor Harald Gündel

GESUNDE ARBEIT

FÖRDERUNG DER GESTALTUNGS-
KOMPETENZ OBERSTER FÜHRUNGSKRÄFTE

TP1.A

TP1.A

GESUNDE ARBEIT

FÖRDERUNG DER GESTALTUNGSKOMPETENZ OBERSTER FÜHRUNGSKRÄFTE

Britta Worringer, Melanie Genrich, Andreas Müller
& Peter Angerer

INHALT – TP1.A

EINLEITUNG ZUM TEILPROJEKT — 16

WARMING-UP (60 MINUTEN) — 17
- Begrüßung durch einen Vertreter des Klinikums — 17
- Vorstellen der Trainer — 17
- Hinweise zu Formalitäten — 17
- Verortung im SEEGEN-Projekt und Bezug zu GBpsych — 17
- Hinweise zum Ablauf — 18
- Lernziele — 18
- Vorstellungsrunde der Teilnehmenden — 19
- Kartenabfrage Stressoren – Ressourcen — 19
- Kurzvorstellung des 2-Ebenen-Hauses — 20

WISSENSVERMITTLUNG (50 MINUTEN) — 21
- Zusammenhänge zwischen Arbeitsbedingungen und Gesundheit – im Krankenhaus — 21
  - Das Anforderungs-Kontroll-Modell — 22
  - Das Modell der Gratifikationskrise — 23
  - Das Modell der organisationalen Gerechtigkeit — 24
  - Der Faktor soziale Unterstützung — 25
- Wirtschaftliche Aspekte (un-) gesunder Arbeitsgestaltung — 26
  - Zusammenhang zwischen Arbeitsbedingungen und Behandlungsqualität — 26
  - Weitere wirtschaftliche Auswirkungen von Arbeitsbedingungen — 26
  - Zusammenhang zwischen Arbeitsbedingungen und Wirtschaftlichkeit — 27
  - Zusammenhang zwischen Arbeitsbedingungen und Arbeitgeberattraktivität — 27
- Interventionen zur Stärkung gesundheitsförderlicher Arbeitsbedingungen — 27
  - Hintergrundinformation Verhaltensprävention: — 28
  - Hintergrundinformation Verhältnisprävention: — 28
  - Beispiele und Effekte verhaltenspräventiver Maßnahmen — 28

VORSTELLEN DER WEITEREN SEEGEN ELEMENTE (20 MINUTEN) — 30
- Ablaufplan der SEEGEN-Studie — 30
- Der Workshop Führungskräftetraining — 31
- Der Workshop Dilemmakompetenztraining — 31
- Der Workshop Gesund Bleiben im Beruf — 31
- Der Workshop Familie und Beruf — 32
- Das Konzept der Runden Tische — 32

EINFÜHRUNG EINES PRAXISTOOLS AUF TEAMEBENE (60 MINUTEN) — 33
- Hintergrundinformationen zu GBpsych — 33
- Wiederholung 2-Ebenen-Haus — 34
- Der 4-Schritte Plan im Team — 34
  - Schritt 1: Bestandsaufnahme — 34
  - Schritt 2: Auswahl eines Arbeitsmerkmals — 36
  - Schritt 3: Zielfokussierung und -Präzisierung — 36
  - Schritt 4: Umsetzungsplanung und Bilanz — 37
  - Übergang zum Runden Tisch 1. Ordnung — 38

RUNDER TISCH 1. ORDNUNG (90 MINUTEN) — 39
- Maßnahmenplanung auf Klinikumsebene — 39
- Erläuterung des Begriffs Runde Tische — 39
  - Schritt 1: Bestandsaufnahme — 39
  - Schritt 2: Auswahl eines Arbeitsmerkmals — 40
  - Schritt 3: Zielfokussierung und –Präzisierung — 40
  - Schritt 4: Umsetzungsplanung — 41

ABSCHLUSS (15 MINUTEN) — 42
- Marketing zur Teilnahme an den Workshops und Runden Tischen — 42
- Evaluations-Bogen — 42

REFERENZEN — 43

ANLAGE A: ÜBERBLICK BENÖTIGTE UNTERLAGEN UND MATERIAL — 45

ANLAGE B: FALLBEISPIELE AUS DER PRAXIS UND WEITERE ANREGUNGEN — 46

WEITERE ANLAGEN IN DIGITALER FORM — 50

EINLEITUNG ZUM TEILPROJEKT

Dies ist das Handbuch für Gruppenleiter des Workshops Gesunde Arbeit – Förderung der Gestaltungskompetenz oberster Führungskräfte.

Durchführungsdauer

Die Intervention sollte an einem Tag stattfinden und hat eine Dauer von 6 Stunden inklusive Pausen.

Räumlichkeit

Es empfiehlt sich ein Raum von mindestens 30 m² Größe mit Tischen und Stühlen, die vorzugsweise in U-Form oder gegenüberliegend ausgerichtet werden, um den Austausch unter den Teilnehmenden zu fördern.

Teilnehmendenzahl

Vorzugsweise sollten mindestens 5 Personen und maximal 12 Personen an dem Workshop teilnehmen.

Benötigte Materialien und Vorbereitung

Zur Durchführung des Workshops empfiehlt es sich Flipcharts vorzubereiten. Auf die genaue Gestaltung der Flipcharts wird an der entsprechenden Stelle des Handbuches eingegangen. Um die Flipcharts aufzuhängen, empfehlen wir entweder 2–3 Metaplanwände oder aber Krepppapier, das sich wieder leicht und rückstandslos von den Wänden entfernen lässt.

Zudem empfiehlt es sich zur Präsentation der Folien einen Beamer sowie Pointer zu nutzen.

Die im Anhang befindlichen Arbeitsmaterialien sollten in ausreichender Anzahl im Vorfeld ausgedruckt und zusammen mit einem Block und Stift auf die Tische der Teilnehmenden ausgelegt werden.
Karten für die Kartenabfrage sollten in ausreichender Anzahl und in den Farben rot und grün vorbereitet werden. Wir empfehlen hierzu die elektrostatisch selbstklebenden Moderations-Karten in der Größe 20 x 10 cm z. B. von Innox.

Für die Pausenzeiten sollte ein Catering vorbereitet werden sowie warme und kalte Getränke für die Gesamtzeit der Veranstaltung.

Textauszeichnung

Vorschläge für einen Sprechtext sind in kursiver Schrift dargestellt.

Wir verweisen im Manual auf vorbereitete Materialien

- Vorlagen für Flipcharts (FC): Um sich besser orientieren zu können, sind die Vorlagen mit Nummern versehen, die rechts unten auf den Flipcharts zu finden sind. Die Vorlagen für die Flipcharts können entweder in Flipchart-Größe (DIN B1, 70 x 100 cm) ausgedruckt, oder aber eigenhändig auf Flipchart-Papier übertragen werden.
- Verweise auf vorgefertigte Folien der PowerPoint-Präsentation (ppt): Die ppt-Folien werden in kleinem Format im Fließtext zu finden sein, sowie als gesamte ppt in digitaler Form.

Must-Haves

Jeder der angegebenen Blöcke ist an sich ein „Must-Have", wobei die Ausgestaltung, d. h. wie viel Zeit dem entsprechenden Abschnitt gewidmet wird, der Trainer entscheiden kann, der die Teilnehmenden und das Klinikum, in dem die Intervention durchgeführt wird, am besten einschätzen kann.

Abkürzungen

FC = Flipchart; ppt = PowerPoint-Präsentation

WARMING-UP
(60 Minuten)

Eine gute Vorbereitung ist – neben einem bereitstehenden Catering mit kleinen Häppchen und warmen und kalten Getränken, zu dem schon 30 Minuten vor Workshop-Beginn eingeladen wird – Grundvoraussetzung, um eine gute Arbeitsatmosphäre zu schaffen. Eine offene, neugierige und dabei gelassene Haltung der Referenten tragen zusätzlich zu einer angenehmen Atmosphäre bei.

Begrüßung durch einen Vertreter des Klinikums

Da der Workshop die Auftaktveranstaltung der komplexen Intervention darstellt, empfiehlt es sich, dass zu Beginn die Teilnehmenden von einem Vertreter des Klinikums begrüßt werden und darauf hingewiesen wird, dass die Durchführung der folgenden Interventionen von der Geschäftsführung und dem gesamten Klinikum befürwortet und unterstützt werden.

Vorstellen der Trainer

Danach stellen sich die Trainer den Teilnehmenden mit Namen und relevantem beruflichen Hintergrund vor.

Hinweise zu Formalitäten

- Auf Weg zu den Waschräumen hinweisen
- Teilnehmende bitten, wenn möglich Handys auszustellen oder leise zu stellen
- vertrauensvolle Atmosphäre schaffen indem darauf hingewiesen wird, dass die Teilnehmenden ihr „eigener Boss" sind, d. h. dass jeder selber entscheidet wie viel er sich einbringen möchte: Allerdings sollte auch verdeutlicht werden, dass es ein interaktiver Workshop ist und der Erfolg stark davon abhängt, wie sehr sich die Teilnehmenden einbringen

Verortung im SEEGEN-Projekt und Bezug zu GBpsych

Hier soll nur kurz mündlich die Verortung des Workshops „Gesunde Arbeit" in das SEEGEN-Gesamtprojekt erläutert werden sowie auf die Relevanz der Thematik für das Klinikum (ggf. kurz Bezug nehmen zu aktuellen Entwicklungen im Klinikum wie z. B. eine geplante oder bereits durchgeführte Gefährdungsbeurteilung psychischer Belastung (GBpsych) gemäß Arbeitsschutzgesetz).

WICHTIG

Um Unstimmigkeiten zu vermeiden sollten die Hintergrundinformationen zu GBpsych, die an dieser Stelle den Mitarbeitenden gegeben werden, möglichst an dem Stand von Aktivitäten zu GBpsych anknüpfen, die in dem jeweiligen Klinikum umgesetzt wurden bzw. geplant sind umgesetzt zu werden.

Vorschlag für einen Sprechtext

Der heutige Workshop ist der Auftaktworkshop im SEEGEN-Gesamtprojekt. SEEGEN ist die Abkürzung für „Seelische Gesundheit am Arbeitsplatz Krankenhaus". Es geht also darum, die seelische Gesundheit aller Mitarbeitenden in Ihrem Klinikum zu fördern. Da bekannt ist, dass Sie als Führungskräfte eine wichtige Rolle spielen bezüglich der seelischen Gesundheit Ihrer Mitarbeitenden, ist der Workshop heute von großer Bedeutung. Auch in Ihrem Klinikum wird es eine Gefährdungsbeurteilung psychischer Gesundheit, eine sogenannte GBpsych geben. Seit 2013 ist die Durchführung der GBpsych arbeitsschutzgesetzliche Pflicht des Arbeitgebers. In der Praxis werden Sie als Führungskraft in der Durchführung einer GBpsych eine wichtige Rolle einnehmen. Das heißt, auch bei Ihnen wird es darum gehen, die Gefährdungssituation bzgl. psychischer Belastungen zu beurteilen und ggf. geeignete Maßnahmen zu entwickeln und zu evaluieren. Psychische Belastungen auf der Arbeit sind z. B. die Arbeitsintensität, die soziale Unterstützung am Arbeitsplatz, die Dauer, Lage und Verteilung der Arbeitszeit, aber auch Umgebungsfaktoren wie Lärm, Beleuchtung und Klima. Wir möchten Sie mit dem Workshop heute mit Möglichkeiten der Durchführung von Gefährdungsanalysen und Maßnahmenentwicklung im Rahmen einer GBpsych vertraut machen.

Zudem möchten wir Ihnen die Möglichkeit geben, sich in diesem Rahmen auch professionsübergreifend über dieses Thema austauschen zu können.

Hinweise zum Ablauf

Vorstellen des Ablaufs des Workshop-Tages unter Zuhilfenahme von **FC 1**

10.00 – 11.00 Uhr	Einführung Erlebte Stressoren und Ressourcen
11.00 – 11.50 Uhr	Aktueller wissenschaftlicher Stand zu gesundheitsförderlichen Arbeitsbedingungen
11.50 – 12.20 Uhr	Das SEEGEN-Projekt
12.20 – 13.00 Uhr	* Mittagspause *
13.00 – 14.00 Uhr	Ein Praxistool für die Teamebene
14.00 – 14.15 Uhr	* Pause *
14.15 – 15.45 Uhr	Gestaltungskompetenz auf Klinikumsebene – das Konzept der Runden Tische
15.45 – 16.00 Uhr	Abschluss

Vorschlag für eine Sprechtext
Konkret werden wir heute zunächst damit beginnen, dass Sie sich zunächst über erlebte Stressoren und sogenannte Ressourcen, also Dinge, die schon in ihrer Abteilung / Station gut funktionieren und die Mitarbeitenden entlasten, Gedanken machen. Danach berichten wir über die neuesten Erkenntnisse bzgl. gesundheitsförderlicher Arbeitsbedingungen auch hinsichtlich Wirtschaftlichkeit und gehen noch einmal ganz konkret auf die unterschiedlichen Teilprojekte und Workshops der SEEGEN-Studie ein.
In einer Mittagspause wird es ein Catering geben sowie warme und kalte Getränke, so dass wir gestärkt in den zweiten Teil des Workshops gehen können.
Im zweiten Teil wird es zunächst darum gehen, die gegebenen Strukturen und Möglichkeiten in ihrer Abteilung/Station zu reflektieren, wie sie psychische Belastungsfaktoren analysieren und ggf. bereits Maßnahmen ableiten und evaluieren. Als eine weitere Möglichkeit werden wir Ihnen ein sogenanntes „Praxis-Tool" anbieten, mit dem Sie in einfachen Schritten psychische Belastungen erfassen, priorisieren und Maßnahmen planen können, sowie deren Wirksamkeit überprüfen können. Da Sie ja wissen, dass viele Belastungsfaktoren nicht abteilungs- / stationsunabhängig stattfinden, sondern abteilungsübergreifend sind, kommen wir mit Ihnen darüber ins Gespräch, welche Strukturen Sie in ihrem Klinikum bereits nutzen können, um an abteilungsübergreifenden Schwierigkeiten zu arbeiten und diese zu verbessern.

Vorschlag:
Anknüpfend an die von Ihnen genannten abteilungsübergreifenden Stressoren versuchen wir dann die Logik des „Praxis-Tools" anzuwenden, bilden mit Ihnen einen ersten „Runden-Tisch" um erste Maßnahmenvorschläge für das Klinikum zu erarbeiten.

Lernziele

Unter Zuhilfenahme von **FC 2** sollen den Teilnehmenden die Lernziele mitgeteilt werden:

Vorschlag für einen Sprechtext
Nach Ende des heutigen Tages wäre also das Ziel, dass Sie wissen:
- *welchen erheblichen Einfluss Arbeitsbedingungen auf die Gesundheit und Leistungsfähigkeit ihrer Mitarbeitenden haben*
- *dass Sie im erheblichen Ausmaß für gesundheitsförderliche Arbeitsbedingungen für ihre Mitarbeiter verantwortlich sind*
- *was eine Gefährdungsbeurteilung psychischer Belastung gemäß ASchG ("GBpsych") ist*
- *dass Sie einen großen Einfluss auf die GBpsych in Ihrer Abteilung haben*
- *Welche Schritte Sie im Sinne einer GBpsych in Ihrer Abteilung durchführen können*
- *welche Ziele die SEEGEN-Studie verfolgt*
- *aus welchen Elementen die SEEGEN-Studie besteht*
- *wie Sie Ihre Mitarbeitenden über die SEEGEN-Workshops informieren und zur Teilnahme motivieren können*
- *was Runde Tische sind und wie Sie diese nutzen können."*

Vorstellungsrunde der Teilnehmenden

Die Teilnehmenden werden gebeten sich vorzustellen und ihren Namen zu nennen sowie die Abteilung, in der sie arbeiten, und welche Position sie in der Abteilung innehaben. Zudem können an dieser Stelle Wünsche an den Workshop geäußert werden, die auf einem Flipchart (FC 3) gesammelt werden können.

Als Gedankenstütze für die Teilnehmenden können die Fragen auf der Folie Nr. 1 in der PP genutzt werden:
- Wer bin ich?
  Name, Funktion
- Warum bin ich heute hier?
  Wünsche, Erwartungen

Eine Möglichkeit der Durchführung könnte sein, den Teilnehmenden zur linken Seite „charmant" aufzufordern zu beginnen und im Uhrzeigersinn weiter zu gehen, z. B. indem Sie sagen: *„Fangen wir doch am besten direkt hier vorne links mit Ihnen an"*. Insgesamt sollte diese Runde nicht länger als 2 Minuten pro Teilnehmenden einnehmen. Aufkommende Gespräche, die nicht mehr direkt zum Thema gehören, sollten von den Trainern beendet werden und zurückgeführt werden auf die Vorstellungsrunde.

Umgang mit Wünschen und Erwartungen von den Teilnehmenden:
Nachdem zunächst unkommentiert die Wünsche und Erwartungen der Teilnehmenden notiert wurden, kann anhand der Liste abgeglichen werden, auf welche Aspekte im Workshop eingegangen werden kann, und welche Aspekte nicht im Workshop behandelt werden können.

Bei nicht zu erfüllenden Erwartungen:
„Das genau können wir heute nicht besprechen, da es aber ein wichtiger Punkt ist, würde ich es vermerken. Eventuell ist es zu einem späteren Zeitpunkt ja doch noch möglich darauf zurückzukommen."

Bei zu erfüllenden Erwartungen:
„Das ist ein wichtiger Punkt, auf den wir in den nächsten Stunden zurückkommen werden."

Kartenabfrage Stressoren – Ressourcen

Hier sollen die Teilnehmenden angeregt werden, jeweils 3 praktische Beispiele/Situationen aus dem Arbeitsalltag zu nennen und auf Karten zu schreiben, die entweder als Stressor oder Ressource für ihre Mitarbeitenden von den Führungskräften wahrgenommen werden. Im weiteren Verlauf soll auf die Beispiele Bezug genommen werden. Hier ist es wichtig darauf hinzuweisen, dass die Beispiele so konkret wie möglich beschrieben werden sollen.

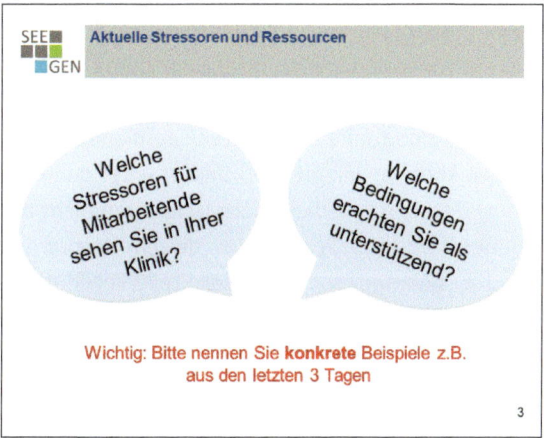

Eine Anleitung könnte z. B. sein:
„Bevor wir mit einem Impulsvortrag zum Stand der aktuellen Forschung beginnen, möchten wir Sie einmal anregen kurz über belastende Arbeitsbedingungen (Stressoren) für Ihre Mitarbeitenden sowie über unterstützende Arbeitsbedingungen (Ressourcen) nachzudenken, so dass wir nach der Wissensvermittlung direkt einen praktischen Bezug herstellen können. Wir werden Ihre Stichpunkte dazu später brauchen.
Vor sich haben Sie drei rote und drei grüne Karten, die sie später auf die Flipcharts kleben können.
Bitte denken Sie an Arbeitsmerkmale, Stressoren und Ressourcen, die Ihnen in Ihrer Klinik besonders bedeutsam erscheinen. Bitte schreiben Sie die Stressoren auf die roten, die Ressourcen auf die grünen Kärtchen. Pro Karte nur einen Stressor bzw. eine Ressource. Sie können jeweils bis zu drei Merkmale nennen. Dabei ist es wichtig, dass Sie konkrete Beispiele/Situationen benennen, die Sie gut erinnern, also z B. aus den letzten 3 Tagen."

Die Karten werden in der Runde nur kurz vorgelesen (wichtig: ohne detaillierte Begründungen) und auf einer Wand zunächst gesammelt. Die Teilnehmenden können die Karten selber an ein FC heften und dabei die Inhalte vorstellen.

Als Erinnerungshilfe für die Fragen kann Folie 3 der PPT gezeigt werden.

Der Abschnitt „Warming-up" sollte ca. 60 Minuten in Anspruch nehmen.

Kurzvorstellung des 2-Ebenen-Hauses

Das 2-Ebenen-Haus soll schon zu Beginn deutlich machen, dass es bei der Bestandsaufnahme im Team dazu kommen kann, dass für die Umsetzung von Verbesserungsvorschlägen das Einbeziehen der obersten Gremien notwendig wird. Erfahrungsgemäß produzieren Schwierigkeiten im Team/in der Abteilung, die nur unter Einbeziehen der oberen Gremien reduziert werden können, den größten Unmut unter den Führungskräften, da sie diese Schwierigkeiten nicht aus eigener Kraft lösen können. Um diesem Unmut den Wind zu nehmen, soll an dieser Stelle verdeutlicht werden, dass das Ziel des Workshops ist eine Systematik zu entwickeln. Diese Systematik kann auf Ebene 1: Teamebene eingesetzt werden und soll die Führungskräfte dabei unterstützen eine Vorgehensweise zu entwickeln, mit der solche Schwierigkeiten besser gelöst werden können, bei der sie auf die Unterstützung der oberen Gremien angewiesen sind (Ebene 2: Klinikumsebene).

An dieser Stelle kann schon kurz auf 4 Schritte eingegangen werden, die bei jeder Gefährdungsanalyse psychischer Belastung durchlaufen werden:
1. Bestandsaufnahme
2. Auswahl eines Arbeitsmerkmals
3. Zielfokussierung und -präzisierung
4. Umsetzungsplanung und Bilanz

Auf der Teamebene sollen diese Schritte besprochen und ein Praxis-Tool vorgestellt werden, während auf der Klinikumsebene ein entsprechendes systematisches Vorgehen z. B. anhand der runden Tische erarbeitet werden soll.

Ein Vorschlag für einen Sprechtext, der sich zudem in den Notizen zu Folie 4 befindet:
„Das 2-Ebenen-Haus. Wir haben das 2-Ebenen-Haus entworfen, um zu verdeutlichen, dass wir einmal auf Strukturen eingehen möchten, die Sie in ihrer Abteilung unabhängig etablieren/erarbeiten können. D. h. also, dass Schwierigkeiten auf dieser Ebene, wir nennen sie mal Team- oder Abteilungsebene, gelöst werden können, ohne dass weitere Verantwortliche dazu geholt werden müssen. Dazu haben wir einen sogenannten 4-Schritte-Plan entworfen, auf den wir später näher eingehen werden.
Darüber hinaus ist uns klar, dass vermutlich die Mehrzahl der Schwierigkeiten nicht abteilungsunabhängig, sondern abteilungsübergreifend sind. Aus diesem Grund wollen wir schon an dieser Stelle verdeutlichen, dass ein Schwerpunkt des Workshops heute sein wird, neben der Abfrage bereits bestehender Strukturen, eine funktionale Struktur in Ihrem Klinikum zu entwerfen, so dass übergreifende Probleme mit den entsprechenden Verantwortlichen in Ihrem Hause in einer funktionalen Kommunikationsstruktur besprochen und gelöst werden können."

---

1 Der Begriff Team meint den Verantwortungsbereich der teilnehmenden Führungskraft. Der Begriff könnte in unterschiedlichen Settings anders verwendet werden, z.B. Abteilung, Klinik.

2 Nach den offiziellen Empfehlungen (z.B. Gemeinsame Deutsche Arbeitsschutzstrategie (GDA): Empfehlungen zur Umsetzung der Gefährdungsbeurteilung psychischer Belastung, 3. Auflage, 2017) handelt es sich um die Vorbereitung und sieben weitere Schritte, die hier aus didaktischen Gründen zu vier Schritten zusammengefasst wurden.

WISSENSVERMITTLUNG
(50 Minuten)

Überblick

In diesem Teil sollen die Teilnehmenden auf den aktuellen wissenschaftlichen Stand zum Thema Zusammenhänge zwischen Arbeitsbedingungen und Gesundheit im Krankenhaus gebracht werden.

Ziele

In diesem Abschnitt sollen die Teilnehmenden lernen:
- welchen erheblichen Einfluss Arbeitsbedingungen auf die Gesundheit und Leistungs-fähigkeit der Mitarbeitenden haben
- dass sie im erheblichen Ausmaß für gesundheitsförderliche Arbeitsbedingungen für ihre Mitarbeiter verantwortlich sind

Zusammenhänge zwischen Arbeitsbedingungen und Gesundheit – im Krankenhaus

Zu Beginn kann auf die Studie von Harvey et al. (2017) eingegangen werden, die anhand einer Metaanalyse von 37 Studien zeigen konnte, dass insbesondere 3 Hauptbedingungen (schlechte Arbeitsgestaltung, Arbeitsunsicherheit, Mangel an Werten und Respekt) im Berufskontext assoziiert sind mit der Entstehung von psychischen Störungen (Depressionen und Ängsten). Neben diesen Hauptfaktoren konnten zudem 12 Faktoren identifiziert werden, die in diesem Zusammenhang eine Rolle spielen:
- Anforderungen (zu hohe bzw. zu niedrige)
- Atypische Arbeitszeiten
- (mangelnde) Kontrolle
- Gratifikationskrisen
- (zu wenig) Soziale Unterstützung
- (Un-) Gerechtigkeit in Prozessen
- (Un-) Gerechtigkeit in Beziehungen
- Konflikte und Mobbing am Arbeitsplatz
- Befristete Verträge
- Veränderungen im Unternehmen
- Rollenstress
- Arbeitsplatzunsicherheit

Das Übersichtsmodell sollte im weiteren Verlauf auf dem Beamer als Gedankenstütze ausgestrahlt werden, die weitere Erarbeitung der konkreten Modelle findet auf den Flipcharts statt.

Bestimmte Kombinationen von Stressoren und Ressourcen sind in theoretisch gut begründete und empirisch umfassend untersuchte Modellvorstellungen von Arbeitsstress gefasst worden.

Die erhebliche Auswirkung dieser Arbeitsstressmodelle auf die Gesundheit steht inzwischen wissenschaftlich außer Zweifel. Daher wird im Folgenden auf diese Modelle detaillierter eingegangen.

Ein Vorschlag für einen Sprechtext ist als Notiz unter der Folie 5 zu finden.

Das Anforderungs-Kontroll-Modell

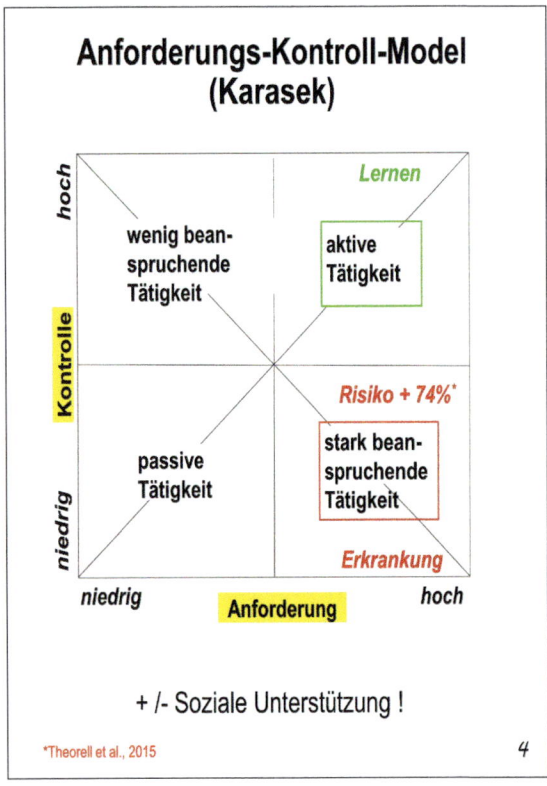

Theoretischer Hintergrund zitiert aus Siegrist und Siegrist (2014; siehe vertiefende Literatur):
„*Das Anforderungs-Kontroll-Modell (Karasek u. Theorell 1990) konzentriert sich auf bestimmte Aspekte des Tätigkeitsprofils, welches den Beschäftigten die Erfahrung von Autonomie und Selbstwirksamkeit ermöglicht oder verwehrt. Danach sind diejenigen Personen durch Arbeitsstress gesundheitlich besonders gefährdet, die hohen quantitativen Anforderungen ausgesetzt sind (z. B. permanenter Zeitdruck), ohne dass sie ausreichende Kontrolle und Entscheidungsmacht über die Ausführung ihrer Tätigkeit besitzen. Demnach gefährdet nicht die Leistungsmenge an sich die Gesundheit, sondern die Leistung unter Bedingungen niedriger Kontrollierbarkeit von Arbeitsablauf und Arbeitsinhalt. Klassisches Beispiel dieser Konstellation ist die Fließbandarbeit der industriellen Massenfertigung. Jedoch findet sie sich heute auch gehäuft bei Dienstleistungsberufen. Mit diesem Modell wird somit das psychische Bedürfnis nach erfolgreichem, selbständigem Meistern beruflicher Anforderungen in der täglichen Erwerbsarbeit thematisiert. Mit der Modellerweiterung durch die Komponente „sozialer Rückhalt bei der Arbeit" wird postuliert, dass eine Verschärfung von Arbeitsstress dadurch erfolgt, dass die Belastungen infolge fehlender Autonomie und Selbstwirksamkeit sowie infolge des Mangels an stimulierenden Erfahrungen und Lernchancen der Arbeit nicht durch hilfreiche soziale Unterstützung durch Kollegen und Vorgesetzte abgemildert werden (Johnson u. Hall 1988). Obwohl im Anforderungs-Kontroll-Modell eine Interaktionshypothese (kombinierte Wirkung von hoher Anforderung und niedriger Kontrolle) postuliert wird, zeigt die in der Forschung erfolgte Modellprüfung und die daraus resultierende empirische Evidenz, dass neben oder anstelle der Interaktion die einzelnen Komponenten zur Erklärung von Erkrankungsrisiken beitragen, wobei dies in stärkerem Maße für die Dimension „Kontrolle" zutrifft (Schnall et al. 2009). Mit seiner Fokussierung auf kritische Konstellationen von Tätigkeitsprofilen – und damit der Ausblendung des Bewältigungshandelns arbeitender Personen – und mit seiner klaren Verankerung in stress- und lerntheoretischen Paradigmen hat das einfach zu vermittelnde und zu messende Anforderungs-Kontroll-Modell in den vergangenen Jahrzehnten in der Arbeitsbelastungsforschung eine weltweite Verbreitung gefunden. Zugleich ist seine Begrenzung auf die Ebene der Arbeitsorganisation, mithin die Ausblendung makroökonomischer und makrosozialer Kontexte von Arbeit und Beschäftigung, kritisiert worden. Zurzeit arbeiten die Autoren an einer entsprechenden Erweiterung des Bezugsrahmens ihres theoretischen Modells.*"

In Untersuchungen zum Anforderungs-Kontroll-Modell zeigten zahlreiche wissenschaftliche Arbeiten mit hoher Konsistenz, dass steigende Arbeitsanforderungen bei abnehmendem Tätigkeitsspielraum Beeinträchtigungen des Wohlbefindens zur Folge haben und ein substanziell erhöhtes Risiko für depressive Störungen und andere „common mental disorders" sowie für Herzkreislauferkrankungen, insbesondere Herzinfarkte zur Folge haben. Ferner ließ sich zeigen, dass der Medikamentenverbrauch und die Arbeitsunfähigkeitsdauer zunehmen.

Für eine nähere Beschäftigung mit diesem und den weiteren u.g. Arbeitsstressmodellen wird auf die dem Manual beigefügte Literatur und eine Literaturliste im Anhang verwiesen.

Anwendung im Gesundheitswesen:
Bei der **Untersuchung von Krankenschwestertätigkeiten** zeigten Büssing und Glaser (1991), dass erweiterte Tätigkeitsspielräume mit erhöhter Arbeitszufriedenheit, geringerer emotionaler Erschöpfung und verminderten Beschwerden zusammenhängen. Eine EU-Umfrage ergab, dass 68 Prozent der Arbeitnehmer über Zeitdruck als Stress und 79 Prozent über Rückenbeschwerden bzw. Muskelschmerzen klagen. Deren primäre Ursachen liegen nicht bei ergonomischen Gestaltungsmängeln, sondern sind vielmehr bei einem erlebten Verlust von Autonomie im Arbeitsprozess zu suchen (Hacker, 1998).

Ärzte: (siehe z. B. die Untersuchungen von von dem Knesebeck, DÄB, 2010)

Anmerkung: An dieser Stelle kann auf das neue Buch verwiesen werden (Angerer et al Hrsg: Arbeiten im Gesundheitswesen 2019), das jeder Teilnehmenden dieses Workshops als Dreingabe erhält, kostet sonst 59 €)

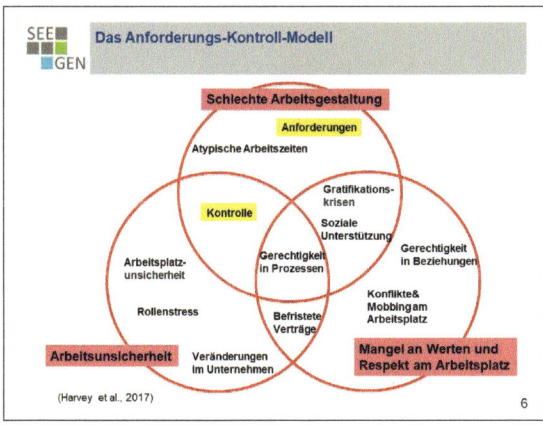

Nach einer kurzen Erläuterung zum Modell, bei dem FC 4 als visuelle Unterstützung dienen kann, sollte auf die Studie von Theorell et al. (2015; siehe Vertiefende Literatur) eingegangen werden, die ein um 74% erhöhtes Risiko für Erkrankungen feststellen konnte, wenn die Arbeitsbedingungen von hohen Anforderungen und wenig Kontrolle gekennzeichnet sind.

Ein Vorschlag für einen Sprechtext ist als Notiz unter der Folie 6 zu finden.

Nun sollen die Teilnehmenden überlegen, welche der Stichpunkte, die zuvor bei der Kartenabfrage notiert wurden, unter dieses Modell fallen könnten, und die Karten auf/neben das FC kleben.

Das Modell der Gratifikationskrise

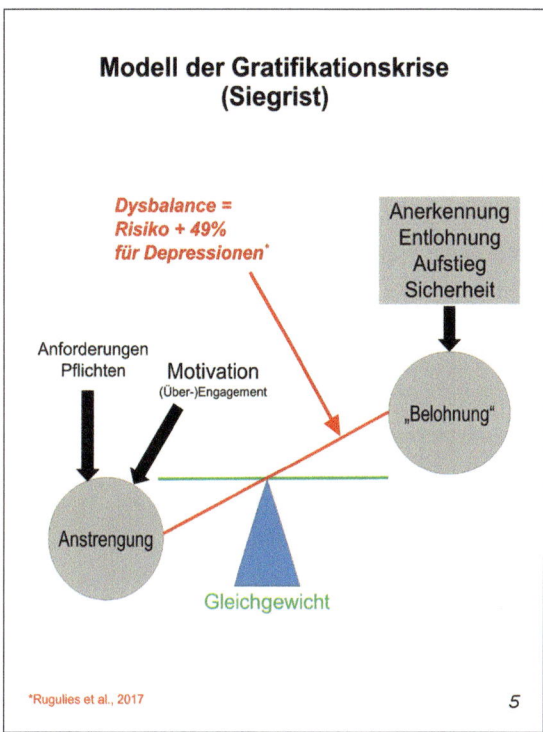

Theoretischer Hintergrund zitiert aus Siegrist und Siegrist (2014; siehe vertiefende Literatur):
„Das Modell beruflicher Gratifikationskrisen (Siegrist 1996, Siegrist et al. 2004) befasst sich mit den vertraglichen Bedingungen der Arbeit, d. h. dem Tauschprozess von Leistung und Gegenleistung. Wird der Grundsatz der Tauschgerechtigkeit bei der Arbeit in der Form verletzt, dass einer hohen Verausgabung keine angemessene Belohnung gegenübersteht, dann werden „gratifikationskritische" Stressreaktionen ausgelöst. Belohnungen umfassen nicht allein Lohn oder Gehalt, sondern ebenso Aufstiegschancen, Arbeitsplatzsicherheit sowie die nicht-materielle Anerkennung und Wertschätzung der die Leistung erbringenden Person durch signifikante Andere (v. a. Vorgesetzte). Dabei gilt, dass jede Belohnungskomponente für sich im Kontext hoher Verausgabung Stressreaktionen auslöst, dass diese jedoch durch die Kumulation gratifikationskritischer Erfahrungen intensiviert werden. Das im Modell definierte Ungleichgewicht zwischen erbrachtem Arbeitseinsatz und erwartetem oder erfahrenem Gewinn wird entweder (seltener) in Form eines dramatischen

Lebensereignisses erlebt (z. B. versagte Beförderung, Deklassierung trotz guter Leistung, Entlassung bei hohem Arbeitseinsatz), oder (häufiger) in Form wiederkehrender Erwartungsenttäuschungen und Frustrationen im alltäglichen Leistungszusammenhang der Erwerbsarbeit, die in Kauf genommen, bagatellisiert oder verdrängt werden. Oft versickern sie mit der Zeit, zur Routine geworden, im Strom alltäglicher, nicht mehr bewusst reflektierter Erfahrung. Berufliche Gratifikationskrisen treten besonders häufig bei Beschäftigten auf, die keine Arbeitsplatzalternative finden (z. B. aufgrund niedriger Qualifikation) sowie bei Beschäftigten, die in einem sehr kompetitiven Berufssektor beschäftigt sind. Dieses Ungleichgewicht kann aber auch durch intrinsische, in der arbeitenden Person liegende Faktoren verstärkt und aufrechterhalten werden, insbesondere dann, wenn das berufliche Bewältigungshandeln durch eine distanzlose, übersteigerte Verausgabungsneigung bestimmt wird. Das theoretische Modell berücksichtigt somit die Interaktion zwischen Merkmalen der Arbeitssituation und Merkmalen des Bewältigungshandelns arbeitender Personen. Ferner trägt es, in einem weiteren Unterschied zum Anforderungs-Kontroll-Modell, bestimmten Entwicklungen des Arbeitsmarktes Rechnung, die im Zuge wirtschaftlicher Globalisierung in den Vordergrund treten (s. unten). Stresstheoretisch wird mit den im Modell herausgestellten enttäuschten Belohnungserwartungen das zentrale psychische Bedürfnis nach sozialer Anerkennung im Kontext erbrachter Leistung thematisiert. Seine Beeinträchtigung ist deshalb so gravierend, weil versagte Anerkennung als Bruch eines grundlegenden, in der Evolution menschlicher Vergesellschaftung tragenden Prinzips, der Norm sozialer Reziprozität, erlebt wird."

Gratifikationskrisen können dann zu psychischer Beanspruchung führen. Psychische (Fehl-) Beanspruchung kann langfristig, ebenso wie für das Modell von Karasek und Theorell gezeigt, zu psychischen und körperlichen, v. a. kardiovaskulären Erkrankungen führen.

Nach einer kurzen Erläuterung zum Modell, bei dem FC 5 als visuelle Unterstützung dienen kann, sollte auf ein Ergebnis der Studie von Rugulies et al. (2017; siehe vertiefende Literatur) eingegangen werden, die ein um 49 % erhöhtes Risiko für Depressionen feststellen konnten, wenn es zu Gratifikationskrisen kommt.

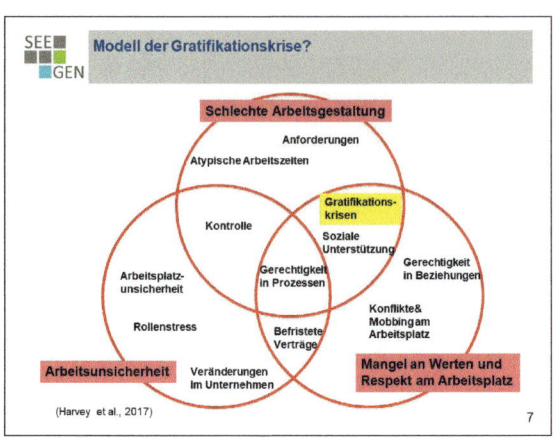

Ein Vorschlag für einen Sprechtext ist als Notiz unter der Folie 7 zu finden.

Nun sollen die Teilnehmenden wieder überlegen, welche der Stichpunkte, die zuvor bei der Kartenabfrage notiert wurden, unter dieses Modell fallen könnten, und die Karten auf/neben das FC kleben.

Das Modell der organisationalen Gerechtigkeit

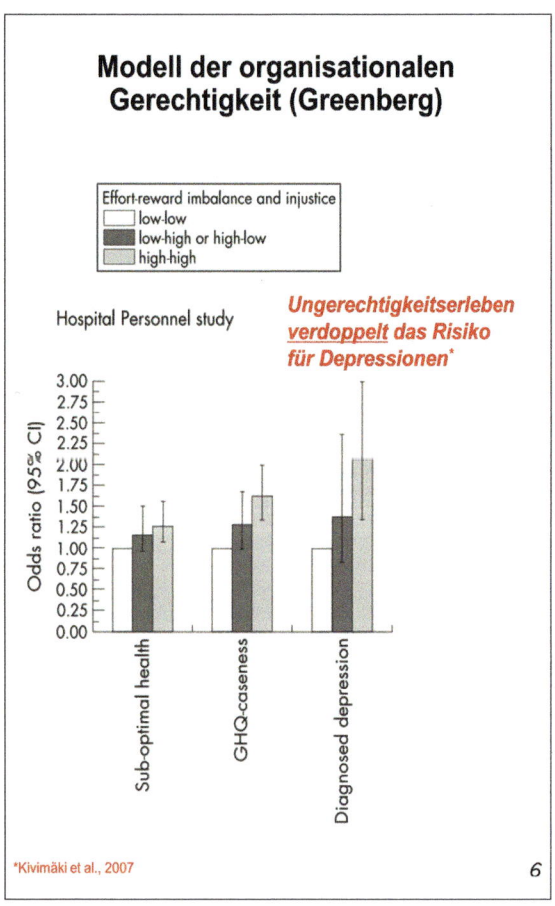

Theoretischer Hintergrund zitiert aus Siegrist und Siegrist (2014; siehe vertiefende Literatur):

„*Dieses aus der Organisations- und Sozialpsychologie stammende Modell identifiziert subjektive Wahrnehmungen unfairer Verfahren in Organisationen in drei Bereichen als kritische psychosoziale Arbeitsbelastungen: Erstens die ungerechte Verteilung relevanter Ressourcen unter den Organisationsmitgliedern (distributive Ungerechtigkeit), zweitens die ungerechte Behandlung bei Verfahrensfragen in Organisationen (z. B. Beschwerden, Beförderungen) (prozedurale Ungerechtigkeit), drittens erfahrene Ungerechtigkeiten bezüglich der Umgangsformen zwischen Organisationsmitgliedern (z. B. Diskriminierung; interaktionale Ungerechtigkeit) (Greenberg u. Cohen 1982). Lange Jahre wurde das Modell in der Managementliteratur angewandt, bevor finnische Wissenschaftler auf die Idee kamen, es in die Arbeitsstressforschung einzubeziehen (Elovainio et al. 2002). Eine explizite theoretische Herleitung des Modells anhand J. S. Adams' „Gleichheitstheorie" (Adams 1963) erfolgte bisher lediglich für die Komponente „distributive Ungerechtigkeit". Danach wird eine Situation als ungerecht empfunden, in welcher die Bilanz zwischen Aufwand und Ertrag der betroffenen Person ungünstiger ist als dies bei einer entsprechenden Bezugsgruppe der Fall ist. Entsprechende emotionale Reaktionen und Verhaltensweisen sind in diesem Fall stärker ausgeprägt als im Fall einer Bevorzugung (günstigere Bilanz zwischen Aufwand und Ertrag im Vergleich zu einer Bezugsgruppe). (Zur Differenzierung zwischen distributiver Ungerechtigkeit und beruflicher Gratifikationskrise, die von einigen Forschern nicht beachtet wird (z. B. Greenberg 2010), s. unten).*"

Bezüglich **Beziehungsgerechtigkeit** fanden Tyler und Bies (1989) positive Effekte für folgende fünf Einflussgrößen:
- adäquate Beachtung des Standpunkts des anderen
- Hintenanstellen von persönlichen Interessen
- konsistente Anwendung von Kriterien zur Entscheidungsfindung
- zeitnahe Rückmeldung und Erläuterung von Entscheidungen
- adäquate Erläuterung von Entscheidungen

Nach einer kurzen Erläuterung zum Modell, bei dem FC 6 als visuelle Unterstützung dienen kann, sollte auf ein Ergebnis der Studie von Kivimäki et al. (2007; siehe vertiefende Literatur) eingegangen werden, die in einer Untersuchung finden konnten, dass Ungerechtigkeitserleben mit einer Verdopplung des Risikos einhergeht Depressionen zu entwickeln.

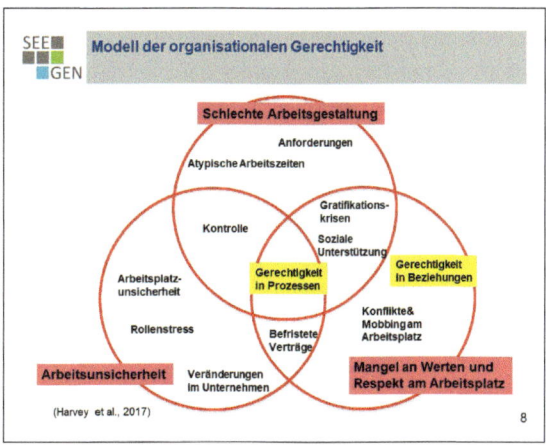

Ein Vorschlag zu einem Sprechtext ist als Notiz unter der Folie 8 zu finden.

Nun sollen die Teilnehmenden wieder überlegen, welche der Stichpunkte, die zuvor bei der Kartenabfrage notiert wurden, unter dieses Modell fallen könnten, und die Karten auf/neben das FC 6 kleben.

Der Faktor soziale Unterstützung

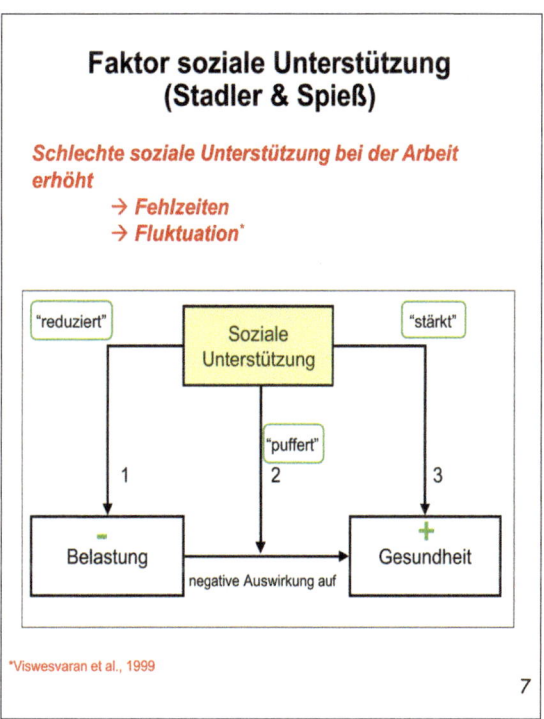

Drei Wirkungen werden sozialen Unterstützungsprozessen zugeschrieben: Sie sind in der Lage, die Höhe der arbeitsbedingten Belastungen zu reduzieren (siehe FC 7), haben eine positive Funktion bei der Stressbewältigung (d. h., die Belastung wird als weniger beanspruchend empfunden) und haben eine gesundheitsfördernde Wirkung (weil dadurch gesundheitsfördernde Ressourcen aufgebaut werden; Stadler und Spieß, 2004, 2005; vgl. Viswesvaran et al., 1999; siehe vertiefende Literatur).

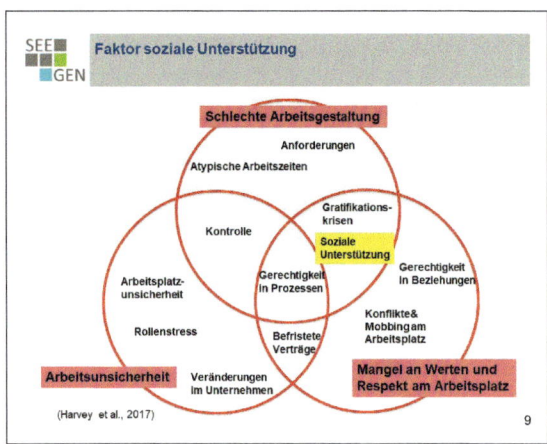

Ein Vorschlag für einen Sprechtext ist als Notiz unter der Folie 9 zu finden.

Nun sollen die Teilnehmenden wieder überlegen, welche der Stichpunkte, die zuvor bei der Kartenabfrage notiert wurden, unter dieses Modell fallen könnten, und die Karten auf/neben das FC kleben.

Wirtschaftliche Aspekte (un-) gesunder Arbeitsgestaltung

Zusammenhang zwischen Arbeitsbedingungen und Behandlungsqualität

Mit Folie 10 sollen die Folgen von ungünstigen Arbeitsbedingungen auf die Behandlungsqualität gezeigt werden, auf die in dem Artikel von Angerer und Weigl (2015) hingewiesen werden.

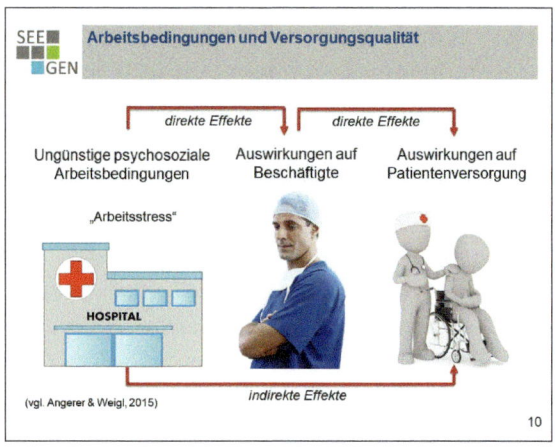

Ein Vorschlag für einen Sprechtext zu dieser Folie befindet sich in den Notizen zu Folie 10.

Weitere wirtschaftliche Auswirkungen von Arbeitsbedingungen

Als Einleitung in diesem Abschnitt sollten zusammenfassend weitere negativen Konsequenzen anhand Folie 11 aufgelistet werden.

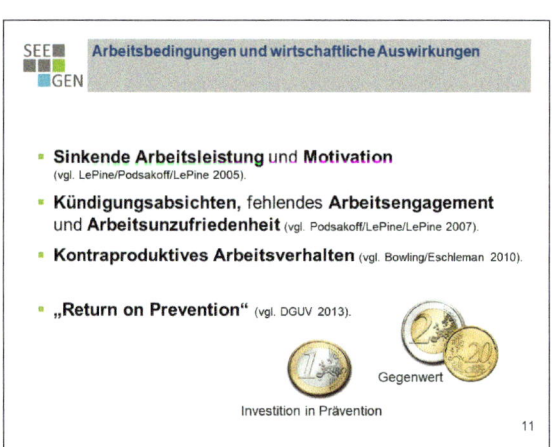

Einen Vorschlag für einen Sprechtext befindet sich in den Notizen unter Folie 11.

Zusammenhang zwischen Arbeitsbedingungen und Wirtschaftlichkeit

Mit dieser Folie soll auf ein aussagekräftiges Ergebnis einer kürzlich erschienenen Studie (Han et al., 2019; siehe Vertiefende Literatur) zu Kosten, die entstehen durch beeinträchtigte ärztliche Mitarbeitergesundheit.

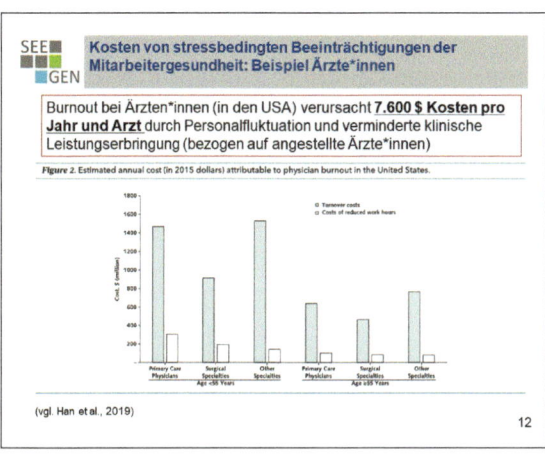

Ein Vorschlag für einen Sprechtext zu dieser Folie befindet sich in den Notizen zu Folie 12.

Zusammenhang zwischen Arbeitsbedingungen und Arbeitgeberattraktivität

Mehrere Studien (u. a. Chapman et al., 2005) untersuchten, welche Faktoren Einfluss auf die wahrgenommene Arbeitgeberattraktivität potenzieller Bewerber hatten. Hier sollten die wichtigsten wissenschaftlich identifizierten Einflussgrößen genannt werden. Je nach Zeit kann auch eine kurze Rückfragerunde erfolgen, wie die Teilnehmenden die Arbeitgeberattraktivität ihres Klinikums wahrnehmen und in welchen Bereichen ggf. Verbesserungsbedarf besteht.

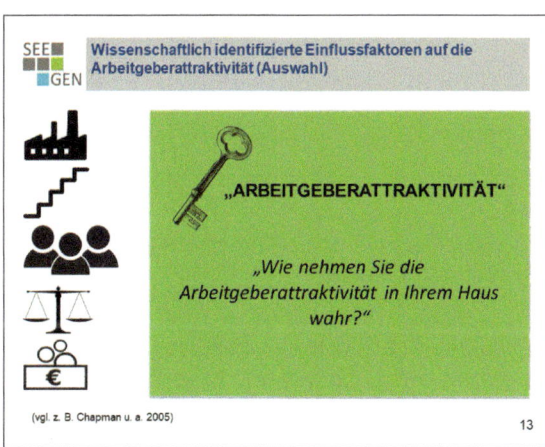

Ein Vorschlag für einen Sprechtext zu dieser Folie befindet sich in den Notizen zu Folie 13.

Als Übergang zum nächsten Abschnitt kann der bisherige Input noch einmal kurz zusammengefasst werden (Folie ohne Nr. im Foliensatz zw. 14 und 15).
Z. B. durch:

„*Also Fazit: Schlecht gestaltete Arbeit macht krank, führt zu wirtschaftlichen Einbußen, ist ein Risiko für die Patientensicherheit und verringert die Chance qualifiziertes Personal zu gewinnen. Daher ist es wichtig, gute Arbeitsbedingungen zu schaffen. Das ist für uns nun auch der inhaltliche Übergang zu Ansatzpunkten der Maßnahmengestaltung oder von sogenannten Interventionen. Wir möchten Ihnen aufzeigen, welche Arten von Interventionen hilfreich sind um die Mitarbeitergesundheit zu stärken und warum wir Ihnen und Ihren Mitarbeitern welche Angebote anbieten um die Beschäftigungsfähigkeit zu sichern. Im Anschluss möchten wir mit Ihnen in den Austausch kommen, was Sie als Führungskräfte tun (können), um die Mitarbeitergesundheit im Kontext der Arbeitsgestaltung zu fördern.*"

Interventionen zur Stärkung gesundheitsförderlicher Arbeitsbedingungen

Zu Beginn dieses Abschnitts soll kurz der Unterschied zwischen verhältnis- und verhaltenspräventiven Maßnahmen erläutert werden.

Einen Vorschlag zu einem Sprechtext ist als Notiz unter der Folie 14 zu finden.

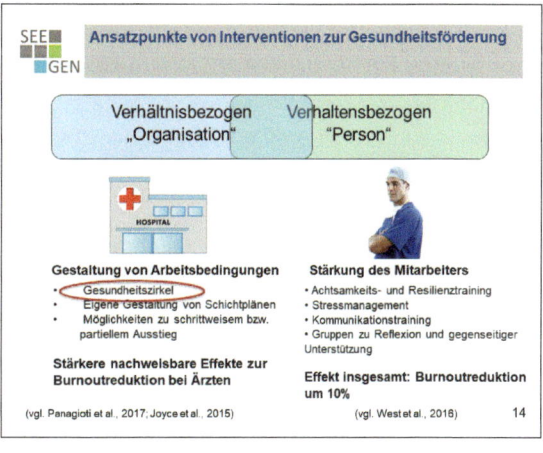

Hintergrundinformation Verhaltensprävention:
Anders als die Verhältnisprävention geht die Verhaltensprävention vom einzelnen Mitarbeiter aus. Verhaltensprävention betrifft die Prävention im Hinblick auf das Verhalten des Einzelnen bei und im Zusammenhang mit der Arbeit.

Ziel der Verhaltensprävention ist die am individuellen Menschen selbst ansetzende Vermeidung und Minimierung bestimmte gesundheitsriskanter Verhaltensweisen und psychischer Belastungen. Dementsprechend zielen Maßnahmen der Verhaltensprävention auf die Förderung gesundheitsgerechter Verhaltensweisen ab und richten sich vorwiegend an Personen. Zu den Maßnahmen zur Verhaltensprävention gehören insbesondere Informations- und Aufklärungsmaßnahmen:
- Informationsveranstaltungen zur Verhaltensprävention
- Veröffentlichungen zu Gesundheitsthemen
- Gesundheitssprechtage

Maßnahmen zur Vermittlung von Bewältigungstechniken zur Verhaltensänderung

Beispiele:
- Bewegungsprogramme
- Entspannungstechniken
- Ernährungskurse
- Nichtraucherseminare
- Anti-Stress-Programme

Maßnahmen der Verhaltensprävention sind neben Maßnahmen der Verhältnisprävention häufig Bestandteil einer umfassenden betrieblichen Gesundheitsförderung.

Hintergrundinformation Verhältnisprävention:
„Ziel der Verhältnisprävention ist die vorbeugende gesundheitsgerechte Gestaltung der Arbeitsumwelt im Hinblick auf die Reduktion der Gefährdungsfaktoren und der Begrenzung von Belastungen. Dementsprechend zielen Maßnahmen der Verhältnisprävention auf die Gestaltung gesundheitsförderlicher Arbeitsstrukturen ab."

Beispiele und Effekte verhaltenspräventiver Maßnahmen
Hier soll verdeutlicht werden, dass zur Reduktion oder Prävention von Burnout unter Ärzten verhaltenspräventive Maßnahmen wie Achtsamkeit- und Resilienztraining etc. einen Effekt bzgl. Burnoutreduktion zeigten von ca. 10% (West et al., 2016).

Beispiele und Effekte verhältnispräventiver Maßnahmen
Im Vergleich zeigten Interventionen, die auf verhältnispräventive Maßnahmen abzielten jedoch einen größeren Effekt (Panagioti et al., 2017), wie z. B. durch Durchführen von Gesundheitszirkeln, eigene Gestaltung von Schichtplänen oder Möglichkeiten zu schrittweisem oder partiellem Ausstieg. Diese Maßnahmen scheinen die Kontrolle der Beschäftigten zu erhöhen und Probleme der psychischen Gesundheit zu reduzieren (Joyce et al., 2015).

In der folgenden Folie 15 soll darauf eingegangen werden, dass bereits in einer früheren Studie zur Gestaltung gesundheitsförderlicher Arbeitsbedingungen im Gesundheitswesen effektive Maßnahmen erarbeitet wurden (Weigl et al., 2013; siehe Vertiefende Literatur). Diese sollen i. S. von Best Practice Beispielen angeführt werden.

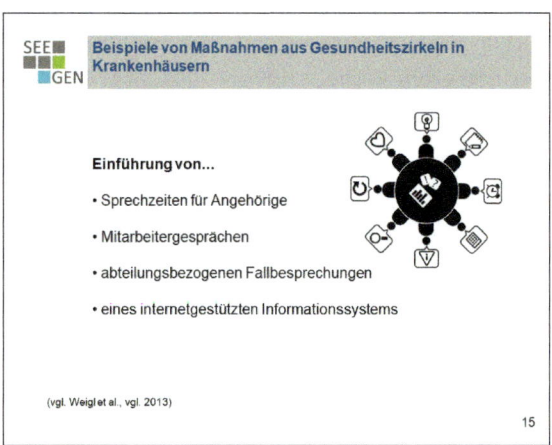

Ein Vorschlag für einen Sprechtext ist als Notiz unter der Folie 15 zu finden.

Auf Folie 16 soll auf eine kürzlich erschienene Studie von Weigl (2019; siehe Vertiefende Literatur) eingegangen werden, in der Erfolgsfaktoren für Änderungen der Arbeitsbedingungen im Gesundheitswesen diskutiert werden.

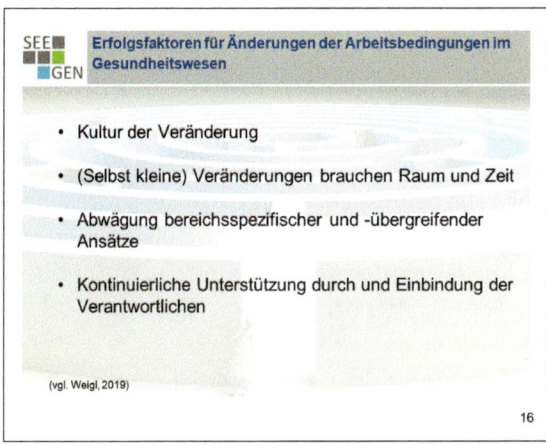

Ein Vorschlag für einen Sprechtext ist als Notiz unter der Folie 16 zu finden.

Übergang zum nächsten Abschnitt:
Die vorab dargelegten Befunde wurden in der Konzeptualisierung aufgegriffen und sollen nun durch Maßnahmen in der SEEGEN-Studie umgesetzt werden.

VORSTELLEN DER WEITEREN SEEGEN ELEMENTE
(20 Minuten)

Überblick

In diesem Abschnitt sollen die Teilnehmenden über die Gesamtstruktur der SEEGEN-Studie informiert werden und die Inhalte der anderen Workshops vorgestellt werden

Ziele

In diesem Abschnitt sollen die Teilnehmenden erfahren:
- welche Ziele die SEEGEN-Studie verfolgt
- aus welchen Elementen die SEEGEN-Studie besteht
- wie sie ihre Mitarbeiter über die SEEGEN-Workshops informieren und zur Teilnahme motivieren können

Ablaufplan der SEEGEN-Studie

Ggf. kann der Ablaufplan als Gedankenstütze auf FC ausgedruckt werden, so dass parallel über den Beamer die Vorstellung der Workshops mit den entsprechenden Folien stattfinden kann.

Nach Vorstellen des Gesamtkonzeptes werden diejenigen Teilprojekte/Workshops vorgestellt, die an dem Klinikum zur Anwendung kommen sollen. Pro Workshop wird eine Folie über den Beamer an die Wand geworfen und die Inhalte, Ziele und der Ablauf des jeweiligen Workshops erläutert.

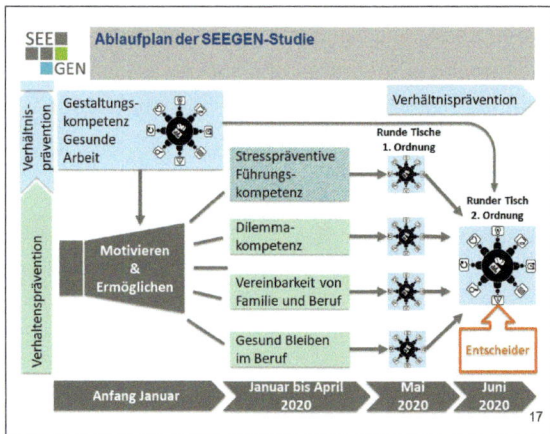

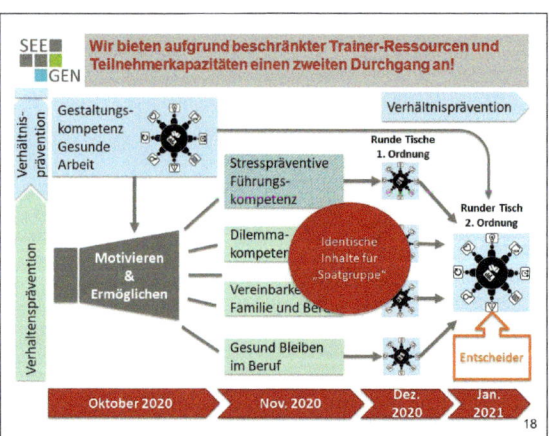

Zu Folie 17 (Ablaufplan Frühgruppe) und Folie 18 (Ablaufplan Spätgruppe) sowie den folgenden Folien 19 bis 22 ist jeweils ein Vorschlag zu einem Sprechtext als Notiz unter ppt Folie vorbereitet.

Der Workshop Führungskräftetraining

Dieses Seminar richtet sich an Führungskräfte der mittleren Führungsebene (z. B. Oberärztinnen und -ärzte, Pflegebereichs-, Funktions- bzw. Teamleitungen) aller Berufsgruppen, die den täglichen Spagat zwischen eigenen Drucksituationen, stressbelasteten Mitarbeitern und übergeordneten Zielen leisten müssen. Das Seminar bietet dabei die Möglichkeit:

- Anregungen für den eigenen Umgang mit Stressbelastung und Drucksituationen kennenzulernen
- die stresspräventive und mitarbeiterorientierte Führungskompetenz anhand innovativer Führungskonzepte zu erweitern
- die eigenen Fertigkeiten im Bereich Kommunikation und Interaktion weiter zu entwickeln, um die Ressource „Team" in komplexen Bezügen zu stärken.

Die drei Perspektiven von Führungskräften – Selbstfürsorge, Mitarbeiterfürsorge und Ressource „Team" – werden vor dem Hintergrund neuester Entwicklungen in Theorie und Praxis von Führungsverhalten und -haltungen vermittelt. Für den Transfer der Konzepte werden gemeinsam Fallbeispiele aus dem Alltag reflektiert und anwendungsorientierte Lösungsansätze entwickelt. Praxisrelevante Impulse, Techniken und Instrumente werden für die Erprobung bereitgestellt. Das Seminar mit maximal 20 Teilnehmenden findet an drei Terminen (einem Ganzen und zwei halben Tagen) im Abstand von ungefähr drei Wochen statt.

Der Workshop Dilemmakompetenztraining

Dieses Training richtet sich an Mitarbeiterinnen und Mitarbeiter aller Berufsgruppen, die häufig schwierige Entscheidungen treffen müssen und ihren Umgang mit solchen Entscheidungssituationen verbessern möchten. Das Training fördert die Entscheidungsfähigkeit in Situationen, in denen es keine zu hundert Prozent stimmige Lösung gibt, sondern jede Option mit Nachteilen verbunden ist. Das Training vermittelt:

- ein Bewusstsein der eigenen Rolle in der Organisation Krankenhaus mitsamt den oft widersprüchlichen Anforderungen sowie der Zielkonflikte zwischen verschiedenen Abteilungen
- ein Bewusstwerden der eigenen Entscheidungsspielregeln („Ich muss immer richtig entscheiden") sowie der Organisationskultur
- ein schnelleres Gespür für eigene innere Prozesse (Ärger, Ohmacht usw.) während eines Dilemmas und Angebote, diese in sinnvoller Weise für den Entscheidungsprozess zu nutzen
- eine Reflexion eigener Werte („Woran halte ich fest?") als Kompass im Dilemma
- einen „Dilemma-Fahrplan" inklusive wichtiger Lösungsschritte

Das 2-Tage-Dilemmakompetenztraining findet im Abstand von vier bis acht Wochen in Gruppen von 10 bis 20 Teilnehmerinnen bzw. Teilnehmern statt.

Der Workshop Gesund Bleiben im Beruf

Dieses Trainingsprogramm bietet ALLEN Mitarbeiterinnen und Mitarbeitern diverse Ansätze zur Bewältigung alters- und stressbedingter Veränderungen mit Anleitung zur Umsetzung im Alltag – besonders in Zeiten hohen Arbeitsaufkommens. Das Training beinhaltet:

- die gemeinsame Reflexion stress- und altersbedingter Veränderungen sowie den Austausch von Erfahrungen und persönlichem Erleben am Arbeitsplatz unter den Teilnehmenden
- die Vermittlung von Methoden zur Verbesserung der Wahrnehmung von Belastungszeichen (z. B. Achtsamkeit)
- die Einübung von Methoden zur Stressreduktion wie die Vermittlung eines Entspannungsverfahrens
- die Analyse und Aktivierung eigener vorhandener Ressourcen
- die Erarbeitung von Strategien im Umgang mit persönlichen Veränderungen
- die Entwicklung eines individuellen Projekts für einen verbesserten Umgang mit den besonderen Belastungen im Gesundheitswesen.

Das 1,5-tägige Training mit bis zu 15 Teilnehmenden findet an zwei Terminen im Abstand von ca. vier Wochen statt.

Der Workshop Familie und Beruf

Dieser Workshop wurde speziell für Mitarbeiterinnen und Mitarbeiter im Pflege- und ärztlichen Dienst entwickelt. Ziel ist es, Stresssituationen besser meistern zu können. Die Teilnehmenden des Workshops werden sensibilisiert, ihren individuellen Handlungsspielraum zu erweitern bzw. mögliche Stresssituationen zu erkennen, zu analysieren und zu entschärfen. Darum geht es:

- Analyse der eigenen familiären und beruflichen Situation, um Hindernisse und Ressourcen für eine gelungene Vereinbarkeit herauszuarbeiten
- Vermittlung von Fakten über den Zusammenhang zwischen Stresserfahrung, Stressreaktion und dem Einfluss von persönlichem Stress auf die Beziehung zum Kind sowie entwicklungspsychologische Erkenntnisse für den praktischen Elternalltag
- Erlernen von praktischen Übungen und Entlastungsstrategien (Atem- und Yogaübungen), die sich gut in den Alltag integrieren lassen
- Erarbeitung von individuellen Ansatzpunkten für den nächsten Schritt hin zu einer verbesserten Vereinbarkeitssituation.

Der eintägige Workshop findet in Gruppen von maximal 15 Teilnehmenden vor Ort in den Räumen des Klinikums statt. Bitte bringen Sie bequeme Kleidung für die Yoga-Einheit mit.

Das Konzept der Runden Tische

Bei dem Format der „Runden Tische" handelt es sich um eine verhältnisbezogene partizipative Intervention, die abteilungs-, cluster- und hierarchieübergreifend durchgeführt wird. Pro Workshop wird es einen Runden Tisch 1. Ordnung geben, in denen Schwierigkeiten auf Klinikumsebene aus dem Workshop besprochen und Maßnahmen diskutiert werden.

In diesem Workshop für die obersten Führungskräfte wird der Runde Tisch 1. Ordnung direkt im 2. Teil des Workshops stattfinden. Nach den Runden Tischen 1. Ordnung werden gesammelte Ideen und Maßnahmen in einem weiteren Runden Tisch 2. Ordnung gemeinsam mit Entscheidern aus dem Klinikum besprochen und ggf. Maßnahmen entwickelt, die im Verlauf umgesetzt werden sollen.

Wenn alle Workshops vorgestellt wurden, sollten die Flyer und ggf. Informationen zum Anmeldeverfahren ausgeteilt werden, so dass die Führungskräfte ihre Mitarbeitenden, die sich bereits angemeldet haben noch einmal gezielt für die Teilnahme motivieren und diese ermöglichen können.

An dieser Stelle bietet sich eine Pause an.

EINFÜHRUNG EINES PRAXISTOOLS AUF TEAMEBENE
(60 Minuten)

Überblick
In diesem Abschnitt sollen die Teilnehmenden über die Grundlagen einer Gefährdungsbeurteilung psychischer Belastungen (GBpsych) informiert werden und lernen, wie sie diese in ihrer Abteilung durchführen können.

Ziele
In diesem Abschnitt sollen die Teilnehmenden erfahren:
- was eine GBpsych ist
- dass die Teilnehmenden auf die Durchführung einer GBpsych in ihrer Abteilung einen großen Einfluss haben
- welche Schritte im Sinne einer GBpsych in ihrer Abteilung durchgeführt werden können.

Tools
- Material:
  - Power-Point Präsentation
  - Handout Praxis-Tool

Methode
- Vortrag
- Austausch in der Gruppe

Ablauf / Anleitung
- Wiederholen des 2-Ebenen-Hauses
- Kurze Erläuterung BGpsych (4-Schritte Logik allgemein erläutern)
- Ebene „Team / Abteilung"

Hintergrundinformationen zu GBpsych

WICHTIG:
Um Unstimmigkeiten zu vermeiden sollten die Hintergrundinformationen zu GBpsych, die an dieser Stelle den Mitarbeitenden gegeben werden, möglichst an dem Stand von Aktivitäten zu GBpsych anknüpfen, die in dem jeweiligen Klinikum umgesetzt wurden bzw. geplant sind umgesetzt zu werden.

An dieser Stelle soll noch einmal auf das Thema psychische Gefährdungsbeurteilung eingegangen werden und den Teilnehmenden verdeutlicht werden, weshalb sie das Thema direkt betrifft. Wir möchten die Teilnehmenden im Folgenden unterstützen sich effizient mit dem Thema auseinandersetzen zu können.

Auch hier befindet sich ein Vorschlag für einen Sprechtext sich als Notiz unter Folie 23.

Die folgenden Hintergrundinformationen zur psychischen Gefährdungsbeurteilung stammen von der Website der Gemeinsamen deutschen Arbeitsschutzstrategie (GDA):
https://www.gda-psyche.de/DE/Handlungshilfen/Gefaehrdungsbeurteilung/inhalt.html.

„Seit Ende 2013 fordert das Arbeitsschutzgesetz explizit die Berücksichtigung der psychischen Belastung in der Gefährdungsbeurteilung. Das heißt: Alle Unternehmen und Organisationen müssen auch jene Gefährdungen für ihre Beschäftigten ermitteln, die sich aus der psychischen Belastung bei der Arbeit ergeben.

Gefährdungsbeurteilung = Pflicht des Arbeitgebers

Die Gefährdungsbeurteilung ist eine arbeitsschutzgesetzliche Pflicht. Danach müssen alle Arbeitgeberinnen und Arbeitgeber zur Ermittlung der erforderlichen Maßnahmen des Arbeitsschutzes eine Beurteilung der Gefährdungen in ihren Unternehmen vornehmen. Wenn es erforderlich ist, müssen sie schließlich geeignete Maßnahmen entwickeln, umsetzen und auf ihre Wirksamkeit überprüfen. Die Gefährdungsbeurteilung hat somit das Ziel, Unfällen und arbeitsbedingten Gesundheitsgefahren vorzubeugen. Dazu gehört auch die psychische Belastung bei der Arbeit.

Psychische Belastung bei der Arbeit umfasst eine Vielzahl unterschiedlicher psychisch bedeutsamer Einflüsse, etwa die Arbeitsintensität, die soziale Unterstützung am Arbeitsplatz, die Dauer, Lage und Verteilung der Arbeitszeit, aber auch Umgebungsfaktoren wie Lärm, Beleuchtung und Klima. Eine Arbeit ohne psychische Belastung ist genauso wenig denkbar und wünschenswert wie eine Arbeit ohne jede körperliche Belastung. Ähnlich wie bestimmte Arten und Ausprägungen körperlicher Belastung gesundheitsgefährdend sein können, kann aber auch die psychische Belastung bei der Arbeit gesundheitsbeeinträchtigende Wirkungen haben, zum Beispiel bei andauernden hohen zeit- und leistungsbezogenen Anforderungen oder bei ungünstig gestalteter Schichtarbeit. Daher ist es erforderlich, die psychische Belastung der Arbeit in der Gefährdungsbeurteilung zu berücksichtigen.

Dafür sind dafür im Einzelnen folgende Schritte zu planen und umzusetzen:
Festlegen von Tätigkeiten / Bereichen, für die die Gefährdungsbeurteilung durchgeführt werden soll,
- Ermittlung der psychischen Belastung der Arbeit,
- Beurteilung der psychischen Belastung,
- Entwicklung und Umsetzung von Maßnahmen (falls erforderlich),
- Kontrolle der Wirksamkeit der umgesetzten Maßnahmen,
- Aktualisierung / Fortschreibung der Gefährdungsbeurteilung im Falle geänderter Gegebenheiten,
- Dokumentation.

Empfehlungen zur Umsetzung der Gefährdungsbeurteilung psychischer Belastung
Im Rahmen des Arbeitsprogramms Psyche wurden "Empfehlungen zur Umsetzung der Gefährdungsbeurteilung psychischer Belastung" erarbeitet. Die "Empfehlungen" erläutern in sieben Schritten die Gefährdungsbeurteilung psychischer Belastungen, ihre Methoden und Instrumente. Damit wird ein Korridor beschrieben, innerhalb dessen sich die konkrete Umsetzung der Gefährdungsbeurteilung bewegen sollte. Die Broschüre richtet sich insbesondere an Unternehmen und betriebliche Arbeitsschutzakteure (u. a. Arbeitgeber, Betriebs- / Personalräte, Betriebsärzte und Fachkräfte für Arbeitssicherheit).
(Text: Dr. David Beck)

An dieser Stelle ist es wichtig den Teilnehmenden mitzuteilen, dass Sie einen großen Einfluss auf die Durchführung einer GBpsych in Ihrer Abteilung haben. Unser Vorschlag des 4-Schritte-Plans lehnt sich an die 7 Schritte der GBpsych an, die aus didaktischen Gründen in diesem Workshop zusammengefasst wurden.

Wiederholung 2-Ebenen-Haus

Zunächst sollte noch einmal auf das 2-Ebenen-Haus eingegangen werden, um zu verdeutlichen, dass wir im Folgenden zunächst auf die Förderung gesunder Arbeitsbedingungen auf Teamebene, und im Anschluss auf die Förderung gesunder Arbeitsbedingungen auf Klinikumsebene eingehen werden.

Vorschläge für entsprechende Sprechtexte befindet sich in den Notizen zu ppt Folie 24 bis 38.

Der 4-Schritte Plan im Team

Beim Durchgehen des 4-Schritte-Plans ist es wichtig, dass zunächst offen gefragt wird, welche Strategien bisher genutzt werden. Die Ideen und Antworten sollten jeweils auf Flipcharts gesammelt werden.
Erst danach soll geschaut werden, ob das Tool ggf. eine neue Anregung sein könnte für den jeweiligen Schritt („könnte das auch eine Möglichkeit sein, die Sie im Alltag zur Strukturierung einsetzen würden?").

Schritt 1: Bestandsaufnahme
Zunächst Erläuterung von Schritt 1: In der Bestandsaufnahme soll abgefragt werden, an welcher Stelle im Team die Arbeitsbedingungen günstig, und an welcher Stelle ungünstig sind. Zunächst sollten die Teilnehmenden offen gefragt werden: „Wie ist das bisherige Vorgehen? Wie könnte man das verbessern?"

Die Antworten der Teilnehmenden sollten auf FC 9 notiert werden:

Erst nachdem die Antworten gesammelt wurden sollten als Ergänzung oder Bekräftigung des bereits Genannten, die 3 möglichen Alternativen von Tool 1 als Möglichkeiten einer strukturierten Bestandsaufnahme vorgestellt werden (Folie 25 bis 27). Das Tool 1 wurde auf Grundlage der bereits vorgestellten Modelle entwickelt, um besonders gefährdende Aspekte in der Arbeitsgestaltung aufzugreifen. Es werden im Handout „Praxis-Tool" die folgenden 3 verschiedenen Alternativen zur Bestandsaufnahme vorgestellt:
- Eigene Einschätzung
- Einschätzung im Team
- Stille Einschätzung im Team

Alle 3 Möglichkeiten sollten vorgestellt und anhand des ausgeteilten Handouts durchgegangen werden, sowie auf mögliche Schwierigkeiten, die aufkommen könnten hingewiesen werden.

Zudem sollte bei Vorstellung der eigenen Einschätzung abgefragt werden, ob und wie sich die Teilnehmenden vorstellen könnten, ihr Ergebnis im Team zu kommunizieren. Sollten keine Ideen dazu genannt werden, sollten Vorschläge kommuniziert werden wie z. B. Ansprache in einer Teambesprechung oder als Brief an die Mitarbeitenden:

Ich habe mir Gedanken über arbeitsbezogene Belastungen in der Abteilung gemacht und festgestellt, dass es aufgrund der ständigen Arbeitsunterbrechungen zu einer unnötig hohen Belastung der diensthabenden Mitarbeitenden kommt. Gerne würde ich mit Ihnen gemeinsam überlegen, wie wir daran arbeiten können, diese Belastung zu reduzieren. Aus diesem Grund möchte ich einmal systematisch mit Ihnen durchgehen, in welchen Situationen die Belastung besonders auftritt, was wir schon alles machen, um die Belastung durch Arbeitsunterbrechungen zu reduzieren, und welche Ideen wir gemeinsam entwickeln können, die Belastung weiter zu reduzieren.

Dazu lade ich Sie ein:
- *den (beigefügten) Bogen (Ausdruck Arbeitstool 3) anonym auszufüllen und in mein Fach zurück zu legen*
- *dass wir uns am .... um .... Uhr treffen, um das Thema weiter zu verfolgen*

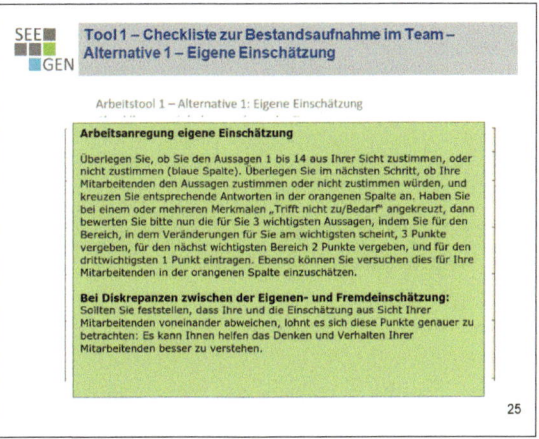

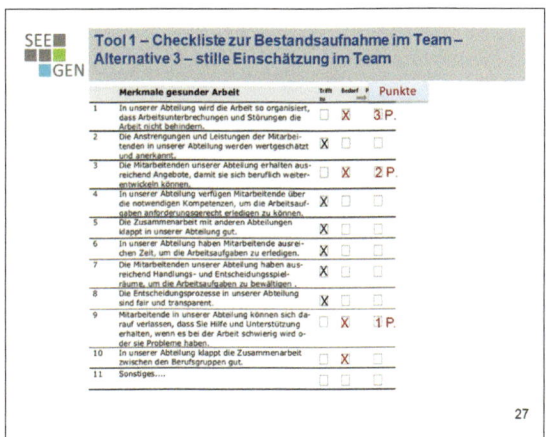

Schritt 2: Auswahl eines Arbeitsmerkmals

In Schritt 2 geht es um die Auswahl eines Arbeitsmerkmals (siehe ppt Folie 28).

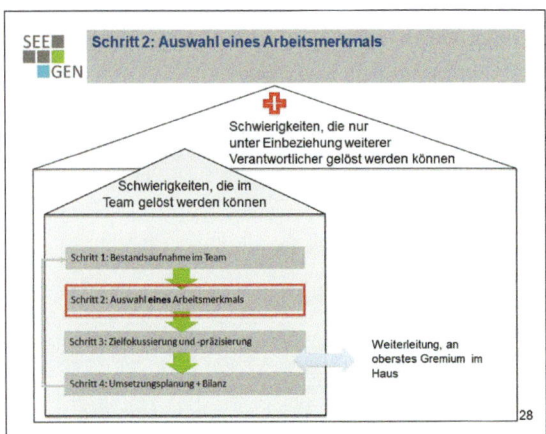

Wie bei Schritt 1 sollte auch hier zunächst offen gefragt werden, wie die Teilnehmenden vorgehen i. S. von:

„Wo fangen Sie an, wenn Sie belastende Arbeitsbedingungen verbessern möchten? Wie treffen Sie eine Auswahl?"

Die Antworten sollten erneut auf FC 10 festgehalten werden und erst nachdem die Teilnehmenden alle Möglichkeiten genannt haben, das Tool 2 mit den Alternativen 1- 3 als weitere Möglichkeit angeboten werden (siehe Folien 29 –31).

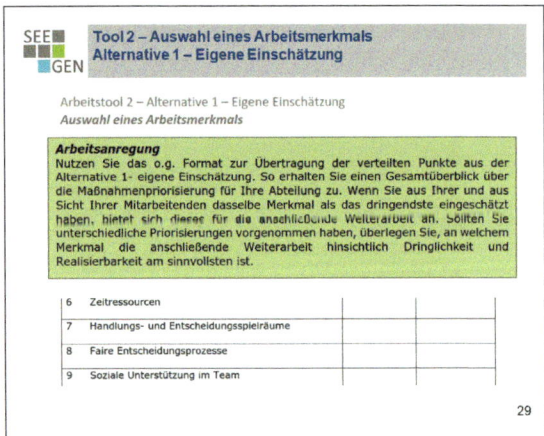

Nachdem mit Hilfe der Checkliste (Tool 1) entschieden wurde, welcher Bereich als wichtigsten, zweit- und drittwichtigsten angesehen wird, dient das Tool 2, "Auswahl eines Arbeitsmerkmals" dazu, das Merkmal herauszufinden, das für das Team am bedeutendsten ist. Auch hier gibt es je nach gewählter Form der Durchführung (Alternative 1, 2 oder 3) einen Vorschlag im Handout, wie vorgegangen werden kann.

Schritt 3: Zielfokussierung und -präzisierung

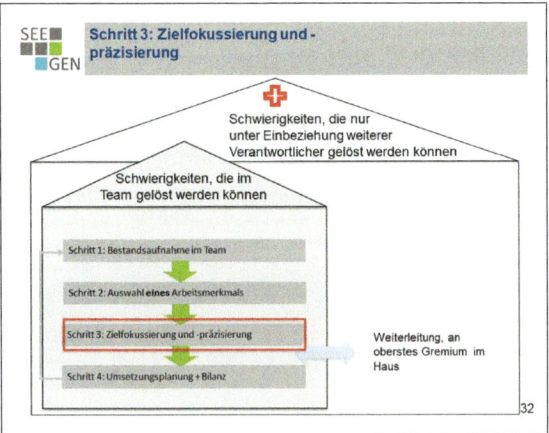

Erneut sollte Schritt 3 (siehe Folie 32) zunächst mit einer offenen Fragerunde begonnen werden: *„Wenn Sie an Probleme (bezogen auf Arbeitsbedingungen) denken, die Sie in letzter Zeit bearbeitet haben – wie sind Sie dabei vorgegangen? Wie haben Sie eine Idee für eine (Abhilfe-) maßnahme entwickelt?"*

Die Antworten sollen auf FC 11 notiert werden, bevor das Tool 3 vorgestellt wird.

Tool 3 (siehe Folie 33) bietet die Möglichkeit, sich detailliert mit dem herausgearbeiteten Punkt auseinanderzusetzen, indem zunächst abgefragt wird, was bereits unternommen wurde oder ggf. umgesetzt wurde, was schon ggf. Abhilfe geschaffen hat (Punkt 2)

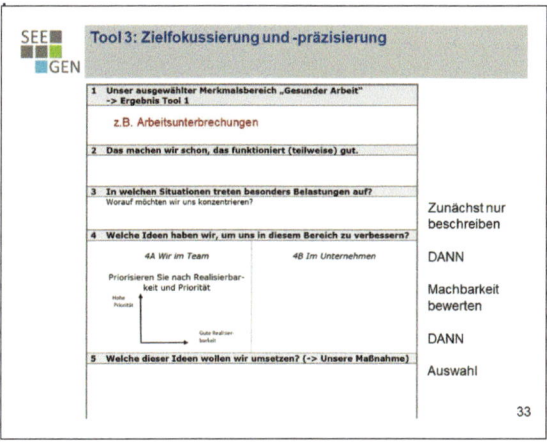

Zudem soll noch einmal gezielt herausgearbeitet werden, in welchen Situationen es zu Belastungsspitzen kommt, d. h. in welchen Situationen sollte insbesondere eine Veränderung stattfinden (Punkt 3). Danach sollen im Team anhand eines Brainstormings Möglichkeiten genannt werden, wie die Situation verbessert werden könnte (Punkt 4). Hierbei gilt: alle Antworten sind erlaubt und alle Ideen sollten ausgesprochen werden ohne vorher zu überprüfen ob die Idee sinnvoll oder realistisch ist, um die Kreativität nicht zu bremsen. Erst wenn alle Ideen erst einmal gesammelt sind, sollte eingeordnet werden welche der Ideen wie realistisch ungesetzt werden können und wie hoch eine Idee in der Priorität ist. Die Idee, die als wichtig und realistisch umsetzbar eingeschätzt wird, sollte befolgt werden (Punkt 5). Hier wäre es wichtig ein praktisches Beispiel zu benennen (siehe Sprechtext in Notiz ppt Folie 33 und die Schritte damit durchzugehen.

In Anlage B finden sich zudem weitere Fallbeispiele und Anregungen aus der Praxis (aus Weigl, 2019), die als Best Practice Beispiele genutzt werden können.

Schritt 4: Umsetzungsplanung und Bilanz

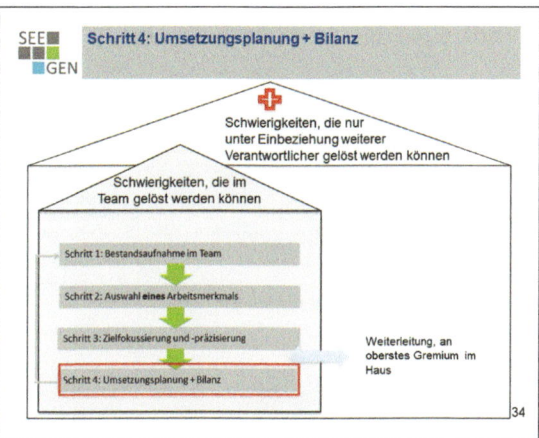

Zuletzt soll eine offene Fragerunde bzgl. der Umsetzungsplanung und Bilanz erfolgen, indem die Teilnehmenden gefragt werden, wie sie bisher die Umsetzung von Maßnahmen planen und überprüfen und eine Bilanz ziehen. Dafür sollen die Teilnehmenden versuchen sich an ein konkretes Beispiel aus der letzten Zeit zu erinnern. Zudem sollten die Teilnehmenden gefragt werden, wie sie im Team kommunizieren, wenn etwas gut geklappt und wie sie dieses belohnen! Zudem kann abgefragt werden, wie die Nachhaltigkeit von Veränderungen überprüft wird.

Alle Antworten werden auf FC 12 geschrieben.

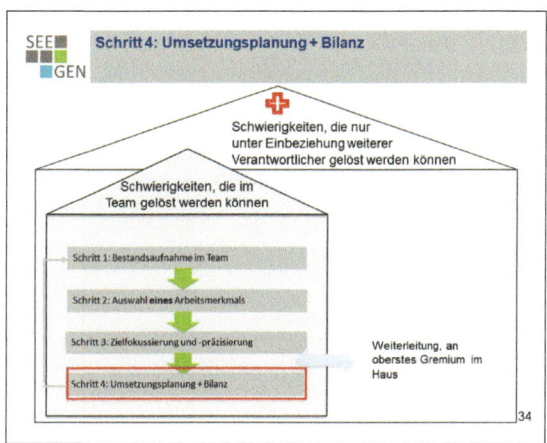

Als eine weitere Möglichkeit soll im Anschluss Tool 4 vorgestellt werden. Tool 4 soll dazu dienen, das Umsetzungsziel genau zu beschreiben und festzulegen, bis wann, wer, welchen Schritt umgesetzt haben sollte. Zudem soll im Team besprochen werden, wann die Umsetzung überprüft wird. Die formulierten Leitfragen können zur Überprüfung dienen.

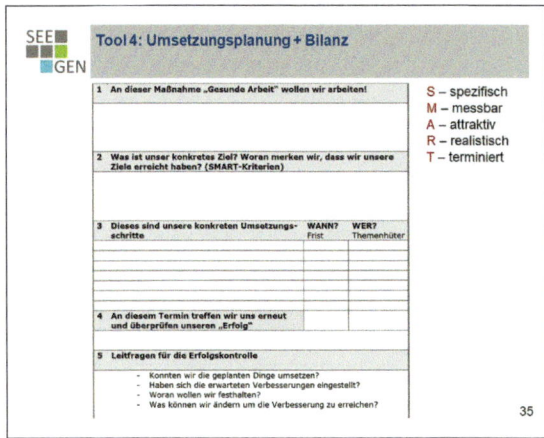

Auch hier wäre es wichtig ein praktisches Beispiel zu benennen (siehe Sprechtext in Notiz ppt Folie 35) und die Schritte damit durchzugehen.

Übergang zum Runden Tisch 1. Ordnung
Nachdem Möglichkeiten zur Gestaltung von gesundheitsförderlichen Strukturen auf Teamebene erarbeitet wurden, soll nun der Fokus auf Strukturen auf Klinikumsebene liegen. Auch hier soll zunächst offen in die Runde gefragt werden:
Welche Strukturen nutzen Sie bisher, um Ideen/ Gedanken/Vorschläge zur Veränderung und Besserung von Abläufen anzuregen, die zunächst von oberen Gremien entschieden/umgesetzt werden müssen? Was läuft gut, was brauchen Sie?

Die Antworten werden auf FC 13 gesammelt.

RUNDER TISCH 1. ORDNUNG
(90 Minuten)

Maßnahmenplanung auf Klinikumsebene

Als weitere Möglichkeit zu den zuvor gesammelten Möglichkeiten zur Gestaltung von gesundheitsförderlichen Strukturen auf Klinikumsebene (siehe FC 13) soll nun das Konzept der Runden Tische vorgestellt und durchgeführt werden.

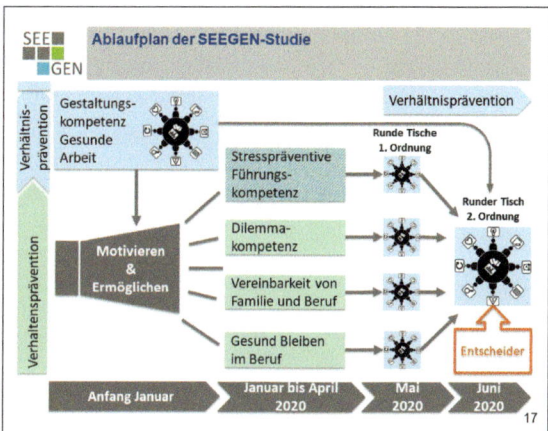

Um noch einmal das Konzept der Runden Tische zu verdeutlichen, kann auch nochmal auf das FC 8 (Ablauf der SEEGEN-Studie) hingewiesen werden.

Erläuterung des Begriffs Runde Tische

„Runde Tische" ist eine verhältnisbezogene partizipative Intervention, in der abteilungs-, cluster- und hierarchieübergreifend organisationsbezogene Maßnahmen diskutiert und entwickelt werden, welche aus der eigenen Abteilung heraus oder aus den SEEGEN-Workshops hervorgehen.

Ziel ist es mit dem jetzigen Runden Tisch Schwierigkeiten zusammenzutragen, die abteilungsübergreifend – also auf Klinikumsebene – auftauchen (Schritt 1 Bestandaufnahme). Danach soll angelehnt an den 4-Schritte Plan priorisiert werden, woran als erstes gearbeitet werden soll (Schritt 2 Auswahl eines Arbeitsmerkmals), um im nächsten Schritt 3 (Zielfokussierung- und präzisierung) zusammengetragene Ideen für Maßnahmen nach Realisierbarkeit und Wichtigkeit zu ordnen und darauf aufbauend im Schritt 4 einen Umsetzungsplan zu erstellen.

Es wird also im Runden Tisch genauso vom Ablauf vorgegangen, wie bereits im vorgestellten 4-Schritte Plan im Team.

Schritt 1: Bestandsaufnahme

In Schritt 1 soll mithilfe von FC 14 zunächst in der linken Spalte gesammelt werden, welche abteilungsübergreifenden Schwierigkeiten im Klinikalltag auftauchen. Hier kann ggf. auf die genannten Stressoren aus der Karteabfrage zurückgegriffen werden.

Das Sammeln von schwierigen Situationen kann gemeinsam im Plenum, in Gruppenarbeit, oder einzeln erfolgen. Das hängt von der Atmosphäre in der Gruppe, der Anzahl der Teilnehmer und ggf., zeitlichen Ressourcen ab, was von den Trainern eingeschätzt werden sollte.

Schritt 2: Auswahl eines Arbeitsmerkmals
Nachdem alle Gedanken auf FC 14 gesammelt wurden (hier ggf. ein weiteres FC als Backup bereithalten, falls mehr als 15 schwierige Situationen genannt werden), soll im Team nach Anleitung des Handouts (Tool 2- Alternative 2) gemeinsam im Plenum priorisiert werden, woran als erstes gearbeitet werden soll (ausgewähltes Arbeitsmerkmal).

Arbeitsanregung – Alternative 2
Gehen Sie gemeinsam im Team die Merkmale. Die als Bedarf eingestuft wurden, durch und fragen Sie ab, welches Merkmal für das gehalten wird, an dem als erstes gearbeitet werden sollte. Notieren Sie pro Merkmal die Meldungen. Das Merkmal, das die meisten Meldungen erhalten hat, bietet sich für die anschließende Weiterarbeit an.

Schritt 3: Zielfokussierung und –Präzisierung
Das ausgewählte Arbeitsmerkmal kann nun auf FC 15 in die oberste Spalte eingetragen werden. Gemeinsam im Plenum können nun die weiteren Punkte 2 (das machen wir schon, das funktioniert (teilweise) gut) und 3 (in welchen Situationen treten besonders Belastungen auf) im Plenum diskutiert und auf das FC 15 eingetragen werden.

Auf FC 16 können nun gemeinsam Ideen für Maßnahmen gesammelt werden und direkt bzgl. Priorität und Realisierbarkeit eingeschätzt und entsprechend in die 4-Felder Tafel eingetragen werden. Maßnahmen, die eine hohe Priorität und gute Realisierbarkeit haben (im grünen Feld) eignen sich besonders für die Umsetzungsplanung.

Schritt 3.1: Zielfokussierung- und Präzisierung

1	Ausgewählter Merkmalsbereich
2	Das machen wir schon, das funktioniert (teilweise) gut.
3	In welchen Situationen treten besonders Belastungen auf? Worauf möchten wir uns konzentrieren?

15

Schritt 3.2: Zielfokussierung- und Präzisierung

16

Schritt 4: Umsetzungsplanung

Nachdem alle Ideen für Maßnahmen auf FC 16 gesammelt wurden, kann nun anhand FC 17 im Plenum überlegt werden, was das konkrete Ziel der Maßnahme ist und woran erkennbar wäre, dass das Ziel erreicht wurde.

Zudem sollte im nächsten Schritt überlegt werden, welche weiteren Personen kontaktiert werden müssen, die die Umsetzung der überlegten Maßnahme entscheiden/beeinflussen können. Die Personen können dann für den Runden Tisch 2. Ordnung kontaktiert werden, so dass die konkrete Umsetzung diskutiert und ggf. ermöglicht werden kann.

Damit die Entscheider im Runden Tisch 2. Ordnung möglichst der Maßnahme zustimmen, ist es wichtig, konkrete Umsetzungsschritte zu definieren, möglichst mit Zeitplan und ersten Ideen wer oder was (Einrichtungen z. B.) kontaktiert werden müssten.
Zuletzt sollte abgesegnet werden, ob das FC 17 im Runden Tisch 2. Ordnung verwendet werden darf. Um das weitere Vorgehen nach dem Workshop zu verdeutlichen, kann auch nochmal auf das FC 8 (Ablauf der SEEGEN-Studie) hingewiesen werden.

Die zu Schritt 4 gehörige Bilanz der Maßnahmenumsetzung sollte im Runden Tisch 2. Ordnung aufgegriffen werden.

ABSCHLUSS (15 Minuten)

Marketing zur Teilnahme an den Workshops und Runden Tischen

Zum Ausklang des Workshops soll noch einmal auf die Wichtigkeit der Mitarbeit der obersten Führungskräfte hingewiesen werden und verdeutlicht werden, wie sie konkret für die Teilnahme an den Workshops in ihren Abteilungen werben können (Folie 40).

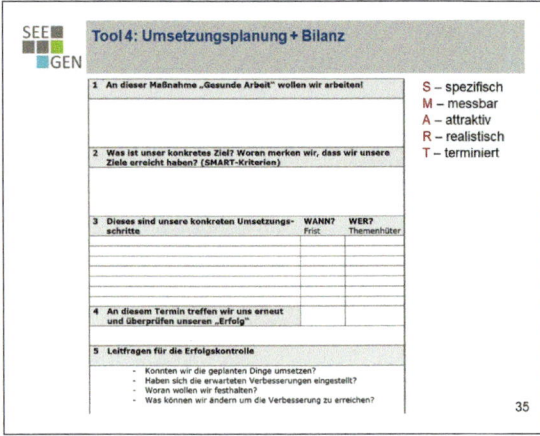

Hierzu werden die Flyer-Pakete (Stückzahl ca. je nach Mitarbeiterzahl der einzelnen Abteilungen) zu den einzelnen Workshops ausgeteilt und auf ggf. zusätzliche Informationswege hingewiesen.

Zudem soll an die Teilnahme am Runden Tisch 2. Ordnung erinnert werden und Terminkarten für diesen ausgehändigt werden. Wichtig ist immer zu verdeutlichen, dass der Erfolg der Interventionen/Studie maßgeblich von einer regen und aktiven Teilnahme abhängt.

Verteilen der Bücher Anregung und als Hintergrundinformationen: "Arbeit im Gesundheitswesen" Ecomed 2019

Evaluations-Bogen
Sollte ein klinikumsinterner Evaluationsbogen für Seminare bestehen, sollte dieser nun ausgeteilt werden.

REFERENZEN

Adams, J. S. (1963). Towards an understanding of inequity. The Journal of Abnormal and Social Psychology, 67(5), 422.

Angerer, P. & Weigl, M. (2015). Physicians' psychosocial work conditions and quality of care: a literature review. Professions and Professionalism, 5(1).

Büssing, A. & Glaser, J. (1991). Zusammenhänge zwischen Tätigkeitsspielräumen und Persönlichkeitsförderung in der Arbeitstätigkeit. Zeitschrift für Arbeits- und Organisationspsychologie.

Bowling, N.A. & Eschleman, K.J. (2010). Employee Personality as a Moderator of the Relationships Between Work Stressors and Counterproductive Work Behavior. Journal of Occupational Health Psychology, 15(1), 91–103.

Chapman, D., Uggerslev, K., A Carroll, S., A Piasentin, K. & Jones, D. (2005). Applicant Attraction to Organizations and Job Choice: A Meta-Analytic Review of the Correlates of Recruiting Outcomes (Vol. 90).

DGUV (2013). DGUV Jahrbuch Prävention. Retrieved from Berlin: http://publikationen.dguv.de/dguv/pdf/10002/2013-05-21_jbp_komplett_screenversion.pdf.

Greenberg J. & Cohen R.L. (eds) (1982). Equity and justice in social behaviour. Academic Press, New York.

Elovainio, M., Kivimäki, M. & Vahtera, J. (2002). Organizational justice: evidence of a new psychosocial predictor of health. American journal of public health, 92(1), 105–108.

Greenberg, J. (2010). Organizational injustice as an occupational health risk. The Academy of Management Annals, 4(1), 205–243. DOI, 10(19416520.2010), 481174.

Han, S., Shanafelt, T. D., Sinsky, C. A., Awad, K. M., Dyrbye, L. N., Fiscus, L.C. & Goh, J. (2019). Estimating the attributable cost of physician burnout in the United States. Annals of Internal Medicine, 170(11), 784–790.

Harvey, S. B., Modini, M., Joyce, S., Milligan-Saville, J. S., Tan, L., Mykletun, A., ... Mitchell, P. B. (2017). Can work make you mentally ill? A systematic meta-review of work-related risk factors for common mental health problems. Occup Environ Med, 74(4), 301–310.

Johnson, J. V. & Hall, E. M. (1988). Job strain, work place social support, and cardiovascular disease: a cross-sectional study of a random sample of the Swedish working population. American journal of public health, 78(10), 1336–1342.

Karasek, R. (1990). Healthy work. Stress, productivity, and the reconstruction of working life.

Kivimäki, M., Vahtera, J., Elovainio, M., Virtanen, M. & Siegrist, J. (2007). Effort-reward imbalance, procedural injustice and relational injustice as psychosocial predictors of health: complementary or redundant models? Occupational and Environmental Medicine, 64(10), 659–665.

von dem Knesebeck, O., Klein, J., Frie, K.G., Blum, K. & Siegrist, J. (2010). Psychosoziale Arbeitsbelastungen bei chirurgisch tätigen Krankenhausärzten. Dtsch Arztebl Int, 107(14), 248–253.

Lepine, J.A., Podsakoff, N.P. & Lepine, M.A. (2005). A meta-analytic test of the challenge stressor-hindrance stressor framework: An explanation for inconsistent relationships among stressors and performance. Academy of Management Journal, 48(5), 764–775.

Panagioti, M., Panagopoulou, E., Bower, P., Lewith, G., Kontopantelis, E., Chew-Graham, C. & Esmail, A. (2017). Controlled Interventions to Reduce Burnout in Physicians: A Systematic Review and Meta-analysis. JAMA Intern Med, 177(2), 195–205. doi:10.1001/jamainternmed.2016.7674

Podsakoff, N. P., LePine, J. A. & LePine, M. A. (2007). Differential challenge stressor-hindrance stressor relationships with job attitudes, turnover intentions, turnover, and withdrawal behavior: a meta-analysis. Journal of Applied Psychology, 92(2), 438–454.

Schnall P., Dobson M. & Rosskam E. (eds) (2009). Unhealthy work. Baywood, Amityville, N.Y.

Siegrist, J. (1996). Soziale Krisen und Gesundheit. Eine Theorie der Gesundheitsförderung am Beispiel von Herz-Kreislauf-Risiken im Erwerbsleben. Göttingen, Bern. In: Toronto, Seattle: Hogrefe Verlag für Psychologie (Bd. 5).

Siegrist, J. & Marmot, M. (2004). Health inequalities and the psychosocial environment—two scientific challenges. Social Science and Medicine, 58(8), 1463-1473.

Siegrist, J. & Siegrist, K. (2014). 1.2.2 Stresstheoretische Modelle arbeitsbedingter Erkrankungen. In P. Angerer, J. Glaser, H. Gündel, P. Henningsen, C. Lahmann, S. Letzel & D. Nowak (Eds.), Psychische und psychosomatische Gesundheit in der Arbeit: Wissenschaft, Erfahrungen und Lösungen aus Arbeitsmedizin, Arbeitspsychologie und Psychosomatischer Medizin (pp. 64-73): ecomed-Storck GmbH.

Stadler, P. & Spieß, E. (2004). Mitarbeiterorientiertes Führen und soziale Unterstützung am Arbeitsplatz (Vol. 2): Bundesanstalt für Arbeitsschutz und Arbeitsmedizin.

Stadler, P. & Spieß, E. (2005). Gesundheitsförderliches Führen - Defizite erkennen und Fehlbelastungen der Mitarbeiter reduzieren. ASU (Arbeitsmedizin, Sozialmedizin & Umweltmedizin), 40(7), 384-390.

Theorell, T., Hammarström, A., Aronsson, G., Bendz, L.T., Grape, T., Hogstedt, C. & Hall, C. (2015). A systematic review including meta-analysis of work environment and depressive symptoms. BMC Public Health, 15(1), 738.

Tyler, T. R. & Bies, R. J. (1990). Beyond formal procedures: The interpersonal context of procedural justice. Applied social psychology and organizational settings, 77, 98.

Viswesvaran, C., Sanchez, J. I. & Fisher, J. (1999). The role of social support in the process of work stress: A meta-analysis. Journal of Vocational Behavior, 54(2), 314-334.

Weigl, M. (2019). Organisationale Interventionen zur Verbesserung der Arbeitsbedingungen im Krankenhaus. In Angerer, Gündel, Brandenburg, Nienhaus, Letzel, Nowak (Eds.) Arbeiten im Gesundheitswesen. (Psychosoziale) Arbeitsbedingungen - Gesundheit der Beschäftigten - Qualität der Patientenversorgung. Ecomed. 301-309.

Weigl, M., Hornung, S., Angerer, P., Siegrist, J. & Glaser, J. (2013). The effects of improving hospital physicians working conditions on patient care: a prospective, controlled intervention study. BMC Health Services Research, 13(1), 401. doi:10.1186/1472-6963-13-401

West, C. P., Dyrbye, L. N., Erwin, P. J. & Shanafelt, T. D. (2016). Interventions to prevent and reduce physician burnout: a systematic review and meta-analysis. Lancet, 388(10057), 2272-2281. doi:10.1016/s0140-6736(16)31279-x

ANLAGE A
ÜBERBLICK BENÖTIGTE UNTERLAGEN UND MATERIAL

Interventionsblock	FC	PPT-Folien	Sonstiges Material
Vorbereitung			
Materialien für die Teilnehmenden			Notizblöcke Kugelschreiber Namensschilder FC-Marker (schwarz)
Warming-Up			
	1–3	1–4	Beamer Laptop Selbstklebende Moderationskarten (z. B. Innox) FC-Marker Kreppband um FC anzuhängen FC-Ständer Pointer
Wissensvermittlung			
	4–7	5–16	Beschriebene Moderationskarten aus Block „Warming-Up"
Vorstellen der weiteren SEEGEN Elemente			
	8	17–22	Je 1 Informationsflyer zu den Workshops pro Teilnehmenden
Einführung eines Praxistools auf Teamebene			
	9–13	23–35	Handout Praxis-Tool
Runder Tisch 1. Ordnung			
	14–17	36	Ggf. leere FC zum Festhalten wichtiger Gedanken, die nicht direkt Platz auf den vorbereiteten FC finden
Abschluss			
		37	Informationsflyer zu den Workshops pro Teilnehmenden

ANLAGE B: FALLBEISPIELE AUS DER PRAXIS UND WEITERE ANREGUNGEN

1) Arbeitsunterbrechungen

Mögliche kritische Ausprägungen	Mögliche Maßnahmen
– Häufige Störungen/Unterbrechungen, die die Arbeit behindern.	– Klare Rollen- und Aufgabenverteilung – Angebot zur Teilnahme an einem Kommunikationstraining – Mängel im Informationsfluss identifizieren und ggfs. verbessern – Offene Kommunikation und Konfliktbewältigung fördern

Beispiel eines Krankenhauses

- Zielstellung: Häufige Unterbrechungen durch Angehörige zu allen Tageszeiten minimieren.
- Maßnahmenvorschlag: Feste Sprechzeiten für Angehörige (mit präsentem Stationsarzt) einrichten.
- Konkrete Gestaltung:
  - Festlegung von Sprechzeiten für Angehörige (Vorschlag 14:30–15:30 Uhr); Kommunikation der Sprechzeiten durch die Pflege; außerhalb der Zeiten Umleitung der Anrufe an Chef-Sekretariat 1) Verweis auf Sprechzeiten (durch Pflege etc.; Information der Stationssekretariate)
  - Sekretärin sammelt Anrufe (verbindlicher Rückruf)

2) Interdisziplinäre Zusammenarbeit

Mögliche kritische Ausprägungen	Mögliche Maßnahmen
– Fehlendes Feedback, fehlende Anerkennung für erbrachte Leistungen. – Fehlende Führung, fehlende Unterstützung im Bedarfsfall.	– Gemeinsam mit Mitarbeitern an einer wertschätzenden Arbeitskultur arbeiten – Unterstützung bei der Aufgabenerledigung – fachlich und emotional – verbessern – Rückmeldung über die Arbeitsergebnisse in persönlichen Gesprächen – Führungsleitlinien reformieren – Führungsstil überprüfen und ggf. modifizieren– – Qualifizierung von Führungskräften in der Mitarbeiterführung und zur eigenen Gesundheitsförderung etc. – Verpflichtende Teilnahme an Führungskräftetraining (mitarbeiterorientierter Führungsstil, wertschätzender Führungsstil) – Verantwortlichkeiten, Kompetenzen und Rollenverhalten klären – Führungsspanne überprüfen und ggf. Teams verkleinern – optimalerweise nicht mehr als 12 Mitarbeiter pro Führungskraft

Beispiel eines Krankenhauses

- Zielstellung:
- Maßnahmenvorschlag:
- Konkrete Gestaltung:

3) Berufliche Weiterentwicklung

Mögliche kritische Ausprägungen	Mögliche Maßnahmen
– Keine ausreichende Einweisung bei der Übernahme neuer Aufgaben. – Mangel an beruflichen Entwicklungsmöglichkeiten	– Neuen Mitarbeitern den Einstieg durch ein Mentorenkonzept erleichtern – Einarbeitungskonzept wird erstellt – Arbeitsplatzanforderungen und individuelles Leistungsprofil der Arbeitsplatzinhaber harmonisieren – Bei Überqualifikation: höherwertige Aufgaben übertragen – beim Anstehen gravierender technischer Änderungen, die eine Weiterqualifizierung nötig machen (z. B. Digitalisierung): Mitarbeiter frühzeitig mit einbeziehen und aktiv beteiligen – Lernprozesse durch den Austausch zwischen Jung und Alt fördern – Fähigkeiten durch in die Arbeit integrierte oder parallellaufende Forschungs- und Entwicklungsprojekte ständig erweitern – breites Weiterbildungsangebot; Weiterbildung und Entwicklung fördern – Mitarbeiter „über den Tellerrand" gucken lassen, z. B. durch Messebesuche oder fachnahe Fortbildungen

Beispiel eines Krankenhauses

- Zielstellung: Verbesserte Qualifizierung von Nachwuchsführungskräften in der Rollenfindung
- Maßnahmenvorschlag: Einführung/Erprobung eines Mentoring-Programms für Nachwuchsführungskräfte
- Konkrete Gestaltung: Einführung/Erprobung eines Mentoring-Systems

4) Kompetenzgerechter Arbeitseinsatz

Mögliche kritische Ausprägungen	Mögliche Maßnahmen
– Tätigkeiten entsprechen nicht der Qualifikation der Beschäftigten (Über-/Unterforderung).	– Reduzierung des Anteils „nicht-fachlicher" (z. B. nicht ärztlicher) Tätigkeiten. – Individuelle Stärken und Begabungen möglichst genau identifizieren und geeignete Aufgabenzuschnitte für Mitarbeiterinnen und Mitarbeiter finden. – Bei Überqualifikation: höherwertige Aufgaben übertragen. – Vereinbarung konkreter, realistischer Arbeitsziele mit den Mitarbeitern. – Vorhandene Qualifikationen von Mitarbeitern einsetzen und Anregungen zur ständigen Erweiterung geben. – Neuen Mitarbeitern den Einstieg durch ein Mentorenkonzept erleichtern.

Beispiel eines Krankenhauses

- Zielstellung: Reduzierung des Anteils „nicht-ärztlicher", administrativer Tätigkeiten (bis hin zum Transport von Proben ins Labor) für Ärzte/Innen
- Maßnahmenvorschlag: stationsweise Bündelung administrativer und koordinativer Aufgaben bei einer Stationssekretärin
- Konkrete Gestaltung: Vier-Stunden-Tag einer ärztlichen Assistenz (Büro-Schreib-Kraft für administrative, extern-kommunikative und organisatorische Belange); hauptsächlicher Kontaktpunkt für externe Anfragen und eingehende Informationen; Ärzte machen Dokumentationsaufgaben in einem separaten Raum (ohne Störungen); Blut- und Probentransporte hausweit durch einen (damals) Zivi

5) Zusammenarbeit mit anderen Abteilungen

Mögliche kritische Ausprägungen	Mögliche Maßnahmen
	– Problemkommunikation verbessern, z.B: Meetings auf Leitungsebene zur Fehlerbehebung einführen (Kontinuierlicher Verbesserungsprozess) – Konstruktiver Umgang mit Fehlern: z. B. „Fehler-Frühstück" zum Thematisieren aktueller Schwierigkeiten und Fehltritte aus dem Arbeitsalltag (vierteljährlich) – Ablaufprozesse überprüfen und ggfs. anpassen. – Verbindlichkeiten klar definieren. – Regelmäßiger und verbindlicher Austausch zwischen den Verantwortungsbereichen – Transparente Darstellung der Zusammenarbeit/Abläufe – auch für neue Mitarbeitende schnell ersichtlich.
Beispiel eines Krankenhauses	
– Zielstellung: – Maßnahmenvorschlag: – Konkrete Gestaltung:	

6) Zeitressourcen

Mögliche kritische Ausprägungen	Mögliche Maßnahmen
Zeitdruck hohe Arbeitsintensität hohe Taktbindung	– Arbeitsabläufe optimieren – Arbeitseinteilung ändern – Arbeitsmengen anpassen – Pausenmanagement verbessern – Möglichkeit erzeugen, zeitweise in ungestörtem Raum zu arbeiten – Monatliche Teammeetings einführen, mit der Möglichkeit, dass die Beschäftigten mögliche Belastungen direkt ansprechen können.
Beispiel eines Krankenhauses	
– Zielstellung: – Maßnahmenvorschlag: – Konkrete Gestaltung:	

7) Handlungs- und Entscheidungsspielräume

Mögliche kritische Ausprägungen	Mögliche Maßnahmen
Es gibt keinen Einfluss auf: – Arbeitsinhalt – Arbeitspensum – Arbeitsmethoden/ verfahren – Reihenfolge der Tätigkeiten	– Möglichkeiten der Mitentscheidung schaffen, z. B. Einbeziehung bei Auswahl wechselnder Arbeitsorte, Aufgaben o.ä. – Mitarbeiter in die Dienstplangestaltung einbeziehen – Transparenz herstellen – Zeitliche und inhaltliche Freiheitsgrade erschaffen, z. B. durch Springer – Handlungserfordernisse vorankündigen (Information der Beschäftigten) – Mitarbeiter in die Maßnahmenentwicklung „Gesunde Arbeit" einbeziehen, Maßnahmen gemeinsam entwickeln, ausprobieren. – Aufgabenteilung und –kombination neu organisieren.
Beispiel eines Krankenhauses	
– Zielstellung: – Maßnahmenvorschlag: – Konkrete Gestaltung:	

8) Faire Entscheidungsprozesse

Mögliche kritische Ausprägungen	Mögliche Maßnahmen
– Mitarbeitende fühlen sich zu wenig in wichtige Entscheidungen einbezogen.	

Beispiel eines Krankenhauses

– Zielstellung:
– Maßnahmenvorschlag:
– Konkrete Gestaltung:

9) Soziale Unterstützung im Team

Mögliche kritische Ausprägungen	Mögliche Maßnahmen
– Zu geringe/zu hohe Zahl sozialer Kontakte – Häufige Streitigkeiten und Konflikte – Art der Konflikte: soziale Drucksituationen – Fehlende soziale Unterstützung	– Unterstützung bei der Aufgabenerledigung – fachlich und emotional – Gemeinsame Erlebnisse fördern den Zusammenhalt: Erfolge feiern – Klare Rollen- und Aufgabenverteilung – Angebot zur Teilnahme an einem Kommunikationstraining – Mängel im Informationsfluss identifizieren und ggfs. verbessern – Offene Kommunikation und Konfliktbewältigung fördern

Beispiel eines Krankenhauses

– Zielstellung:
– Maßnahmenvorschlag:
– Konkrete Gestaltung:

10) Interdisziplinäre Zusammenarbeit

Mögliche kritische Ausprägungen	Mögliche Maßnahmen
– Häufige Streitigkeiten und Konflikte – Fehlende soziale Unterstützung – Zu geringe/zu hohe Zahl sozialer Kontakte – Hierarchie-Verhältnisse	– Problemkommunikation verbessern, z.B: Meetings auf Leitungsebene zur Fehlerbehebung einführen. – Konstruktiver Umgang mit Fehlern: z. B. „Fehler-Frühstück" zum Thematisieren aktueller Schwierigkeiten und Fehltritte aus dem Arbeitsalltag (vierteljährlich) – Punktuell eingesetztes Stimmungsbarometer: Zu unterschiedlichen Anlässen werden Stimmungsbilder eingefangen, um verschiedene Aspekte des sozialen Klimas im Büro sichtbar zu machen. z. B. zur Vertrauenskultur, zur Transparenz der Abläufe oder zum Informationsfluss. – Unterstützung bei Aufgabenerledigung – fachlich und emotional – Gemeinsame Erlebnisse fördern den Zusammenhalt: Erfolge mit einer kleinen Feier belohnen – Beratungsleistungen für Opfer von Mobbing anbieten – Gegenseitige Wertschätzung fördern – Klare Aufgaben- und Rollenverteilung – Mobbing und andere feindliche Handlungen unterbinden – Offene Kommunikation und Konfliktbewältigung fördern – Teambildende Maßnahmen oder Fortbildungen (z. B. Kommunikationstraining) – Mängel im Bereich des Informationsflusses oder eine zu hohe Führungsspanne/zu gr

Beispiel eines Krankenhauses

– Zielstellung (Bsp.: Freising): Transparente Verfügbarkeit der Stationsärzte für die Pflege bei Fragen/Problemen.
– Maßnahmenvorschlag: Fixe Präsenzzeiten und Erreichbarkeit der Stationsärzte für die Pflege.
– Konkrete Gestaltung: Pflege-Stationsarzt: zwei feste Zeiträume für gesammelte Anfragen
  - während Visite (Schwerpunkt)
  - vor Mittag (13:30 Uhr): durch Initiative des Arztes (Bringschuld) + „Abmelden" auf Station bei Dienstende (am Nachmittag)

WEITERE ANLAGEN IN DIGITALER FORM

- Handout Praxis-Tool
- Vorlagen Flipcharts
- Vorlagen Power-Point Präsentation
- Vertiefende Literatur

DILEMMAKOMPETENZ

SCHWIERIGE ENTSCHEIDUNGEN SCHAFFEN, OHNE VON IHNEN GESCHAFFT ZU WERDEN

TP1.B

DILEMMAKOMPETENZ

SCHWIERIGE ENTSCHEIDUNGEN SCHAFFEN, OHNE VON IHNEN GESCHAFFT ZU WERDEN

Marieke Born und Antonia Drews,
Janna Küllenberg, Ulrike Bossmann,
Julika Zwack & Jochen Schweitzer

INHALT – TP1.B

EINLEITUNG ZUM TEILPROJEKT 55
    1) Theoretischer Hintergrund 55
    2) Stolpersteine 59
    3) Umsetzung 60
    4) Hinweise zur Online-Durchführung 61

ZU BEGINN 62

TAG 1 63
    Part 1 Begrüßung und Kennenlernen 63
    Part 2 Dilemma-Konzept kennenlernen & erkunden 65
    (Kaffeepause 15 Minuten)
    Part 3 Das eigene Dilemma erkennen, verstehen & beschreiben (Teil I) 69
    Part 4 Das eigene Dilemma erkennen, verstehen & beschreiben (Teil II) 72
    (Mittagspause 60 Minuten)
    Part 5 Von der richtigen zur verantworteten Entscheidung
    (z. B. Heinz v. Foerster) 75
    Part 6 Kommunikationsstrategien 77
    (Kaffeepause 15 Minuten)
    Part 7 Schachmattsätze & Schachmattgesten 81
    Part 8 Hausaufgaben & Abschluss 84

TAG 2
    Part 9 Begrüßung und Inhaltliche Wiederholung von Tag I 87
    Part 10 Nutzung eigener Werte und Haben- & Sein-Zielen als Verortungs-
    & Entscheidungshilfe 89
    (Kaffeepause 15 Minuten)
    Part 11 Nutzung von Gefühlen als Wegweiser & die Fähigkeit zwischen
    primären und sekundären Gefühlen (Greenberg) zu unterscheiden 93
    (Mittagspause 15 Minuten)
    Part 12 Systemische Organisationstheorie & Solidarisierung
    in der eigenen Organisation 98
    (Kaffeepause 15 Minuten)
    Part 13 Inhaltliche Zusammenfassung, Abschlussreflexion & Hausaufgabe 101

EINLEITUNG ZUM TEILPROJEKT

Dies ist das Handbuch für Trainer*innen der Intervention „Dilemmakompetenz – Schwierige Entscheidungen schaffen, ohne von ihnen geschafft zu werden".

1) Theoretischer Hintergrund

Im Folgenden möchten wir den Leser*innen des Manuals eine kurze, stichpunktartige Zusammenfassung des theoretischen Hintergrunds der Intervention zur Verfügung stellen.

Der Dilemmazirkel

Dilemmata sind nach Bernd Schmid (1986, 2008) häufig schwer zu erkennen. Typisch ist jedoch das Erleben, das Schmid (1986) anhand eines Dilemmazirkels abbildet:

Schmid, B. & Jäger, K. (1986)

Zunächst versucht die betroffene Person, die herausfordernde Situation zu vermeiden oder zu leugnen. Da sich dies häufig auf Dauer nicht durchhalten lässt, wird die Person auf weitere Konfrontation mit dem Dilemma mit „Strampeln" reagieren. Das heißt, sie kämpft, auch wenn sie merkt, dass sie das Problem nicht lösen kann. Trotz fehlender Fortschritte fühlt sich es besser an, weiter zu kämpfen, als aufzugeben. Im dritten Stadium zieht sich die Person raus („Abschalten"). Auch wenn sich die Verstrickung nicht gelöst hat, wird das Strampeln nun eingestellt; an seine Stelle rückt eine Art Resignation. Will man das Problem wieder angehen, gerät man erneut ins Strampeln. Verharrt die Person in ihren Erklärungsmustern und bisherigen Lösungsversuchen für das Problem, wechselt sie zwischen Vermeidung, Strampeln und Resignation hin und her. Sie strampelt intensiver, ist in der Folge erschöpft und tut eine Weile nichts. Das vierte Stadium nach Bernd Schmid besteht im „unangenehmsten, aber fruchtbarsten" Zustand: Verzweiflung. Gelingt es, sich der Verzweiflung hinzugeben, besteht die Chance neue Lösungswege zu suchen. Insgesamt sind die emotionalen und verhaltensmäßigen Komponenten des Dilemmazirkels nicht als Phasenschema im Sinne von Hintereinander zu verstehen, sondern als verschiedene Zustände, die sich abwechseln können.

Dilemmata gehören zur Organisation

Organisationen als Ganzes sind in der Lage – im Gegensatz zu einzelnen Personen innerhalb der Organisation – verschiedene und sogar zueinander widersprüchliche Ziele und Interessen (z. B. „Kostenersparnis und Großzügigkeit", „Individualisierung und Standardisierung") gleichzeitig zu vertreten und zu verfolgen. Dies gelingt durch die Ausbildung verschiedener, in sich „geschlossener" Subsysteme, die jedes dieser Ziele einigermaßen konsequent vertreten dürfen (z. B. „Controlling" für Kostenersparnis, „Werbung und Kundenbindung" für Großzügigkeit). Diesen Ausdifferenzierungsprozess nennt Niklas Luhmann funktionale Differenzierung.

KERNBOTSCHAFT:

Widersprüche, miteinander unvereinbare und daher vom Auftragnehmer unlösbare Aufträge sind strukturell in Organisationen angelegt. Sie sind damit nicht persönlich gegen einzelne Menschen gerichtet und kein Ausdruck davon, dass es einem einzelnen Mitarbeiter / einer einzelnen Mitarbeiterin an Lösungskompetenzen fehlt.

Die **Kernaufgabe von Führungskräften** besteht im Umgang mit solchen unauflösbaren Widersprüchen und im Treffen von Entscheidungen, bei denen es kein eindeutiges „Richtig" oder „Falsch" gibt – (der Kybernetiker Heinz von Foerster spricht hier von „unentscheidbaren Entscheidungen"). Es gibt eine Vielzahl möglicher Entscheidungsoptionen, deren Folgen je nach Situation und betroffenen Personen unterschiedlich bewertet werden. Im Gegensatz dazu gibt es Fragen, auf die es eine objektiv richtige, von allen akzeptierte, Antwort gibt, und die somit bereits entschieden sind, z. B. „Was ist 2 + 2?" (Antwort: „4").

KERNBOTSCHAFT:
Führungskräfte müssen sich klar darüber werden, dass das Treffen „unentscheidbarer Entscheidungen" und die Konfrontation mit unauflösbaren Widersprüchen zu ihrem Kerngeschäft gehören: „Dafür werde ich bezahlt" (siehe Zwack & Schweitzer, 2009).

Dilemmata sind gekennzeichnet durch drei „Zutaten":

- **Gleichzeitigkeit:** Die Aufforderungen „rechts und links" gleichzeitig zu gehen, z. B. „Mache pünktlich Feierabend und erledige, bevor Du nach Hause gehst, unbedingt den Aktenberg auf Deinem Schreibtisch!"
- **Interdependenz:** Die Handlungsoptionen hängen miteinander zusammen und bedingen sich gegenseitig, d. h. je mehr ich mich um die eine Seite kümmere, umso mehr bin ich gezwungen, auch in die andere Seite zu investieren. „Wenn ich diese Kollegin diese Woche aus dem Wochenendfrei in den Dienst hole, muss ich ihr kommende Woche umso mehr frei geben."
- **Handlungsnotwendigkeit:** Nichts tun ist keine reale Handlungsoption – die Dilemmasituationen, die im Training behandelt werden, sind meist charakterisiert durch hohen Zeit- und Verantwortungsdruck („Ich bin gezwungen, möglichst schnell eine Lösung zu finden").

KERNBOTSCHAFT:
Um Klarheit und dadurch neuen Handlungsspielraum im Dilemma zu finden, müssen sich die Führungskräfte die Entscheidung bewusst machen, vor der sie stehen. (1) Was sind in meiner Dilemmasituation die konkreten Entscheidungsoptionen, die sich gegenseitig ausschließen, vor denen ich stehe? (2) Wie reagiere ich spontan auf/wie gefallen mir die einzelnen Optionen und die Gesamtsituation; zu welchen Optionen neige ich?

Auftragskarussell:
(Schweitzer & von Schlippe, 2009)
Ein Dilemma zeichnet aus, dass ich mehrere „Aufträge", d. h. Aufforderungen etwas zu tun oder nicht zu tun, gleichzeitig versuche zu erfüllen. Diese Aufträge können sowohl von außen an mich herangetragen werden, z. B. durch meine Vorgesetzten, oder intern aus mir selbst heraus entstehen, z. B. durch eigene Ansprüche, die ich an mich selbst stelle. Ein Dilemma fühlt sich zuweilen wie ein Karussell aus verschiedenen Aufträgen an, in dem ich mich drehe. Dieses Dilemma kann in der Gruppe anschaulich inszeniert werden: Um den Auftragnehmer stehen die „Stimmen" der verschiedenen Auftraggeber, die ihn in mehreren Runden nacheinander mit ihren Aufträgen „beschallen", bis ihm seine eigenen Reaktionen und Präferenzen sehr bewusst werden.

Primär- und Sekundärgefühle:
Leslie S. Greenberg (2017), ein kanadischer Psychotherapieforscher, Psychotherapeut und Begründer der emotionsfokussierten Therapie, trifft eine basale Grundunterscheidung von Gefühlen. Primärgefühle sind Basisemotionen, die sofort wirken und die erste Reaktion auf ein Erlebnis darstellen (z. B. Freude über ein Geschenk, Überraschung über eine unerwartete Nachricht, Ärger über einen ungehaltenen Patienten). Basisemotionen äußern sich immer auch körperlich: in einem erhöhten Puls, einem erhöhten Herzschlag etc. Sekundäre Gefühle hingegen entwickeln sich in Sozialisationsprozessen. Beim Heranwachsen lernen Kinder schon früh, sich entsprechenden sozialen Normen und Erwartungen anzupassen. Der gesellschaftliche Anpassungsprozess wird deutlich in Aussagen wie: „Sei ein braves Mädchen", „Sei ein starker Junge", „Jungen weinen nicht", „Schäm Dich!". Wenn Kinder zu Hause etwa lernen, dass man in angstvollen Situationen eher impulsiv reagiert als ängstlich, lernen die Kinder ihr Primärgefühl der Angst zu unterdrücken und stattdessen mit Wut zu überdecken. Bei erfolgreicher Sozialisation gelingt es den sekundären Gefühlen einerseits zwar die Basisemotion zu regulieren, gleichzeitig hindern sie uns aber auch daran, das Primärgefühl wahrzunehmen und zu versorgen. Wenn ein Mensch also eigentlich gerade Sicherheit braucht, weil er verängstigt ist, aber seine Wut für Distanz zu anderen sucht, kann dieser Sozialisationsweg kontraproduktiv werden. Da sekundäre Gefühle häufig in der jeweiligen Kultur (Organisation, Familie) adäquat sind, werden sie als sozial angepasstes Verhalten häufig sogar verstärkt. So ist es für den Einzelnen häufig noch schwerer primäre Gefühle dahinter zu erkennen und in den Fokus zu rücken.

KERNBOTSCHAFT:
Gelingt es nicht, das Primärgefühl hinter dem Sekundärgefühl zu versorgen, bleibt man leicht im Sekundärgefühl „gefangen". So kann es sich lohnen auf die Suche nach dem verborgenen Gefühl hinter dem zunächst bewussten Sekundärgefühl zu gehen.

Gelingt es, das Primärgefühl als weitere Information heranziehen zu können, eröffnet das möglicherweise neue Handlungsoptionen. Wenn es einem Kollegen in einer Konfliktsituation mit einem anderen Kollegen gelingt statt der Wut die dahinterliegende Enttäuschung zu zeigen, können andere Reaktionen des Gegenübers entstehen, als wenn nur die Wut Raum bekommt.

Den (internen oder externen) Aufträgen liegen **Prämissen** zugrunde, d. h. Annahmen, die als unumstößliche „Wahrheiten" erlebt und somit nicht hinterfragt werden. Diese Prämissen können als Lösungsversuche, die sich in der Vergangenheit bewährt haben, verstanden werden.
- Persönliche Prämissen („Ich bin eben keine lautstarke Führungspersönlichkeit") haben sich im Zuge der eigenen biografischen Geschichte und Sozialisation herausgebildet.
- Die Summe aller Prämissen innerhalb einer Organisation („Bei uns widerspricht man der Chefin nicht" usw.) kann als ihre „Kultur" bezeichnet werden.

Es handelt sich bei Prämissen jedoch nicht um Naturgesetze, sondern um gewählte Gesetze und Verbote. Dementsprechend kann man sich auch gegen das Befolgen von unausgesprochenen präskriptiven Regeln (Vorschriften) entscheiden – die Frage ist nur, welche Konsequenzen das hat (Simon, 2007). Manchmal scheint dieser Schritt leichter, wenn man keinen Kulturbruch, sondern zunächst ein Kulturbrüchlein plant.

KERNBOTSCHAFT:
Entscheidungs-Prämissen sind sinnvolle „Erfolgsrezepte" der Vergangenheit. Um in einer Entscheidungssituation einen Standpunkt zu finden, ist es hilfreich zu beobachten, von welchen Prämissen das eigene Handeln gesteuert ist. Anschließend kann bewusst entschieden werden, ob eine Prämisse den eigenen Handlungsspielraum vergrößert oder verkleinert. Wenn es ihn verkleinert, kann ggf. eine Prämisse wahlweise, d. h. „probeweise" in einer bestimmten Situation, bewusst abgewählt werden / ein Kulturbrüchlein begangen werden.

Unsicherheitsabsorption – warum Prämissen in der Organisation sinnvoll sind:
Unsicherheit wird in Organisationen dadurch gelöst, dass sie sich in der Gegenwart für eine vermutete Zukunft entscheidet, d. h. wo vorher Unsicherheit herrschte, kann nun gehandelt werden, als ob sicher wäre, wie der Fall zu beurteilen ist (Simon, 2007).

„Unsicherheitsabsorption findet statt, wenn aus einer Sammlung von Beweismaterial Schlüsse (=Entscheidungen) gezogen werden und die Schlussfolgerungen statt des Beweismaterials kommuniziert werden" (March & Simon, 1958; übersetzt n. Simon 2007, S. 67).

Jede Entscheidung ist gleichzeitig eine Entscheidungsprämisse für weitere Entscheidungen – sie erhöht oder verringert den Spielraum künftig möglicher, anschließender Entscheidungen. Damit „absorbiert" sie das Maß an Unsicherheit in der Organisation, deshalb werden ausbleibende Entscheidungen schnell nervös vermisst. Im Systemikerjargon: Jede Entscheidung ermöglicht Anschlussentscheidungen, ohne dass vorhergegangene Entscheidungen noch weiter infrage gestellt werden müssen (Baecker, 2003).

KERNBOTSCHAFT:
Auch wenn sich eine Entscheidung einer unentscheidbaren Frage manchmal als Bürde anfühlt und sie angesichts des Preises, den man mit der Entscheidung in Kauf nehmen muss, häufig anstrengt, sorgt eine echte Entscheidung auch für mehr Klarheit, wenn das bisher „unsichere" Unentschiedene entschieden ist.

Literaturangaben:

Baecker, D. (2003). Organisation und Management. Frankfurt am Main: Suhrkamp Verlag.

Greenberg, L. S. (2017). Emotion-focused therapy. Washington, DC: American Psychological Association.

Luhmann, N. (2000). Organisation und Entscheidung. Opladen/Wiesbaden: Westdeutscher Verlag.

March, J. G. & Simon, H. A. (1958). Organizations. New York: John Wiley and Sons.

Schlippe, A.v. & Schweitzer, J. (2009). Systemische Interventionen. Göttingen: Vandenhoeck & Ruprecht.

Schmid, B. (2008). Konzeption. Wenn der Coach in der Zwickmühle steckt. Über den Umgang mit Dilemmata, Coaching Magazin, 01, 13–17.

Schmid, B. & Jäger, K. (1986). Zwickmühlen. Oder: Wege aus dem Dilemmazirkel, Zeitschrift für Transaktionsanalyse, 3(1), 5–16.

Simon, F.B. (2007). Einführung in die systemische Organisationstheorie. Heidelberg: Carl-Auer Systeme.

Zwack, J. & Schweitzer, J. (2009). Bausteine systemischer Führungskräftetrainings. Organisation, Supervision und Coaching, 4, 399–412.

Von Schlippe, A. & Schweitzer, J. (2009). Systemische Interventionen. Göttingen (Vandenhoeck & Ruprecht).

2) Stolpersteine

Während der Pilotierungsphase des Trainings (2017–2019) und der Implementierungsphase (2019–2021) haben wir wertvolle Erfahrungen mit dem Training machen können, die wir den Trainer*innen nachfolgend zur Verfügung stellen möchten.

Wir untergliedern diese Praxiserfahrung in mögliche Herausforderungen („Stolpersteine") für Trainer*innen während der Trainingsdurchführung.

Mögliche Stolpersteine und Empfehlungen für Trainer*innen:

1. Unterschiedliche Sprache & Reflexionsfähigkeit:
- Insbesondere dann, wenn die Gruppe aus unterschiedlichen Berufsgruppen und verschiedenen Hierarchiestufen zusammengesetzt ist, können sprachliche Fertigkeiten und individuelle Reflexionsfähigkeit variieren. Dies ist normal und sollte Sie nicht davon abhalten, die positiven Synergieeffekte zu nutzen, die in gegenseitigem Verständnis für die jeweiligen Wirklichkeiten entstehen können.
- Versichern Sie sich, dass Sie alle inhaltlich mitgenommen haben (vor allem wenn Sie den Eindruck haben, dass einige weniger verstanden haben als andere). Konkret können Sie zum Beispiel nachfragen: „Was haben Sie bisher verstanden?"

2. Stereotype und Autostereotype
- Seien Sie achtsam, wenn Sie Stereotype und Autostereotype („Die Pflege begibt sich immer in die Opferrolle."/„Ärzte sind alle arrogant.") wahrnehmen. Seien Sie selbst vorbildhaft interprofessionell, indem sie auf ausgewogene Redeanteile der TeilnehmerInnen achten und immer wieder das Verbindende aufzeigen.

3. Skepsis seitens der Teilnehmenden/geringe Offenbarungsbereitschaft:
- Betonen Sie die Bedeutung der Schweigepflicht & Vertraulichkeit.
- Achten Sie grundsätzlich darauf, dass heikle Themen, die man nicht mit allen Gruppenteilnehmern teilen möchte, in Zweiergruppen-Übungen mit Wunschpartner bearbeitet werden können. (Dies kann vor allem wichtig sein, wenn Führungskräfte und Mitarbeiter derselben Arbeitseinheit angehören – prüfen Sie im Vorhinein die Zusammensetzung der TeilnehmerInnen).
- Ermuntern Sie dazu, hier nur das zu sagen, was man

bedenkenlos sagen möchte (es wird kein „Seelenstriptease" und kein „Enthüllungsdruck" angestrebt).
- Vereinbart werden kann auch ein gemeinsames „Abkommen", z. B. mit einem Nicken darauf einigen, dass geteilte Informationen nicht den Seminarraum verlassen.

4. Herausforderndes, mentales Muster mancher Teilnehmenden:
- Stellen Sie sich zunächst darauf ein und versuchen Sie dafür Verständnis zu entwickeln. Während in Industriebetrieben unter Umständen eine Grundüberzeugung eher lautet: „Wenn Du Deine Zeit nur klug managst, schaffst Du es." ist es im Krankenhaussetting eher die geteilte Realität: „Es geht nicht – egal wie ich es anstelle". Im Krankenhaus gibt es zudem eine besondere, institutionsspezifische „Dilemmalösungshierarchie": Der Patient kommt (immer) zuerst!

5. Reaktanz & Ablehnung:
Mögliches Szenario: Der Teilnehmer/die Teilnehmerin sagt wiederholt „Das ist für mich kein Problem."
- Eine Antwortstrategie kann im Pacing liegen: z. B. „Das ist bewundernswert. Wie machen Sie das?" / „Ich kann mir vorstellen, dass das unterschiedlich ist und es vielleicht KollegInnen gibt, die dies anders empfinden. Wie empfinden es die anderen in der Gruppe?"

6. Sorgen:
Unter Umständen kann bei den Teilnehmenden eine berechtigte Sorge darüber erwachsen, dass sie hinsichtlich ihrer Frustrationstoleranz beeinflusst werden: „Sie wollen uns mit Ihrem Dilemmakurs unsere Wut/Ärger über die Ungerechtigkeit des Systems nehmen, die wir hier brauchen, um das System zu verändern."
- Versuchen Sie nicht, den Ärger/die Wut nehmen zu wollen. Besprechen Sie zum Beispiel: Wir möchten mit Ihnen üben die Faktoren, die Sie ins Dilemma bringen, bewusst wahrzunehmen; bewusst zu entscheiden: „Welchen Preis bin ich bereit für was zu zahlen?"
- Unsere Lernerfahrung aus den Trainings zeigt: Lehren Sie mehr induktiv statt deduktiv, mehr praktische Übungen gegenüber theoretischen Inputs von Beispielen der Teilnehmer*innen zum Input des Dilemmakompetenz-Trainings – statt anders herum. Demonstrationen im Plenum („Wie mache ich das?") sind hilfreich.

7. Problemtrance:
Wenn sich die Teilnehmer*innen in einer Problemtrance verlieren, z. B. in Form von Klagen über das unterfinanzierte System und die Unfairness, hat sich folgende Haltung bewährt:
- Validieren „Wir verstehen was Sie sagen.", „Wir stellen es uns schwer vor."
- Neugier & Ressourcen aktivieren „Was tun Sie, um das hier dennoch jeden Tag zu bewältigen?" „Woher nehmen Sie die Kraft?" „Wie sieht Ihr seelisches Immunsystem aus, dass es Ihnen ermöglicht es trotzdem zu ertragen?"
- Würdigen des Kampfes „Was ist für Sie hier wichtig, wofür Sie kämpfen?"
- ➜ & Zurückleiten zur bisherigen Frage „Vielen Dank für Ihren Beitrag. Zurück zur Frage …"

8. Persistierende Hoffnung, das Dilemma aufzulösen:
- Häufig wird lange an der Hoffnung festgehalten, das Dilemma sei aufzulösen. Das kann auch in Enttäuschung über den Workshop umschlagen. („Aber ich muss es doch irgendwie schaffen! Ich dachte, Sie bringen uns hier Lösungen bei...")
- Folgende Haltung hat sich bewährt: Die Hoffnung ist nachvollziehbar und die Energie, die die Teilnehmenden in die Lösungssuche stecken, gilt es zu würdigen: „Es ist nachvollziehbar, dass Sie weiter versuchen allen Aufträgen gerecht zu werden. Gerne würden wir Ihnen die perfekte Lösung liefern. Wenn es sich aber wirklich um ein Dilemma handelt – die beiden Ansprüche sich also praktisch ausschließen – gehen wir davon aus, dass von Ihnen etwas verlangt wird, was sich gleichzeitig widerspricht. In einem klassische Management-Seminar würden wir Sie nun vielleicht ermuntern ‚Wenn Sie es nur gut genug anstellen – dann werden Sie alles hinbekommen.' Wir bieten Ihnen an, einen Umgang mit dem dilemmatischen der Situation zu finden."

9. Wunsch nach Optimismus:
Wenn zu lange Phasen der Empörung entstehen, ist es für manche Teilnehmenden wichtig, „das Glas auch mal halb voll zu sehen" und nicht so viel zu „meckern".
- Eine Idee kann sein eine Person, der es zu negativ

zugeht („So schlimm es doch auch nicht."), damit zu beauftragen, auch der anderen Seite Raum zu geben: „Frau...: geben Sie uns ein Zeichen, wenn Sie finden, es ist mal wieder an der Zeit das Glas auch mal halb voll zu sehen."

3) Umsetzung

Das Training ist auf zwei ganze Workshop-Tage mit jeweils 6h (plus insgesamt 1.5h Pause) ausgerichtet. Die Anzahl der Teilnehmenden kann zwischen fünf und fünfzehn Personen variieren. Mit kleinen Anpassungen lässt sich der Workshopinhalt auch für größere oder kleinere Gruppen anpassen.

In Ergänzung zu diesem Manual gibt es ein Log-Buch für die Trainingsteilnehmenden, Unterlagen für die Trainer*innen sowie eine Powerpoint-Präsentation. Das Log-Buch mit allen Arbeitsblättern bekommen die Trainingsteilnehmenden vor Beginn des ersten Workshop-Tages auf die Stühle gelegt (Anlage: Log-Buch für Trainingsteilnehmende). Die Powerpoint-Präsentation (PPT) steht zur Präsentation von Inputs zur Verfügung und enthält abfotografierte Flipcharts, die von Ulrike Bossmann entworfen wurden. Die Erfahrung zeigt, dass die Flipcharts nicht abgemalt werden müssen, sondern dass sie den Vortrag ebenso in Form der PPT anreichern können.

Eine Ausnahme stellt das Flipchart zum Auftragskarussell in Part 3 dar. Um es interaktiv nutzen zu können, muss es als Flipchart anhand der abgebildeten Vorlage angefertigt werden. Auch die „Aufträge", die während des Inputs auf das Flipchart geklebt werden, müssen in der Vorbereitung auf Metaplankarten geschrieben werden. Als Vorlage dient ein Beispiel („Oberarzt Herr T. im Auftragskarussell"), das im Anhang (Unterlagen für Trainer*innen) zu finden ist. Zudem findet sich eine Sammlung an möglichen Prämissen im Anhang (Unterlagen für Trainer*innen), die den Trainer*innen als Hilfe dienen sollen, um eine Vorstellung davon zu bekommen, welche Prämissen von Teilnehmenden genannt werden könnten. Für die Vorstellung des Auftragskarussells wird außerdem Klebeband benötigt.

Im Verlaufe des Trainings werden leere Flipcharts (für die Entwicklung eines Auftragskarussells im Plenum – Part 3; spontane Notizen; für die Ausarbeitung von Beispielen zu Kommunikationsstrategien – Part 6), leere Metaplankarten, Stifte sowie leere Blätter mit Anfertigen von Notizen benötigt. Für die Vorstellung der Kommunikationsstrategien (Part 6) ist in den Unterlagen für Trainer*innen ein Back-up Beispiel für Kommunikationsstrategien hinterlegt, falls die Zielgruppe aus Führungskräften besteht. Für Part 11 ist ein Ausdruck der Anlage „Liste mit Gefühlsworten" (Unterlagen für Trainer*innen) notwendig. Außerdem werden Wertekärtchen benötigt, die auf einem Tisch für eine Übung in Part 10 ausgelegt werden müssen. Die Vorlage befindet sich in den Unterlagen für Trainer*innen.

Am Ende des Trainings schlagen wir vor, dass die Teilnehmenden eine Postkarte an sich selbst schreiben, die von den Organisierenden des Workshops nach ein paar Monaten als Erinnerung an die Teilnehmenden per Post verschickt wird.

An einigen Stellen im Manual befinden sich außerdem Hinweise an die Trainer*innen, die zu einer besonders gelungenen Durchführung des Trainings führen sollen. Hierbei handelt es sich um praktische Erfahrungswerte aus der Pilotierungsphase des Trainings und/oder Hinweise zur Haltung der Trainer*innen. Nutzen Sie hiervon, was Sie brauchen!

Außerdem finden Sie immer wieder „Kernbotschaften". Diese dienen zur Verdeutlichung, was den Teilnehmenden vermittelt im Kern werden soll.

4) Hinweise zur Online-Durchführung

Das Dilemmakompetenztraining wurde online bereits erfolgreich durchgeführt. Fast alle beschriebenen Kursinhalte lassen sich auch digital umsetzen.

Zu beachten sind unserer Erfahrung nach vor allem die folgenden Aspekte:

1. **Datenschutz:** Achten Sie auf die Datenschutzregelungen der von Ihnen verwendeten Onlineplattform und setzen Sie Ihre Teilnehmer*innen davon in Kenntnis. Berücksichtigen Sie mögliche Sorgen über die Speicherung persönlicher sensibler Inhalte.
2. Die **optimale Größenanzahl** lag gemäß den Erfahrungen der Trainer*innen der verschiedenen Standorte zwischen 8 und 14 Personen.
3. Nutzen Sie ausreichend **Breakouträume/weitere Links** für Aufgaben/Austausch in Kleingruppen. Es sollte immer genügend Räume für einen potenziellen Austausch in 2er Teams geben. Teilen Sie sich als Trainer*innen im Vorhinein auf, wer welche Räume besucht und bei den Aufgaben unterstützt.
4. Planen Sie **ausreichend Zeit im Vorhinein** ein, um Teilnehmer*innen eine technische Einweisung zu ermöglichen. Die Einrichtung einer Notfalltelefonnummer, für den Fall, dass es Probleme bei der Einwahl gibt, hat sich bewährt.
5. Schicken Sie den Teilnehmer*innen **im Vorhinein (idealerweise per Post) benötigte Kursmaterialien**, die in der Präsenzversion vor Ort ausgeteilt wurden. Dazu zählen z. B. die Prämissen Sammlung, Wertekarten, die Dilemma Landkarte und die Postkarte an sich selbst (Die Erinnerung an die Postkarte kann zu späterem Zeitpunkt dann als Erinnerung per Mail erfolgen („Nehmen Sie heute noch einmal die Postkarte heraus, die Sie sich selbst geschrieben haben und lesen Sie diese in Ruhe.")
6. Auch bewährt hat sich ein **Aufgabenblatt für die Vorstellungsrunde**, auf dem z. B. die Fragen „Wer bin ich? Was erwarte ich von dem heutigen Tag? Was sollte heute nicht passieren? Was für ein Entscheidungstyp bin ich?" geschrieben stehen. Das Blatt kann den Teilnehmer*innen am Seminartag die Vorstellungsrunde erleichtern, wenn sie es vor sich liegen haben.
7. Wenn es Ihnen möglich ist, arbeiten Sie mit möglichst vielen **Beispielen**, um die Inhalte noch erlebbarer zu machen. Hilfreich kann dabei folgende Publikation sein: **Born, M., Drews, A., Bossmann, U., Zwack, J. und Schweitzer, J. (2020).** Vom Reflex zur bewussten Entscheidung. Die Wirkung eines Dilemma-Kompetenz-Trainings für mittlere Führungskräfte im Krankenhaus. Organisationsberatung, Supervision, Coaching 27 (3), 365–382.
8. **Aufstellungsübungen** (weiterführende Erklärung lesen Sie im Abschnitt Zu Beginn) wie das Auftragskarussell (sehen Sie Part 3 Das eigene Dilemma erkennen, verstehen & beschreiben (Teil I)) sind möglich. Wir empfehlen aber die Übung zunächst durch ein Video, das die Übung in Präsenz demonstriert, vorzuspielen. Dies kann den Teilnehmer*innen helfen, die Übung online besser nachzuempfinden. Für das Online-Auftragskarussell sammeln Sie die Stimmen der TeilnehmerInnen z. B. auf einem Whiteboard oder einem geteilten Worddokument, sodass Sie die Sprecher stets sehen können.
9. Auch die **Verortung der TeilnehmerInnen im virtuellen Raum** kann funktionieren, indem sie zwei Pole beschriften und Sie die Teilnehmer*innen bitten mit Punkten oder Kreuzchen ihre Position zu markieren.

ZU BEGINN

Hier finden Sie grundsätzliche Erklärungen zu Workshop Methoden:

Sharing:

Sharing findet im Plenum statt und meint das Mitteilen von Erfahrungen oder Gedanken. Dazu richtet sich die Trainerin / der Trainer an die Gruppe aller Teilnehmenden und lädt zum Austausch unter den Teilnehmenden in der Gruppe ein. Diesen Prozess moderiert der*die Trainer*in. Der Austausch wird von den Trainer*innen entlang konkreter Fragen moderiert und fokussiert bspw. nach einer Übung auf die Erfahrungen, die Teilnehmer*innen mit der Übung gemacht haben (Bsp. Fiel mir diese Übung schwer oder leicht?), oder auf neue Ideen und Denkanstöße, die durch die Übung angeregt wurden (Bsp. Was wurde mir durch diese Übung deutlich?).

Das wiederholte direkte Ansprechen der Teilnehmenden in Bezug auf Trainingsinhalte und das Erfragen der eigenen Erfahrungen stellt ein kontinuierliches Überprüfen der Anschlussfähigkeit der angebotenen Trainingsinhalte dar. Sinngemäß „Macht das Gesagte für die Teilnehmenden Sinn? Entspricht es ihrer Arbeitsrealität? Oder ist es ganz anders?".

Zudem ist es hilfreich für die Teilnehmenden, von Erfahrungen und Umgangsstrategien der anderen Teilnehmer*innen zu erfahren.

Aufstellung:

Bei einer Aufstellung handelt es sich um eine Skulptur im Raum. Die Teilnehmenden werden gebeten, sich im Seminarraum in Bezug auf eine bestimmte durch die*den Trainer*in vorgegebene Frage mit zwei kontrastierenden Polen (z.B. „Werden Gefühle eher internalisiert (Pol 1) oder externalisiert (Pol 2)"?) aufzustellen. Die*der Trainer*in legt fest, an welchen räumlichen Merkmalen sich die Teilnehmenden innerhalb der Aufstellung orientieren sollen (z.B. „Stellen Sie sich eine Linie vor, die durch diesen Seminarraum geht. An diesem Ende der Linie [Trainer*in zeigt das eine Ende] ist der Pol 1, am anderen Ende der Linie [Trainer*in zeigt das andere Ende] ist der Pol 2."). Ggf. kann es hilfreich sein, statt von einer Linie im Raum von einer Skala von 1 bis 10 zu sprechen und die entsprechenden Pole 1 und 2 als Werte von 1 bis 10 vorzustellen – im Manual ist zu entnehmen, ob wir eine solche Skalierung vorschlagen oder nicht. Daraufhin suchen sich die Teilnehmenden entlang der vorgegebenen Linie einen Platz, der bestmöglich ihre eigene Antwort auf die gestellte Frage repräsentiert.

Bevor die Fragestellung im Raum eingeführt wird, moderiert die*der Trainer*in die Aufstellungsübung kurz an. Dabei kann es helfen, die Teilnehmenden vorzubereiten, dass diese Übung möglicherweise etwas ungewöhnlich ist und von dem abweicht, was die Teilnehmenden bis dato aus Seminaren kennen. Es empfiehlt sich, die Teilnehmenden schon während der Anmoderation zu bitten, aufzustehen, um das Aktivitätsniveau zu erhöhen und auf die Übung vorzubereiten.

Nachdem sich die Teilnehmenden im Raum aufgestellt haben, bietet es sich an, das entstandene Bild aus Sicht des*der Trainer*in kurz zu beschreiben, an einzelne Personen konkretisierende Fragen zu richten (Bsp. „Stehen Sie tatsächlich genau in der Mitte oder eher auf einen… oder auf der anderen… Seite?") sowie die Skulptur anhand einzelner Stimmen zu erkunden (Personen, die sich a) am Ende der beiden Pole, b) im Mittelfeld aufgestellt haben, befragen, was sie jeweils dazu bewogen hat, sich ausgerechnet so zu positionieren (Bsp. „Sie haben sich sehr nahe zum Pol 1 gestellt… Wie kam es dazu? / Was bedeutet das für Sie?")). Zudem kann es sinnvoll sein, dass die Teilnehmenden sich kurz untereinander in Kleingruppen zu einer spezifischen Frage in Bezug auf die gestellte Frage austauschen.

Leitfaden:

Im Laufe der zwei Seminartage wird der Leitfaden, der sich im Log-Buch befindet und aus sieben Teilen besteht, peut à peut nach jedem inhaltlichen Input eingeführt. Er soll den Teilnehmenden zur selbstständigen Bewältigung der alltäglichen Dilemmata – auch über das Training hinaus – verhelfen. Im Manual ist jeweils ein Hinweis auf einen weiteren Leitfaden-Part zu finden. An diesen Stellen soll auf die jeweiligen Leitfäden im Log-Buch hingewiesen werden – ohne jedoch, dass die Teilnehmer*innen den Leitfaden im Seminar bearbeiten. Die Trainer*innen formulieren den Leitfaden als Angebot, ihn nach dem Seminar als eine hilfreiche Selbstreflexion zur Bearbeitung eines aktuellen Dilemmas auszufüllen.

Und nun – auf einen guten Trainingsstart!

PART 1 – BEGRÜSSUNG UND KENNENLERNEN

Überblick

Zu Beginn des Trainings geht es darum sich gegenseitig kennenzulernen. Dazu wird eine Skulptur im Raum gestellt. Hilfreich ist diese Aufstellung auch, um die Motivation der Teilnehmenden zu erfragen. Ebenso wird in diesem Teil ein kurzer Einblick in die Themen des Trainings gegeben und wie es zur Entwicklung des Trainings kam. Zum Schluss wird der Rahmen geklärt (Pausen etc.)

Ziele

- Gegenseitiges Kennenlernen
- Schaffen einer vertrauensvollen Atmosphäre
- Abfragen von Skepsis und Motivation zum Seminar
- Überblick über Projekt und Trainingsinhalte geben

Tools

- **AB:** Vor Beginn des Seminars wurden die Log-Bücher für jede*n Teilnehmer*in auf den Stühlen bereitgelegt.
- **Material:**
  - PPT
  - Platz im Raum für eine Aufstellung,
  - Belegexemplar des Beratungskonzepts dieses Trainings (Zwack & Bossmann, 2017: Wege aus beruflichen Zwickmühlen, Vandenhoeck & Ruprecht Verlag, Göttingen.)

Methode

- Input im Plenum
- Aufstellung im Raum

Ablauf / Anleitung

1. Begrüßung im Plenum & Vorstellung der TrainerInnen
(5 Minuten)

Herzlich Willkommen!

Wir freuen uns, Sie heute zum ersten Tag des Dilemmakompetenztrainings zu begrüßen! Schön, dass Sie sich die Zeit genommen und entschieden haben, dabei zu sein – sicherlich hat diese Entscheidung bei dem/der einen von Ihnen bereits ein Dilemma ausgelöst: Bin ich abkömmlich auf Station und kann überhaupt teilnehmen? – womit wir schon mitten im Thema sind. Zunächst möchten wir uns aber kurz als TrainerInnen vorstellen...

2. Übung zum gegenseitigen Kennenlernen gemeinsam im Raum
(20 Minuten)

Genug von uns. Wir möchten nun Sie besser kennen lernen – und wir gehen davon aus, dass auch Sie sich untereinander nur teilweise vertraut sind.
Aufstellung im Raum
(Erklärung siehe „Zu Beginn" des Manuals)

TrainerInnen wählen je nach Zeitbudget und eigenem Interesse, welche der Themen sie aufstellen lassen:
- Betriebszugehörigkeit: Zeitachse im Raum (sehr lange her – heute aktuell)
- Umgang mit Entscheidungen: „Was für ein Entscheidungstyp bin ich?" (schnell vs. langsam) (Aus-

tausch dazu mit dem*r Nachbar*in): Wie würden Sie Ihren Entscheidungsprozess beschreiben – eher „aus dem Bauch heraus" vs. rational?
- Überzeugung/ Begeisterung für das Seminar: Man kann ja unterschiedlich begeistert in ein solches Seminar gehen – auf einer Skala von 1 (im Raum die Position zeigen) gar nicht begeistert bis 10 (ebenso zeigen) sehr begeistert: „Wie überzeugt bin ich heute hergekommen? (Austausch dazu mit dem*r Nachbar*in: Mit welchem Motiv kommen Sie her? Wieso sind Sie trotzdem gekommen?)

3. Hintergrund & Rahmen / Agenda besprechen im Plenum (5 Minuten)

Training als Teil des Forschungsprojektes SEEGEN
Wie Sie ja bereits wissen, findet das Dilemmakompetenztraining im Rahmen eines Forschungsprojektes statt. Gemeinsam mit Kolleginnen und Kollegen gehen wir der Frage nach, wie es gelingen kann, trotz der herausfordernden Rahmenbedingungen im Arbeitskontext Krankenhaus, gesund zu bleiben.
Wir glauben, dass eine bedeutsame Herausforderung darin liegt, mit sogenannten Dilemmata – also Zwickmühlensituationen – umzugehen. (Dazu gleich mehr...)

Was geschah in Phase I
Die Arbeitsgruppe von Prof. Jochen Schweitzer in Heidelberg hat in der Zeit 2017 – 2019 auf Basis des Dilemmakonzeptes von Julika Zwack und Ulrike Bossmann gemeinsam mit Antonia Drews und Marieke Born ein Dilemmakompetenztraining speziell für die Arbeit im Krankenhaus entwickelt.
Eventuell jeder*m Teilnehmer*in ein Buch (Zwack & Bossmann, 2017) austeilen oder zumindest ein Belegexemplar zeigen und darauf als Lesebuch verweisen.

Von Phase I zu Phase II
In Phase I lag der Fokus auf mittleren Führungskräften, weil diese häufig in ihrer Sandwich-Position besonders stark mit Dilemmata konfrontiert sind. Uns ist dabei aufgefallen, dass Dilemmata kein Phänomene sind, die ausschließlich Führungskräfte betreffen, sondern dass sie Entscheidungssituationen betreffen, die allen im Krankenhaus Arbeitenden bekannt sind.

Rahmen / Agenda vorstellen

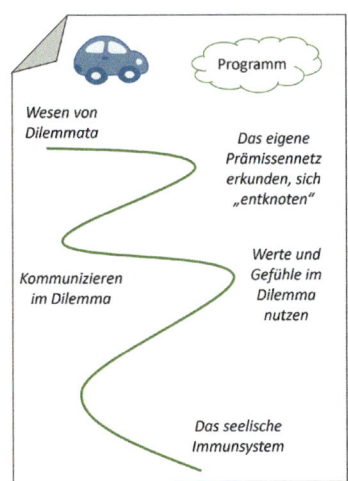

Sie erleben nun das Dilemmatraining "kompakt" – quasi das "Best of" aus all den Erfahrungen mit der Arbeit mit Dilemmata. Heute werfen wir einen genauen Blick darauf, was hinter Dilemmata steckt, wie sie entstehen und was das für die Kommunikation im Krankenhaus bedeutet. Unser Bild des Dilemmakompetenztrainings ist es nicht, all Ihre Dilemmata aufzulösen – vielmehr wollen wir Ihre Sinne schärfen und Ihnen Werkzeuge an die Hand geben, um inmitten dieser Zerreißprobe entscheidungs- und handlungsfähig zu bleiben.

In x Wochen sehen wir uns wieder – erneut hier und wieder um y Uhr – mit diesen Themen: Welche Werte sind bedeutsam für mich, an denen ich festhalten möchte? Welche Rolle spielen Gefühle im Dilemma? Wie können wir uns gemeinsam im Dilemma unterstützen?

Transfer in die berufliche Praxis – Anwendung des Gelernten
In der Zwischenzeit haben Sie genügend Zeit, das anzuwenden, was wir heute besprechen – denn darum geht es ja: Das Gelernte aus der „Trockenübung" in Ihren Arbeitsalltag zu bringen!

Allgemeine Hinweise zum Trainingssetting und zum Tagesverlauf:
- Wichtiger und eindringlicher Hinweis auf Vertraulichkeit über die Inhalte, die im Workshop besprochen werden.
- Pausen-Zeiten, sonstige Verabredungen

PART 2 – DILEMMAKONZEPT KENNENLERNEN & ERKUNDEN

Überblick
Im nächsten Teil des Trainings wird in das Thema eingeführt. Dazu lernen die Teilnehmenden die Bestandteile eines Dilemmas kennen und erarbeiten in einer intensiven und durch ein Arbeitsblatt gut unterstützten Partner*innenarbeit ein eigenes, aktuelles Dilemma, das im Verlaufe des Trainings mitgeführt werden kann.

Ziele
- Aufklärung über die Beschaffenheit eines Dilemmas
- Anhaltspunkte zum Erkennen von Dilemmata im Alltag
- Aktualisierung eines eigenen Dilemmas
- Ein eigenes Dilemma in seiner Struktur begreifen
- Unterscheidung zwischen Dilemma und Problem einführen

Tools
- **AB:**
  - Austausch im Tandem: Erkundung des eigenen Dilemmas
  - Leidfaden (Dilemma erkennen)
- **Material:** PPT

Methode
- Input im Plenum
- Austausch im Tandem als Partner*innen-Interview

Ablauf / Anleitung

1. Interaktiver Input im Plenum: 3 Zutaten eines Dilemmas (20 Minuten)

Das Wesen jedes Dilemmas: Bei einer Dilemma Situation handelt es sich um eine Entscheidungssituation, in der ich aufgefordert bin,

(1) Der Appell, gleichzeitig zwei Handlungen zu vollziehen; also „links & rechts gehen" zu gehen. Diese zwei Handlungsoptionen schließen sich aus – zumindest im selben Moment.

*Gehe links **und** rechts gleichzeitig*

Beispiel:
- Erreiche ehrgeizige Versorgungsziele und verärgere nicht die Patienten: also sei effizient und wende dich dem Patienten ausführlich zu!
- oder stelle maximale Versorgungsqualität sicher, aber überschreite nicht das vorgesehene personelle und zeitliche Budget: also sei maximal sorgfältig, aber beeile dich, damit Du heute alles schaffst.

Das Gemeine ist, dass oft so getan wird, als wären die Ziele oder Handlungen nicht widersprüchlich.

In klassischen Seminaren würden wir Ihnen hier vermitteln – „Mensch, stellen Sie es nur etwas schlauer an, als bisher – dann schaffen Sie alles gleichzeitig! Oft wird gesagt: Wenn du dein Zeit- und Selbstmanagement im Griff hast, bekommst du alle Aufgaben erledigt.

Oder: Lernen Sie, richtig zu kommunizieren, dann klappt das schon!

Beispiel:
- „Wenn Du nur gut genug planst, schaffst Du es auch mit der geringsten Personaldecke den Dienstplan gut zu besetzten."
- „Wenn Du es nur gut genug kommunizierst, kannst Du gleichzeitig allen Ansprüchen gerecht werden."

Wir gehen hier davon aus, dass es in Dilemma Situationen nicht möglich ist, was gefordert ist – nämlich gleichzeitig links und rechts zu gehen.

(2) Das zweite Merkmal von Dilemma Situationen besteht in der Interdependenz, also die wechselseitige Abhängigkeit der Optionen. Selbst wenn ich die Handlungsaufforderungen nacheinander erledigen kann, entsteht eine dilemmatische Situation, denn: Nachdem ich mich für die eine Seite entschieden habe, also Option A gewählt habe, muss ich mich danach umso intensiver um die damit vernachlässigte Seite kümmern.

Beispiel:
- Wenn ich länger hier bleibe, um noch Arbeit erledigt zu bekommen, steigt die Notwendigkeit, nach Hause zu gehen (denn: wenn ich es nicht tue, vermissen mich meine Kinder möglicherweise sehr, es gibt Ärger mit dem Mann/der Frau, weil ich nicht mehr an dem Familienleben ausreichend teilnehme oder auch einfach, weil ich umso intensiver Kraft tanken muss, wenn der Job stressig ist). Dies gilt auch umgekehrt: Je häufiger ich früh oder einfach nur pünktlich nach Hause gehe, desto größer wird die Notwendigkeit, mal länger zu bleiben (der Berg an Arbeit wächst – Doku, Absprachen, ...)

- Je mehr ich harte Forderungen gegenüber meinen Mitarbeitern stelle, desto mehr wächst die Notwendigkeit in die Harmonie im Team zu investieren.

(Frage ans Plenum: Können Sie das nachvollziehen?)

(3) Nichts tun ist auch keine Lösung („Das Problem muss gelöst werden"). Irgendwie MUSS man es hinkriegen. Es muss eben beides gleichzeitig passieren.

Beispiel:
- Im Krankenhaus ist es die Versorgung der Patienten, die schlicht und einfach sichergestellt werden muss – es kann nicht einer der Patienten unversorgt liegen bleiben.
- Gleichzeitig kann ich aber auch meine eigene Gesundheit nicht mehr ignorieren: „Mit diesem Schlafdefizit machst Du's nicht mehr lange gut."
- Auch wirtschaftlicher Druck macht es unabdingbar, dass gehandelt werden muss: „Wir schreiben ständig rote Zahlen – so kann unser Haus/Abteilung möglicherweise nicht mehr lange bestehen bleiben."

(Frage ans Plenum: Können Sie das nachvollziehen?)

KERNBOTSCHAFT:

Während im „klassischen" Management Seminar vermittelt wird: „Wenn Sie es nur gut genug anstellen – dann werden Sie alles hinbekommen!" sagen wir: „Nein – in Dilemma-Situationen wird von Ihnen etwas verlangt, was gleichzeitig nicht zu machen ist, weil es sich widerspricht." Eine Dilemma-Situation führt Sie immer vor Entscheidungsschwierigkeiten, denn auch wenn sie noch so lange und ausführlich darüber nachdenken, und egal, wie Sie es drehen und wenden, gibt es keine richtig gute Lösung.

Um mit Dilemma-Situationen gut umgehen zu können, helfen andere Strategien als die, die Sie sonst (bei „normalen" Problemen) anwenden. Deswegen ist es wichtig, eine knifflige Entscheidungssituation oder ein normales Problem von einem Dilemma unterscheiden zu können …

Wie kann ich erkennen, ob ich im Dilemma bin?

Drei Beobachter-Ebenen, auf denen ich an/in mir und in Bezug auf die Situationen etwas beobachten kann:

Kognition (Denken): Über Lösungen nachdenken/grübeln – und sie doch wieder verwerfen („geht nicht, weil…" oder „wenn ich das mache, dann…"; „ich könnte so oder so"); Zickzackkurs

Emotion (Fühlen): Gefühl des Gefangenseins, der Ausweglosigkeit („egal, wie ich es mache, es ist nicht gut" – mit den entsprechenden Gefühlen, wie z. B. Ohnmacht, Wut, Enttäuschung)

Verhalten: Immer wieder hole ich mir eine blutige Nase; immer wieder will ich es gut sein lassen und setze dann doch erneut an; Schwanken zwischen Kämpfen (für etwas einsetzen), Resignieren (Nichts-Tun), Aussitzen

Zusammenfassung nach der Übung im Plenum:
Bei einer Dilemmasituation handelt es sich um eine Entscheidungssituation, in der ich gleichzeitig aufgefordert bin „rechts und links" zu gehen, was aber gleichzeitig nicht möglich ist. Die Optionen, die mir zur Verfügung stehen, bedingen sich einander: je mehr ich mich für die eine Option entscheide, desto mehr steigt die Notwendigkeit mich der anderen Option hinzuwenden. Außerdem bin ich aber unter Druck zu handeln.

2. Austausch im Tandem als Partner*inneninterview:
Welches Dilemma beschäftigt Dich?
(40 Min.)

- Anhand eines Beispiels & des AB die Arbeitsaufgabe erklären (AB im Logbuch: Austausch im Tandem: Erkundung des eigenen Dilemmas).
- Auftrag: Interviewen Sie sich nacheinander (jede*r 20 min.). Interviewen heißt: Fragen Sie bei Ihrem Interviewpartner*in genau nach. Es ist sehr verführerisch in eine „Beratung" des anderen einzusteigen – bitte fragen Sie an dieser Stelle „nur" nach, um das Dilemma des anderen möglichst genau zu greifen. Schreiben Sie für Ihre*n Interviewpartner*in mit. Erkunden Sie ein Dilemma, das Ihnen wiederkehrend oder akut begegnet und für das Sie noch keine gute Lösung gefunden haben. Sie können an diesem Dilemma dann in diesem Workshop arbeiten.

3. Einführung des Leitfadens* als Reflexionshilfe & Reminder an wichtige Kernbotschaften im Plenum
(10 Minuten)

Unsere Idee ist es, Sie während der zwei Workshop-Tage mit einem Repertoire auszustatten, mit dem Sie durch Dilemmata Situationen navigieren können. Das heißt nicht, dass wir Ihnen Ihre Dilemmata nehmen werden – vielmehr geht es darum, Ihnen Werkzeuge zur Verortungshilfen anzubieten, die dabei helfen:
a) Dilemmata besser zu verstehen und zu erkennen
b) Sich bewusst zu entscheiden: Was will ich tun, sodass ich die Zerreißprobe gut überstehe?

Dazu haben wir einen Leitfaden vorbereitet, die sie nach und nach im Log Buch finden werden. Er stellt eine Sammlung an Werkzeugen und Reflexionshilfen zur Erweiterung Ihres Handlungsrepertoires dar.

4. Interaktiver Input im Plenum: Problem vs. Dilemma (OPTIONAL – falls das Tandem-Interview nur 30 Min. brauchte)

Wie unterscheide ich ein Dilemma von einem Problem?
Grundsätzlich gilt: Jedes Problem kann zu einem Dilemma werden – sich dilemmatisch anfühlen. Jede „einfache" Entscheidung auch.

Beispiel:
- Ich habe eine unterbesetzte Station aufgrund eines Krankheitsfalls im Kollegium. Um das „Problem" zu lösen, könnte ich einen Kollegen bitten aus dem Frei zu kommen oder selbst einspringen.

(Frage ans Plenum: Für wen ist das ein Problem? Für wen ist es ein Dilemma?)

(Frage ans Plenum: Wie wird (in diesem Beispiel) aus dem Problem ein Dilemma entstehen?)

Antwort: Immer dann, wenn ein Netz an Ausweglosigkeit entsteht. „Einen Kollegen anrufen und aus dem Freiholen geht nicht, weil...", „Selbst einspringen, geht nicht weil..." In der Regel passiert das, wenn die Preise der Optionen ausgeschlossen werden.

(Frage ans Plenum: Was wären hier die Preise der Optionen?)

Mögliche Antworten: „Selbst einspringen würde bedeuten, ich kann meinen Enkel wieder nicht sehen. Der Preis, meinen Enkel nicht zu sehen, schließe ich aus zu zahlen." „Einen Kollegen aus dem Frei holen, würde für den Kollegen bedeuten, dass ich seine Ruhezeiten nicht respektiere. Mir vorwerfen zu lassen, ich würde Ruhezeiten nicht respektieren, sind Kosten, die ich niemals bereit bin zu tragen."

Wie passiert es, dass Preise ausgeschlossen werden? Es gibt 2 Wege, wie das passiert: Andere tun so als gäbe es keinen Preis oder als ob es keinen Preis kosten darf (von außen). Ich bin nicht bereit, einen Preis zu zahlen (innen).

(Frage ans Plenum: Wofür ist die Unterscheidung wichtig, ob ich mich im Dilemma oder im Problem fühle?)

Wenn ich merke, dass ich im Dilemma bin, dann werde ich andere Lösungsstrategien wählen. Während wir beim Problem meist wissen, was zu tun ist, fühlen wir uns im Dilemma gefangen zwischen Lösungen, die alle einen hohen / echten Preis fordern. Was wir jetzt explizit NICHT sagen: Sie erkennen, dass Sie im Dilemma sind, also können Sie nichts mehr machen und müssen es akzeptieren!

Wenn Sie es mit einem Dilemma zu tun haben, ist es umso wichtiger, dass Sie einen verantworteten Standpunkt einnehmen, d.h. dass Sie sich überlegen, welche Antwort Sie auf die Situation geben wollen. Dazu werden wir hier im Seminar einige Strategien lernen, wie Sie zu einem solchen Standpunkt gelangen.

15 Minuten Kaffeepause

PART 3 – DAS EIGENE DILEMMA ERKENNEN, VERSTEHEN & BESCHREIBEN (TEIL I)

Überblick
Im letzten Teil wurde ein eigenes Dilemma erarbeitet. In diesem Teil werden anhand einer Demonstration im Plenum (Methode: Auftragskarussell) die Aufträge im Dilemma erlebbar gemacht. Die Erfahrung des Auftragskarussells soll auch noch einmal ein klareres Bild zeichnen, dass unterschiedliche „Stimmen" im Dilemma sich widersprechen.

Ziele
- Verstehen und Erleben, was im Dilemma gefangen hält

Tools
- **AB:** Leitfaden (Auftragskarussell erkunden)
- **Material:**
  - PPT
  - Flipchart (Vorlage)
  - Metaplankarten (Vorlage)
  - Klebeband
  - Flipchart leer
  - Stifte
  - Platz im Raum

Methode
- Input im Plenum
- Auftragskarussell
- Reflexion im Plenum

Ablauf / Anleitung

1. Input im Plenum: Wie halte ich mich selbst in der Zwickmühle gefangen? Was ist mein mentales Muster? Konzept vorstellen. (5 Minuten)

- Kennzeichnend für eine Zwickmühlensituation ist das Gefühl, „Irgendwie sitze ich fest und weiß nicht, was ich (noch) tun soll.", „Egal, was ich mache, es ist Mist ..."
- Die spannende Frage ist ja: Was trägt dazu bei, dass man dieses Gefühl hat und im Dilemma gefangen ist? Was sind unsere mentalen Muster?
- Hilfreiches Modell von Arist von Schlippe: Das Auftragskarussell

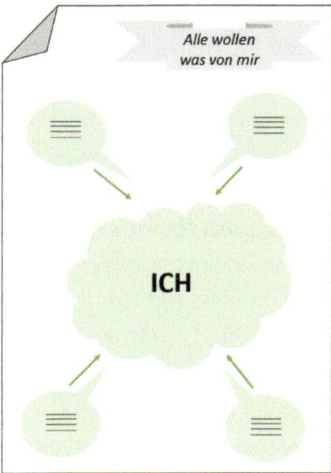

Ziel der nächsten Übung ist es, sich selbst in eigenen Entscheidungskriterien beobachten und besser kennenlernen & verstehen zu lernen, wie man sich selbst in der Zwickmühle gefangen hält.

2. Vorstellung des Konzepts anhand eines beispielhaften Auftragskarussells im Plenum: Fall des Oberarztes Herr T.
(5 Minuten)

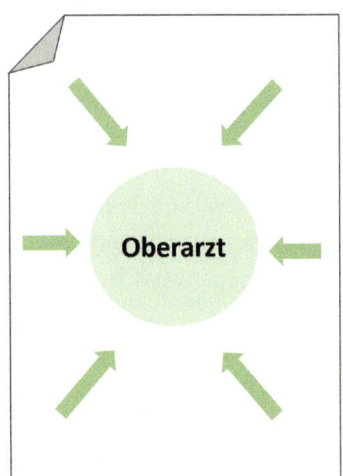

(Vorlage zur eigenen Anfertigung eines Flipcharts. In der Anlage (Unterlagen für Trainer*innen) befindet sich außerdem die Vorlage für die Metaplankarten, die vor dem Training vorbereitet werden müssen.)

- Herr Müller ist Oberarzt auf der Neurologie. Er nimmt seinen Job sehr ernst, ebenso sind ihm seine Familie und seine zwei kleinen Kinder wichtig. In einem vergangenen Training hat Herr Müller uns sehr eindrücklich geschildert, welche Aufträge er wahrnimmt (dabei Metaplankarten mit einzelnen Aufträgen nacheinander aufhängen):
- **Äußere Stimme 1** (Assistenzärzte): Unterstütz uns! Lass uns nicht hängen!

Innere Stimme 1: Sei ein gutes Vorbild! (Denn das hat Dir früher auch geholfen.)

Äußere Stimme 2 (Chefärztin): Halten Sie die Station am Laufen! (Denn ich zähle auf Sie.)

Innere Stimme 2: Gib alles! (Denn das zahlt sich aus.)

Äußere Stimme 3 (Familie): Sei präsent! (Denn wir brauchen Dich.)

Innere Stimme 3: Sei ein guter Vater & Ehemann!

3. Demonstration eines Auftragskarussells im Plenum
(35 Minuten)

Übung anteasen:
Sie haben jetzt Gelegenheit, einmal auszuprobieren, wie es sich anfühlt, wenn das eigene Auftragskarussell in Fahrt kommt ... dafür haben wir hier einen wunderbaren Resonanzraum: Wir erwecken Ihre Aufträge sozusagen zum Leben, geben Ihnen eine Stimme durch die anderen Kursteilnehmer*innen und Sie können es einmal auf sich wirken lassen.
Nutzen Sie die Chance, das einmal auszuprobieren!

- **Auswahl einer Person** (falls sich niemand freiwillig meldet, Personen direkt ansprechen)
- **Anleiten der Übung:**
  - Wunderbar, vielen Dank! Schildern Sie einmal Ihre Situation, damit wir uns eindenken können.
  - Gut. Ich denke, wir können uns den Kontext vorstellen. Was ist z. B. so ein Auftrag, der von außen an Sie herangetragen wird? Und durch wen? (Äußere Stimme 1)
  - Weiter explorieren (Innere und äußere Stimmen werden erfragt und auf einem leeren Flip mitgeschrieben, damit sie für den weiteren Verlauf sichtbar sind. Damit die Idee des Auftragskarussells beibehalten wird, bietet es sich an, die Stimmen auf dem Papier um einen Kreis in der Mitte des Papiers, in dem „ich" steht, anzugliedern.)
- **Auswahl der VertreterInnen der Aufträge:** Jede Vertreterin steht für einen Auftrag und positioniert sich um die Klientin, die in der Mitte steht, herum. Es hat sich also ein Kreis um die Klientin gebildet – wie er auf dem Flipchart aufgeschrieben ist. Alle Aufträge werden nacheinander (wörtlich unverändert) an die Person gerichtet. Meist braucht es eine Übungsrunde, damit alle Auftraggeber*innen wissen, welchen Satz sie sagen sollen. Nun kann das Karussell zum Drehen gebracht werden, indem alle Auftraggeber*innen ihren Auftrag nacheinander an die Klientin richten. Dies kann mehrere „Runden drehen" (wahlweise mit gesteigerter Lautstärke/Tempo in Runde 2). Ziel ist es, dass die Klientin in der Mitte sich wie in einem Karussell im eigenen Auftragskarussell dreht.

4. Auswertung der Übung
   (10 Min.)

Fragen an die Person, deren Auftragskarussell demonstriert wurde:
- Wie war es für Sie, all die Aufträge so spürbar zu hören?
- Welche dieser innerlichen oder äußerlichen Aufträge hat Sie emotional besonders erreicht? Warum?

Fragen ins Plenum:
- Wie war Ihr Eindruck?
  Was hat Sie am meisten gepackt?
- Welche Aufträge sind zueinander widersprüchlich?

Zusammenfassung durch Trainer*in:
In Dilemmasituationen führen verschiedene Aufträge – explizite und implizite, eigene und fremde – dazu, dass ich mich handlungsunfähig / gefangen fühle... Will ich besser mit Dilemmata umgehen, sollte ich wahrnehmen, dass ich mich im Kreis drehe und mal für einen Moment innehalten, um die unterschiedlichen Aufträge an mich zu hinterfragen ... und dann landet man bei den Fragen, die wir noch einmal für Sie zusammengefasst haben.

5. Hinweis auf Leitfaden:
   Auftragskarussell erkunden
   (5 Minuten)
- Welche Aufträge nehme ich wahr?
  (innerlich, äußerlich)
  Wer äußert diese Aufträge / trägt sie an mich heran?
- Welche Auftraggeber nehme ich besonders wichtig?
- Welche Aufträge werden ausdrücklich erteilt, welche eher „erspürt"?
  (Explizit / implizit)
- Welche Aufträge widersprechen sich?

PART 4 – DAS EIGENE DILEMMA ERKENNEN, VERSTEHEN & BESCHREIBEN (TEIL II)

Überblick

In diesem Teil wird genauer erkundet, woraus die sich im Auftragskarussell drehenden Stimmen bestehen. Dabei wird der Begriff der Prämissen eingeführt. Es handelt sich dabei um Annahmen oder Regeln, wie die Person selbst oder das Miteinander (in der Organisation) zu funktionieren hat. Sie werden als entscheidende Zutat für das sich im Dilemma gefangen fühlen eingeführt. Die Idee ist – sobald eine der Prämissen zeitweise abgewählt wird, kann wieder Handlungsspielraum entstehen. In diesem Part geht es also darum, erste Ideen zu neuem Handlungsspielraum kennenzulernen.

Ziele

- Einführung: Prämissen als wichtiger Baustein von Dilemmata
- Erkundung der eigenen Prämissen
- Einsicht: Das Aufgeben von Prämissen ist schwer
- Säen eines Empowerment-Samens: Prämissen hinterfragen

Tools

- **AB:** Leitfaden (Prämissen erkunden)
- **Material:**
  - PPT
  - leere Blätter
  - Prämissen Sammlung (Unterlagen für Trainer*innen)

Methode

- Input im Plenum
- Selbstreflexionsaufgabe
- Austausch im Tandem
- Austausch im Plenum / Sharing

Ablauf / Anleitung

1. Input im Plenum: Was kreist im Karussell? Wodurch gewinnen Aufträge an Macht? –> Prämissen (15 Min.)

Welche Aufträge ich mir selbst gebe / welche Aufträge durch Andere ich besonders prominent wahrnehme, ist individuell sehr unterschiedlich. Wie bedeutsam Aufträge erlebt werden, ist eng verbunden mit Annahmen, die wir verinnerlicht haben. Gemeint sind Prämissen, also Annahmen, die wir unhinterfragt für unumstößliche Wahrheiten halten. Wir unterscheiden:

Persönliche Prämissen sind Annahmen, die sich aus meiner eigenen Biografie / meiner beruflichen Sozialisation (als Arzt, als Pflegekraft usw.) entwickelt und bewährt haben.
Beispiel: Helfen ist Teil meiner Identität / Ich lasse niemanden hängen. / Wenn du nicht die Anderen an die erste Stelle setzt, bist du ein Egoist.

Organisationale Spielregeln kennzeichnen in ihrer Summe die Organisationskultur. Wie muss man sich hier verhalten / denken, um dazuzugehören? Oder umgekehrt: Was führt zum Ausschluss?
Beispiel: Oben sticht Unten. / Wenn du dem Chef widersprichst, war es das mit der Karriere. / Wir machen alles möglich – koste es, was es wolle. / Wenn du eine kritische Rückmeldung äußerst, bist du unkollegial.

Wichtig: Prämissen liegen „gute Gründe" zugrunde, d. h. sie haben sich in der Vergangenheit bewährt und sind sinnvoll. Sie sind sozusagen die Erfolgsrezepte der Vergangenheit.

Am OP-Tisch beispielsweise macht natürlich eine bestimmte Hierarchie und die Tatsache, dass der behandelnde Chirurg das „letzte Wort" hat, Sinn. Er trägt zum Gelingen der Operation bei, sonst hätte sich diese „Spielregel" nicht etabliert. Das bedeutet aber nicht, dass es immer – auch außerhalb des OP-Saals – klug ist, diese Spielregel für unumstößlich zu halten und ihr zu folgen. Natürlich kann sich auch der chirurgische Kollege irren und Kritik/Verbesserungsvorschläge können sinnvoll und wichtig sein.

Prämissen können unseren Handlungsspielraum einschränken, wenn wir sie unhinterfragt für „wahr" und unveränderbar halten.

Einfluss von Prämissen:
- Machtvoll werden Aufträge dann, wenn sie den Kern einer Prämisse treffen, an der ich intensiv festhalte, z.B Persönliche Prämisse: „Meine Bedürfnisse sind nicht so wichtig wie die der Anderen."
  Auftrag, den ich wahrscheinlich geneigt bin, anzunehmen: ein Auftrag einer Kollegin „Ich brauche dringend eine Pause – spring Du für mich ein!"
- Meine Prämissen entscheiden darüber, was ich mir im Umgang mit Aufträgen erlaube und was auch nicht.

2. Einzelarbeit: Prämissen erkunden (20 Minuten)

Ziel: Die Teilnehmenden verbinden sich mit der Idee der Prämissen; Erkennen der eigenen Prämissen (eher allgemein, statt auf das spezielle Dilemma bezogen)
- Leere Blätter & Stifte austeilen
- Die Teilnehmenden denken 10 Min. über eigene Prämissen nach, von denen sie sich erfahrungsgemäß in ihrem Arbeitsalltag/in Dilemmasituationen angetrieben fühlen und notieren diese.
- Als Inspiration dient die Sammlung von Prämissen aus Phase I des Forschungsprojekts (siehe Unterlagen für Trainer*innen).
- 5 Minuten Austausch mit dem Nachbarn/der Nachbarin
- 5 Minuten Sharing im Plenum (Sharing wird oben in „Zu Beginn" erklärt)

3. Tandem-Übung: Prämissen hinterfragen (15 Minuten)

- **Austausch im Tandem (10 Min.; 5 Min pro Person):**
  Schritt 1: „Welche Prämisse würde sich lohnen zu hinterfragen?" (Idee von Michael White zu „Narrativen, die unser Leben regieren" im Hinterkopf)
  Schritt 2: „Welche Prämisse bin ich bereit aufzugeben?" (Ziel: TN erkennen, dass ein Abwählen von Prämissen kontraintuitiv ist/u. U. mit negativen Gefühlen/Konsequenzen einhergeht)
- 5 Min. Vergemeinschaften der Ideen im Plenum; Einordnung: Oft geht es nicht darum, die Prämisse für immer abzuwählen, sondern sie nicht mehr als absolute Wahrheit zu erleben, die IMMER gilt. So kann man sie situativ abwählen.

KERNBOTSCHAFT:
Die Idee ist einen Empowerment-Samen zu säen. Haltet nicht an „Wahrheiten" fest, die Euch nicht gut tun!

4. Weiterführen des Leitfadens
   (5 Minuten)

- Welche Prämissen erkenne ich?
- Was davon ist biografisch / durch die Organisationskultur geprägt?
- Welche Prämisse könnte ich (wahlweise) hinterfragen?
- Warum fällt das schwer?
- Was sind erwartbare Konsequenzen?

5. Zusammenfassung im Plenum
   (5 Minuten)

Um im Dilemma nicht auf Dauer festzuhängen, muss ich eine Entscheidung treffen (Wie lautet die Entscheidungsfrage in diesem Moment?).
Bewusstheit über meine Prämissen ermöglicht es mir, in dieser Entscheidungssituation neuen Handlungsspielraum zu gewinnen – dadurch, dass ich von einer meiner Prämissen Abstand nehme.
Beispiel:
Achtmal übernehme ich den Dienst, wenn mich meine Kollegin fragt. Zweimal erlaube ich mir, Nein zu sagen.

60 Min. Mittagspause

PART 5 – VON DER RICHTIGEN ZUR VERANTWORTETEN ENTSCHEIDUNG (Z. B. HEINZ V. FOERSTER)

Überblick
Dilemmata wurden bisher als Situationen vorgestellt, in denen es nicht möglich ist gleichzeitig allen Aufträgen gerecht zu werden. Die Teilnehmenden haben es also mit unlösbaren Situationen zu tun. Diese Idee wird theoretisch mit den Annahmen von Heinz v. Foerster zu „unentscheidbaren" Fragen angereichert. Praktisch leitet sich daraus dann die Idee ab, dass es in Dilemmata nicht um die „richtige" sondern um eine „verantwortbare" Entscheidung geht. Mit diesem Impuls wird dann in den Nachmittag gestartet.

Ziele
- Herleitung der Idee: Dilemma als „unentscheidbare" Frage.
- Einführen der Idee: Eine Lösung ohne Preis wird es nicht geben.
- Einführung in die Idee: Im Dilemma geht es um eine verantwortete Entscheidung.

Tools
- **AB:** –
- **Material:**
  - PPT

Methode
- Input im Plenum
- Fragen ans Plenum

Ablauf / Anleitung

1. **Input im Plenum: Aus der Widersprüchlichkeit kommen Sie nicht raus. Es geht um un-entscheidbare Fragen (Heinz v. Foerster), mit denen gewisse Preise einhergehen. (25 Minuten)**

Objektiv richtig zu entscheiden ist nicht möglich.
Es ist an verschiedenen Stellen schon angeklungen: Das besondere Merkmal von Dilemmasituationen ist, dass keine 100%ig stimmige Lösung gibt, d. h. jede Entscheidungsoption ist mit einem Nachteil/Preis behaftet. Für jede der Entscheidungsoptionen gibt es gute Gründe. Gleichzeitig gehen mit jeder Option negative Nebenwirkungen einher.

Beispiel aus der Auftragskarussell-Demonstration aufgreifen:
Frau/Herr X hat gerade sehr anschaulich demonstriert wie ein Dilemma aussehen kann. Die Entscheidungsfrage, um die es Frau/Herrn X lautete [rückversichern, ob es so stimmig für die Person ist]: …
Für all diese Optionen gibt es gute Gründe …

Ins Plenum fragen: Was würden Sie an der Stelle von Frau/Herrn X tun? [Ziel: Klarmachen, dass es verschiedene Antwort-/Umgangsmöglichkeiten, gibt – und nicht eine objektiv richtige –> ggf. Diversität in den Antworten begünstigen: „Hat jemand einen anderen Impuls?"]

Gemeinsam mit dem Plenum erkunden:
Was sind gute Gründe, sich für diese Option zu entscheiden?
Welchen Preis hätte es, diesen Weg zu wählen?

Nur unentscheidbare Fragen müssen entschieden werden.
Heinz von Foerster spricht von unentscheidbaren Fragen: Fragen, auf die es keine objektiv richtige Antwort gibt - die also nicht zu be-antworten sind, sondern die vielmehr ver-antwortet werden müssen. Genau diese Fragen sind es jedoch, die wichtig sind – denn alle anderen (objektiv zu beantwortenden Fragen wie 2 + 2 = 4) sind bereits beantwortet.
Reflexhaftes „Strampeln" ist nachvollziehbar.

Währenddessen ist jedoch die Einladung groß, dem Wunsch nachzugehen, doch eine perfekte Lösung zu erzielen. Der Versuch, das Unmögliche möglich zu machen / es doch alles unter einen Hut bringen – in der Annahme, dass die Lösung zu haben ist, wenn ich nur gut/schnell genug bin – ist sehr nachvollziehbar.

2. Sad but true ... und jetzt?
Wir glauben, es ist hilfreich ...

Abschied zu nehmen von der Idee, es gebe so etwas wie (immer) richtige Entscheidungen. Stattdessen gilt es, verantwortete und verantwortbare Entscheidungen zu treffen. Das wird aber immer eine Entscheidung mit Preis sein.
Das bedeutet: der Ambivalenz, dem Sowohl- als Auch einen guten Platz einräumen und genau hinzuhören/ spüren: Was will mir meine Unentschiedenheit sagen?

Wenn ich nicht zur richtigen Entscheidung komme, was wäre eine verantwortete?
Verantworten kann ich eine Entscheidung, zu der ich stehe / die im Einklang mit dem ist, was mir wichtig ist / was für mich stimmig ist. Wie es gelingen kann, zu solchen Entscheidungen zu kommen (anstelle eines reflexhaften „Strampelns") ist Ziel dieses Trainings. Dazu bieten wir Ihnen verschiedene Verortungshilfen an:

1. Verortungshilfe: Eigene Entscheidungsprämissen (=Spielregeln, nach denen ich meine Entscheidung treffe) wahrnehmen und hinterfragen. Die erste haben Sie gerade vor der Mittagspause kennen gelernt. Indem ich bewusst wahrnehme, an welchen Entscheidungsprämissen ich festhalte, entsteht neue Handlungsfreiheit: Möchte ich weiterhin, dass Prämisse XY mein Verhalten regiert? Wenn ja, so werde ich die Konsequenzen/ggf. eingeschränkten Handlungsspielräume akzeptieren müssen. Wenn nein, so kann ich sie wahlweise abwählen – auch das wird Konsequenzen haben. Die Frage ist: Welchen inneren Standpunkt nehme ich ein?

Hinführung im Plenum auf das nächste Thema: Wie vertrete ich diese Entscheidung? (anhand des Beispiels aus der Auftragskarussell-Demonstration)
Nehmen wir an Frau/Herr X hat nun die Entscheidung X getroffen ... Zuerst einmal hat sich Frau/Herr X innerlich verortet. Sie/er hat für sich selbst einen Entschluss gefasst. Mit dieser Entscheidung geht oft auch eine äußere Verortung einher, d. h. sie/er muss die Entscheidung bestimmten Personen mitteilen und sie vertreten. Vielleicht geht es noch einmal in eine Nach-verhandlung mit Person X.

An dieser Stelle soll es nun also darum gehen: Wie vertrete ich meine getroffene Entscheidung nach außen? Wie vertrete veräußere ich meinen inneren Standpunkt nach außen?

PART 6 – KOMMUNIKATIONSSTRATEGIEN

Überblick

Ist im Dilemma keine richtige Entscheidung zu finden, geht es darum eine verantwortete Entscheidung zu fällen und diese zu kommunizieren. Das ist meist deshalb so herausfordernd, weil jede echte Entscheidung auch hätte anders gefällt wer-den können. Deshalb bietet der nächste Part einige Kommunikationsstrategien an.

Es wird aber auch die Option bedacht, dass der*die Teilnehmende weiterhin an der Idee festhält, dass sich die Situation noch auflösen ließe. Dazu werden Strategien zur „Nachverhandlung" angeboten.

Ziele

- Kennenlernen von Kommunikationsstrategien im Dilemma
- Üben von Kommunikationsstrategien im Dilemma
- Unterscheidung: Nachverhandeln vs. Umgang mit Dilemma

Tools

- **AB:** AB (Kommunikationsstrategien)
- **Material:**
  - PPT
  - Flipchart leer
    (oder schon mit Beispielen beschrieben)
  - Back-Up Beispiel
    (in Anlage Unterlagen für Trainer*innen)

Methode

- Input im Plenum
- Gruppenarbeit

Ablauf / Anleitung

1. Kommunikationsstrategien im Plenum vorstellen
(30 Minuten)

In Dilemmasituationen in Kommunikation mit denjenigen zu treten, die an der verzwickten Situation beteiligt sind, ist herausfordernd, weil es immer um (erhebliche) Preise geht. Eine Entscheidung, die für alle und alles die Beste ist, wird es eben nicht geben. Umso wichtiger ist es, sich zunächst innerlich zu verorten und diesen Standpunkt dann gut herüberzubringen. Dazu sind Kommunikationsstrategien hilfreich, von denen wir Ihnen nun eine Auswahl vorstellen möchten.
Lassen Sie uns anhand eines Beispiels einige Kommunikationsstrategien kennenlernen.

Situation:
Eine Stationsleitung bemüht sich um eine Verbesserung der Arbeitssituation auf Station. Es fehlen PC-Arbeitsplätze im Stationszimmer. Es fand bereits vor einiger Zeit ein Treffen mit der Geschäftsführung statt, bei dem konkrete Umbaupläne besprochen wurden, wie neue Arbeitsplätze geschaffen würden. Jedoch wird nichts umgesetzt. In einem Protokoll von dem Sachverhalt steht: „zeitnah" solle die Veränderung geschehen.

Folgen des IST-Zustands:
- Die Patienten müssen länger warten, weil die KollegInnen nicht schnell genug an PCs oder an einen Arbeitsplatz kommen, um Formalia zu erledigen. Die Patienten sind verärgert.
- Wenn man KollegInnen warten lässt, die selbst dringend einen PC benötigen, sind diese verärgert.

Was haben Sie noch versucht?
- Wenn sie nachhakt, bekommt sie die Antwort: „Haben Sie Geduld.";
- Bei erneuten Nachfragen per Mail hat sie zunächst keine Antwort; beim zweiten Versuch der Nachfrage, wird ihr geraten: „Bitte optimieren Sie Ihre Prozesse".

Organisationale Spielregel:
Man darf als Stationsleitung in der Institution nicht selbst den Hausmeister beauftragen. Dies muss über die Verwaltung geschehen.

Wozu kann sich diese Stationsleitung entscheiden und welche nächsten Kommunikationsschritte folgen daraus?

Es gibt mehrere Optionen, als grobe Stoßrichtungen insbesondere:
Option A)
Nachverhandeln: noch einmal mit der Geschäftsführung in Kommunikation gehen (Ich entscheide mich dazu, der Geschäftsführung kontra zu geben. Wie gehe ich in die „Nachverhandlung"?)
Option B)
Akzeptanzbasierte Haltung – „Hinnehmen": (Ich entscheide mich dazu, die Situation hinzunehmen, wie sie ist. Wie kommuniziere ich das weiter – an Mitarbeitende etc.?)

Wir möchten Ihnen nun einige Kommunikationsstrategien anbieten.

Die Strategien folgen zwei Grundideen:
- Wir gehen davon aus, dass es wahrscheinlicher zu einer fruchtbaren Kommunikation kommt, wenn wir dem Gegenüber signalisieren: „Ich habe gehört, was Du gesagt hast" und damit Verständnis zu zeigen.
- Dabei möchten wir Ihnen eine Sprache der Verantwortung und der Klarheit anbieten. Was ist damit gemeint? Es geht darum Verantwortlichkeit explizit zu machen: Wer hat hier was entschieden? Welche Konsequenzen gehen damit einher? Wer übernimmt die Verantwortung für diese Konsequenzen? Was kann ich selbst verantworten?...

Alle Kommunikationsstrategien lassen sich in Hinblick auf „Nachverhandeln" und „Hinnehmen" anwenden. Zur Illustration stellen wir jetzt zu jeder Strategie nur einen Anwendungsfall dar.

Im Folgenden werden die Strategien vorgestellt und anhand des eben beschriebenen Beispiels angewendet.

(Es wird ein Flipchartständer mit leeren Flips & Stiften benötigt.)
Je nach dem, wie sicher sich die Moderatorin/der Moderator in den Strategien fühlt, schlagen wir vor, die Beispiele entweder jeweils mit der Gruppe zu entwickeln und mitzuschreiben oder aber selbst vorzugeben und mitzuschreiben bzw. schon vorge-schrieben zu haben und vorzustellen.

- **1) Ich-Botschaften ...**

- **... mit Fokus auf eigene emotionale Folgen**
Diese Strategie verfolgt die Idee der gewaltfreien Kommunikation: Emotionen und Befindungen, die eine Situation für einen selbst zur Folge haben, werden in Kommunikation gebracht. Es soll also Auskunft darüber gegeben werden: Wie geht es mir, wenn ich das höre? Daran anschließt die Frage: Was brauche ich, wenn es mir so geht und wie kann dieses Bedürfnis versorgt werden?
„Wenn ich xy höre, geht es mir..."
„Mir würde es besser gehen, wenn wir xy tun würden."

In Bezug auf das gegebene Beispiel (Nachverhandeln):
„Ich habe in Ihrer eMail gelesen, dass Sie im Moment nichts an der Situation verändern werden. Das enttäuscht mich, weil es mir so wichtig ist, den Wunsch der Kolleginnen und Kollegen ernst zu nehmen."
„Ich bin sehr verärgert darüber, dass sie mir weiterhin keine Zusage machen. Um meinen Ärger zu verringern, würde es mir helfen, wenn Sie uns ein Datum nennen, zu dem wir mit einer Veränderung rechnen können."

- **...mit Fokus auf Risiken, Auswirkungen & Hoffnungen der Entscheidung anderer**

Hier geht es darum, die Auswirkungen des Verhaltens der anderen explizit zu machen. Möglicherweise lohnt es sich auch die Hoffnungen einer Alternativentscheidung zu formulieren.
„Ich habe verstanden, dass Sie sich für die momentane Situation entschieden haben. Aus meiner Perspektive hat das ... Auswirkungen. Meine Hoffnung, wenn wir mehr... organisieren könnten, wäre, dass wir ... gewinnen / verhindern."

In Bezug auf das gegebene Beispiel (Nachverhandeln):
„Ich habe verstanden, dass Sie momentan nichts an der Situation tun werden. Aus meiner Sicht hat das zur Folge, dass wir jeden Tag Patienten verärgern, weil sie länger warten müssen als notwendig.
Wenn wir zügig zwei neue Arbeitsplätze einrichten, wäre meine Hoffnung unter den Kollegen

Druck reduzieren zu können, da sie nicht mehr voneinander blockiert werden."

- **...mit Fokus auf Risiken, Auswirkungen & Hoffnungen der eigenen Entscheidung auf Andere**

Wenn ich mich etwa dazu entschieden habe den Status Quo zu akzeptieren, dann schafft es Klarheit, Risiken – aber auch Hoffnungen – die eigene Entscheidung mitzuteilen, etwa gegenüber den Kolleginnen und Kollegen, Mitarbeitenden oder auch gegenüber sich selbst.

„Ich bin mir bewusst, dass ich Sie enttäusche/ verärgere. Gleichzeitig ist es mir ein hoher Wert... So habe ich mich dazu entschieden..."
„Meine Entscheidung wird ... Risiken mit sich bringen. Meine Hoffnung ist jedoch, dass wir ... gewinnen, wenn ich so entscheide."

In Bezug auf das gegebene Beispiel (Hinnehmen):
„Ich habe mich dazu entschieden, den Status Quo zu akzeptieren, und das Nichts-tun der Geschäftsführung hinzunehmen. Mir ist bewusst, dass das für Euch den großen Nachteil birgt, dass Ihr nicht so schnell und zufriedenstellend arbeiten könnt, wie Ihr das gerne würdet. Das tut mir leid."
„Ich habe mich nun dafür entschieden, die Situation so hinzunehmen, mit der Hoffnung mich selbst zu entlasten nicht weiter kämpfen zu müssen."

- **2) Zuspitzen**:

Bei dieser Strategie geht es darum die ausgesprochenen oder angedeuteten Positionen in neutraler Weise auf den Punkt zu bringen und in Entscheidungen zu überführen. Das kann etwa beim Nachverhandeln hilfreich sein, wenn vorgetragene Argumente nicht gelten gelassen werden. Wenn man sich dazu entscheidet, die Situation zu akzeptieren und andere sich negativ über die gerade gefällte Entscheidung äußern, kann es mit dieser Strategie darum gehen, diese negative Äußerung in eine Entscheidung des Gegenübers zu überführen.

„Nach heutigem Kenntnisstand werde ich Folgendes mitteilen: ..."
„Habe ich richtig verstanden, es wird keine Unterstützung geben?"
„Habe ich Dich richtig verstanden, Du wirst meine Entscheidung nicht mittragen?"
In Bezug auf das gegebene Beispiel (Hinnehmen):
„Habe ich Dich richtig verstanden, dass Du meine Entscheidung, die Situation zu akzeptieren, nicht mittragen wirst?"

- 3) Heraustreten aus der Kompetenzerwartung

In Dilemmasituationen kann sich ein Gefühl der Verzweiflung und Ausweglosigkeit einstellen. Man hat möglicherweise das Gefühl, egal wie man es macht, ist es falsch. Hier kann es sich lohnen für einen Moment aus der Kompetenzerwartung herauszutreten und in Kommunikation zu bringen, dass man ratlos ist.

„Ich habe leider keine Idee. Ich wünschte, ich hätte eine, aber ich habe keine …"

„Ich würde Ihnen etwas vormachen, wenn …. Haben Sie eine Idee?"

In Bezug auf das gegebene Beispiel (Nachverhandeln):

„Ich habe keine Idee, wie ich den Unmut der Kollegen und Patienten verhindern soll, ohne zusätzliche Arbeitsplätze zur Verfügung gestellt zu bekommen. Haben Sie eine Idee?"

- 4) Aufrecht kapitulieren – Exit-Strategie

Dort, wo es wirklich nichts zu gewinnen gibt, kann diese Exit Strategie die letzte Option sein (d.h. nicht vorschnell aufrecht kapitulieren).

„Ich kann Sie nicht überzeugen. Das fällt mir schwer, weil ich diese und jene Risiken sehe, aber ich respektiere diese Entscheidung, die Sie als Vorgesetzter treffen."

In Bezug auf das gegebene Beispiel (Hinnehmen):

„Ich kann Sie nicht überzeugen, uns zeitnah weitere Arbeitsplätze einzurichten. Das fällt mir schwer, weil ich das Risiko sehe Patienten damit sehr zu verärgern. Ich werde Ihre Entscheidung als Vorgesetzter aber respektieren."

2. Übung in der Gruppe: Ausprobieren – machen Sie mal!
(AB Kommunikationsstrategien)
(25 Minuten)

Um nun mit Ihnen die Kommunikationsstrategien zu üben, finden Sie sich in Trios zusammen. Einer von Ihnen bringt eine Situation ein, in der er oder sie nun innerlich einen Standpunkt findet und diesen Entschluss probeweise seinem Gegenüber mitteilt. Sie probieren also nun gemeinsam in der Gruppe anhand dieser Situation die Kommunikationsstrategien aus.

Zunächst nimmt die Person, die den Fall einbringt, die Rolle Ihres „realen" Gegenübers in der Übung ein. Eine weitere Person probiert eine Kommunikationsstrategie gegenüber des Fallgebers aus. Die dritte Person nimmt die Rolle der Beobachterin ein und schlägt nach dem Ausprobieren eine weitere Strategie vor. Wechseln Sie dann auch die Positionen.

Probieren Sie das aus, wozu Sie nicht neigen:
Wenn Sie dazu neigen, häufig nachzuverhandeln, probieren Sie einmal aus, zu kommunizieren, dass Sie die Situation hinnehmen. Wenn Sie häufig in die akzeptierende Haltung gehen, versuchen Sie heute einmal, was Sie sagen würden, wenn Sie in die Nachverhandlung gehen würden.

15 Min. Kaffeepause

PART 7 – SCHACHMATTSÄTZE UND SCHACHMATTGESTEN

Überblick
Im Dilemma zu kommunizieren ist herausfordernd. Meist folgen auf mutig präsentierte Entscheidungen Schachmattsätze des Gegenübers, die schnell zum Rückzug einladen. Deshalb ist es Ziel dieses Parts auf diese Schachmattsätze hinzuweisen und auf Erkundungstour zu gehen, welche Schachmattsätze oder -gesten für die Teilnehmenden jeweils besonders relevant sind.

Ziele
- Erkenntnis: Kommunikation im Dilemma scheitert oft an Schachmattsätzen
- Verständnis über die Funktionsweise von Schachmattsätzen
- Erkundung eigener Schachmattsätze
- Erfahrungsaustausch zu Schachmattsätzen

Tools
- **AB:** Leitfaden (Meinen Standpunkt vertreten)
- **Material:**
  - PPT
  - Metaplankarten
  - Stifte
  - Platz auf dem Boden um eine „Ausstellung der Schachmattsätze" zu legen

Methode
- Input im Plenum
- Einzelreflexion
- Ausstellung der Ergebnisse auf Metaplankarten
- Sharing im Plenum

Ablauf / Anleitung

1. Auswertung der Übung zu Kommunikationsstrategien im Plenum und interaktiver Input (10 Minuten)

- Welche Strategien haben Sie ausgewählt und was haben diese Ihnen ermöglicht?
- Wie erging es Ihnen, während Sie die Kommunikationsstrategien angewandt haben?
- Mit welchen Reaktionen haben Sie nicht gerechnet?
- Welche Reaktionen kennen Sie bereits?
- Auf welche Reaktionen würden Sie gerne noch besser reagieren können?

2. … und Überleitung zu Schachmattsätzen – Input im Plenum: (10 Minuten)

Das Gegenüber schafft es manchmal schon mit einem Satz, Sie ratlos/eingeknickt zurückzulassen. Wir nennen solche Sätze: Schachmattsätze. Damit ist gemeint: Wie muss man mir kommen, um mich „auszuhebeln" – um mich an der Entscheidung zweifeln zu lassen und mich zum Zurückziehen zu bewegen.

Beispiel
Die Chefärztin fordert immer wieder, dass der Oberarzt zu einem Dienst kommt, obwohl abgemacht war, dass er Urlaub / einen Ausgleichstag hat. Wenn der Oberarzt auf die Vereinbarung verweist, sagt die Chefin „Du bist so Freizeit-verwöhnt." „Du zeigst hier nicht genug Einsatz" – oder sogar „ich brauche Dich hier."

Beispiel
Sie haben sich aufgerafft zu sagen „Heute werden wir das OP-Programm nicht schaffen. Wir werden Patient A absagen müssen." Darauf könnte ein Schachmattsatz sein: „Wenn Sie das hier nicht hinkriegen, sind Sie vielleicht der Falsche auf diesem Posten." Das ist eine klare Abwertung. Eine nicht ganz so drastische Reaktion – aber sicher eine sehr häufige, ist die Reaktion des Chefs mit „Wir machen es aber – das ordne ich jetzt so an." Oder „Sie sind Führungskraft – das jetzt hinzubekommen, ist Ihre Aufgabe."

Manchmal ist es sogar nicht einmal ein ganzer Satz, sondern nur eine Geste oder ein kritischer Blick. Sie bitten vielleicht um etwas, und die andere Person rollt mit den Augen. Die Entscheidung, die man gerade also formuliert hat, ist im Nu ausgehebelt.

Frage ans Plenum oder rhetorische Frage: *„Warum ist es so wahrscheinlich, dass Schachmattsätze ihre Macht entfalten können?"*

Es ist nachvollziehbar, dass Ihre Entscheidung ausgehebelt werden können – denn Sie hätten ja auch anders entscheiden können. Das macht Ihre Entscheidung angreifbar.

Woraus besteht so ein „Angriff" meiner Entscheidung? Was machen die mit mir? Warum setzten die mich schachmatt?
- auf einer inhaltlichen Ebene: ich werde kritisiert.
- auf persönlicher Ebene: mein Selbstwert wird angegriffen (Wenn man mir z. B. entgegenwirft „Das ist aber egoistisch von Dir" – oder „Wenn Du ein fairer Chef wärst, würdest Du das nicht machen.", trifft mich das in meinem Selbstwert. So will ich nicht sein.)

(Falls Zeit bleibt / Eine Auswahl für weitere Beispiele im Plenum vorstellen):
Alternativlos! – „Was soll ich machen.." „Ich find es auch nicht gut, aber wir müssen ... / es ist so entschieden worden."
Rechtfertigung: „Ich habe schon 20 Mal Dienst gemacht – jetzt sind mal andere dran.."
Abwerten: „Wenn Sie der Richtige an diesem Platz wären, dann..." (Zielt ins Mark meines professionellen Selbstbildes..) / „Wenn Sie als Vorgesetzter gerecht wären, dann ..."
Schein-Debatten: „Da müssen wir nochmal drüber sprechen."
Hinhalten: „Ich würde Ihnen gern etwas Verbindliches sagen, das geht jetzt aber noch nicht."
Rückzug: keine Kommunikation ist auch eine Lösung
Angst: „Wir können das machen, aber dann müssen Sie eben mit den Konsequenzen rechnen."

3. Aufgabe für Einzelarbeit
   (5 Minuten)

Aufgabe: Denken Sie darüber nach – „Wie setzt man Sie schachmatt?", mit welchen Sätzen, aber auch mit welchen Gesten.
(Metaplankarten verteilen und jede Person bitten, mind. einen Satz aufzuschreiben)

4. Sharing der Schachmattsätze & Einordnung im Plenum
   (15 Minuten)

Ausstellung der Schachmattsätze:
Verteilen Sie bitte Ihre Metaplankarten auf dem Boden so, dass sie gut lesbar sind. Wandern Sie alle durch die Ausstellung der Sätze und lassen Sie sie auf sich wirken.
(Damit alle TN möglichst viele Sätze gelesen haben, lassen Sie als Trainer*in 3-5 Min. Zeit zum „Besuch der Ausstellung".)

Frage ans Plenum:
- Welche Schachmattsätze entdecken Sie auch bei anderen?
- Worin treffen Sie diese Schachmattsätze? Welche Vorstellung von sich selbst ist hier betroffen?
- Welche Reaktionen haben Sie bereits versucht? Haben andere eine Idee für eine gute Reaktion?

Back-up Input für Trainer*in während des Sharings – falls passend
© Ulrike Bossmann

Zu „Warum bekommen mich die Schachmattsätze?": Oft erwischen mich Schachmatt-Sätze in dem, was ich nicht will, dass man es über mich denkt: in meinen biographischen und organisationalen Prämissen/Grundannahmen über mich selbst (s. o.) "Oh je, wenn der Chef mir das vorwirft, begehe ich hier wohl gerade ein unmögliches Faux-pas" (organisationskulturelle Prämisse verletzt) bzw. „Oh je, dass mein Kollege das über mich denkt, trifft mich in meinem Selbstverständnis." (Biographische Prämissen verletzt).

Reaktionen auf Schachmattsätze – häufig:
Häufig reagiert man in solchen Situationen mit der altbewährten Überlebensstrategien. Die einen stellen sich tot, die anderen werden wütend, wieder andere werden besonders anschmiegsam und gefällig, manche fliehen – hier wäre der Versuch, aus dem Automatismus herauszukommen und bewusst eine Reaktion entgegenzusetzten – für die ich mich eben aber bewusst entschieden habe.

Häufig bricht nach solchen Sätzen die Kommunikation ab – man sagt nichts mehr, man tritt den Rückzug an. Um das zu verhindern, ist es hilfreich sich bewusst zu überlegen, wie man diesen Sätzen entgegnen will.

Möglichkeiten der Reaktion:
Der erste Schritt hierzu ist:
1. bewusst wahrnehmen zu lernen, dass mir ein Schachmattsatz gerade z. B. die Sprache verschlägt, mich opportun, wütend o.ä. macht
2. und bewusst zu entscheiden, wie man darauf reagieren möchte.
3. Der weitere Schritt könnte dann sein, die gewünschte Reaktion mal auszuprobieren.

Manchmal kann es helfen, sich vor einem Gespräch zu überlegen, was kommen kann. Dann sinkt zumindest die Wahrscheinlichkeit, dass es einen so trifft. Vielleicht gelingt es eher in eine beobachtende Haltung zu gehen: „Ach guck mal, jetzt kommt das, damit habe ich schon gerechnet."

Weitere Ideen:
- Häufig ist es hilfreich, **mal etwas anders zu machen als bisher**. Wie reagieren Sie bisher (häufig)? Was wäre eine Unterbrechung des Gewohnten? (z. B. Ärger statt Freundlichkeit; Pause statt noch schneller reden; Wenn Sie ihrem Chef häufig mit Freundlichkeit begegnen, wenn er Ihre Bitte mit einer Schachmattreaktion (z. B. Das bekommst Du schon auch so hin.) abprallen lässt, könnte es sich lohnen diesmal verärgert zu reagieren und zu sagen „Ich bin über Deine Nicht-Hilfe verärgert. Es wird nicht funktionieren.")
- Eine Reaktion könnte sein, den Schachmattsatz bewusst wahrzunehmen, und sich bewusst dazu zu entscheiden, **nicht darauf einzugehen**, und zur bisherigen Aussage / Sachebene zurück zu kehren. „Mir ist bewusst, dass meine Entscheidung für Dich möglicherweise negative Auswirkungen hat. Gleichzeitig ist es mir wichtig, dass … Deshalb habe ich mich dazu entschieden, dass …" Häufig geht es um Behäbigkeit und Hartnäckigkeit **(Prinzip Schallplatte)**.
- Weitere Ideen – **Prophylaxe**: „Ich rechne damit, dass Sie gleich xy sagen werden … Auf die Gefahr, dass das kommt, möchte ich dennoch …"
- **Vorbereitung** auf die häufigsten Killersätze im Sinne des „Wenn-Dann-Prinzips": Schreiben Sie sich im Vorhinein die typischen 5 Dinge, mit denen der Andere mich – ob absichtlich oder unabsichtlich – aushebeln kann / ich mich aushebeln lasse auf und überlegen Sie sich jeweils Antworten. Das erhöht die Wahrscheinlichkeit, dass Sie auf Ihre überlegten Reaktionen in der Situation zurückkommen.

5. Zusammenfassung:

Da es sich bei Dilemmata um Entscheidungssituationen handelt, in denen es keinen richtigen Standpunkt geben wird, sondern nur einen stimmigen, ist es wichtig sich innerlich zu verorten und diesen Standpunkt nach außen zu kommunizieren. Grundpfeiler der Kommunikation sollten dabei sein, Verantwortungen zu klären und Verständnis für das Gehörte zu vermitteln. Dabei kann es helfen, sich auch bereits bewusst zu machen, mit welchen Schachmattsätzen mich das Gegenüber zum Rückzug bewegen kann und sich darauf vorzubereiten.

6. Weiterführen des Leitfadens (5 Min.)

- Welche Position möchte ich vor wem vertreten?
- Welche Kommunikationsstrategie könnte hierbei hilfreich sein?

→ Eine ganze andere Strategie, nämlich:

_____

- Formulieren Sie Ihren Standpunkt anhand der ausgewählten Strategie, wie Sie ihn Ihrem Gegenüber vorbringen möchten:
- Welcher Schachmattsatz könnte mir entgegengebracht werden?
- Worin trifft mich dieser Schachmattsatz?
- Angenommen, ich würde die Einladung des Schachmattsatzes, so zu reagieren, wie ich es intuitiv tun würde, nicht wählen, sondern zurück zu meiner Strategie finden. Was würde ich antworten?

PART 8 – HAUSAUFGABEN & ABSCHLUSS

Überblick
Der Trainingstag wird mit der Einladung zu Übungen und Experimenten für den Alltag beendet. Neben den aufgeführten Hausaufgaben schlagen wir optional die Hausaufgabe „Antreibertest" vor. Sie bietet sich an, wenn die*der Trainer*in den Eindruck gewinnt, dass (manche) Teilnehmende vertieftes Interesse in der Erkundung eigener Prämissen im Dilemma zeigen.

Ziele
- Vertiefung des Gelernten durch Hausaufgaben
- Verankerung im Alltag durch Einladung zu Experiment
- Optional: Antreibertest zur tieferen Erkundung eigener Prämissen
-

Tools
- **AB:**
  - AB (HA Auftragskarussell)
  - AB (HA Kulturbrüchlein)
  - Optional: AB (Antreibertest)
- **Material:**
  - PPT

Methode
- Input im Plenum
- Einzelreflexion
- Ausstellung der Ergebnisse auf Metaplankarten
- Sharing im Plenum

Ablauf / Anleitung

1. Vorstellen der Hausaufgaben (10 Min.)

Als Angebote sich selbst besser kennenzulernen/ Praktisches Handwerkzeug / Selbstversuch in vivo…

- **1) Mein eigenes Auftragskarussell:**

Woche 1:
AB (HA Auftragskarussell): Für ein Dilemma Ihrer Wahl (z. B. eines, das Ihnen häufig begegnet oder eines, für das Sie noch keine zufriedenstellende Lösung gefunden haben) führen Sie ein Auftragskarussell durch, d. h. halten Sie fest, welche inneren und äußeren Aufträge Sie wahrnehmen und durch wen.

Woche 2–5:
Nutzen Sie die nächsten Wochen, um dieses Auftragskarussell „in action" zu beobachten.

- **2) Kulturbrüchlein testen:**

Woche 3:
AB (HA Kulturbrüchlein): Führen Sie bis zum nächsten Mal ein Experiment durch: Verabschieden Sie sich (in einer oder in mehreren Situationen) von einer unliebsamen Prämisse, von der Sie sich nicht länger einschränken lassen wollen.

Beobachten Sie
a) wie es Ihnen damit geht/ob es Ihnen leicht/ schwer fällt
b) wie Andere darauf reagieren
c) was sich dadurch sonst noch verändert
Wir freuen uns, beim nächsten Mal von Ihren Erfahrungen zu hören.'
* Wenn Sie es noch nicht ausprobieren können/ mögen, führen Sie das Experiment gedanklich durch.

- 3) Kommunikationshausaufgabe:

Woche 4:
Nehmen Sie noch einmal eine der Kommunikationsstrategien, die Sie heute kennengelernt haben in den Fokus. Vor einem kritischen Gespräch überlegen Sie, wie ein Satz entsprechend der Strategie passend sein könnte und probieren Sie ihn aus.

2. Abschlussfragen ans Plenum (5 Min.)

- Was nehmen Sie aus der Sitzung heute mit?
- Was war altbekannt für Sie – was war neu, vielleicht sogar irritierend?
- Auf welche Gedanken hat Sie die Sitzung gebracht?
- Vorsicht – macht ein großes Fass auf: Gibt es (kleine) Wünsche für die Gestaltung, die wir das nächste Mal berücksichtigen sollten?

Optionale Hausaufgabe:
Der Antreibertest (siehe Log-Buch) könnte als Hausaufgabe am Ende von Tag 1 relevant sein, falls Nachfragen dazu kommen.

Antreibertest – als Ergänzung zu biographischen Prämissen:
Input zum Background (wahlweise am Ende Tag 1 oder zu Beginn Tag 2 als Einordnung der Hausaufgabe):
- Der Test geht zurück auf den Begründer der Transaktionsanalyse, Eric Berne.
- Wichtig ist: Es handelt sich um einen Test und nicht um eine Wahrheit. Vielmehr dient der Test als eine Heuristik. Er hilft dabei, die häufigsten Antreiber, die bei Menschen vorkommen, bei sich selbst zu identifizieren. Sicherlich gibt es aber noch viele andere Antreiber, die relevant sein können.
- Es geht beim Antreiber Konzept darum uns unsere Strategien zu vergegenwärtigen, die wir anwenden, wenn es brenzlig wird. So habe ich innerlich beispielsweise das Skript: „Bevor es Ärger gibt..." >„mach es allen Recht"; oder: „Sei stark".
  - Antreiber können vor allem erst einmal als Lösungsversuche gelesen werden! Kein Antreiber ist für sich genommen doof / kein persönliches Gebot für sich genommen schlecht oder zwickmühlenverschärfend. Zunächst gilt, ebenso wie beim Prämissen-Konzept, dass Antreiber das bisherige Erfolgsmuster waren, um Dinge zu schaffen. (Was habe ich in meiner Biographie gelernt, wie man Kritik überlebt?)
- Wenn man sich einem Antreiber aber zu sehr verschreibt, birgt das die Gefahr der Einengung durch den Absolutheitsanspruch („Ich kann nicht anders – keine Wahl."). Antreiber können zu einer Art unhinterfragter Wahrheit werden, von der kein Abrücken mehr möglich ist und die damit den Handlungsspielraum in einer Situation massiv einschränken.
- In Dilemmasituation, eben in solchen Situationen, in denen man in der Klemme ist, versprechen sie „Mit mir überlebst Du". Gerade dort machen sie den Handlungsspielraum aber häufig eng: In einer Situation, in der von mir verlangt wird, zu viele Unterlagen abzuarbeiten und mein lautester Antreiber der „sei perfekt"-Antreiber ist, würde es sich lohnen zu überlegen, heute doch mal eine Ausnahme zu machen.
- Die Idee, sich bezüglich der eigenen Antreiber besser kennenzulernen, könnte also sein: Wenn du verstehst, was Dich leitet, dann kannst Du wählen. Es geht darum sich bewusst dafür oder dagegen entscheiden zu können.

Fünf Antreiber:
- **„Sei perfekt"**
  → Wenn jemand mit diesem Antreiber unterwegs ist, triggert dies beim Umfeld sogar oft „das Haar in der Suppe zu suchen". So verstärkt sich der Kreislauf und die Person versucht noch perfekter zu werden.
- **„Beeil Dich"**
  → Frage ans Plenum: Welche Strategie im Dilemma bleibt so einer Person eher mal verwehrt? (Antwort z. B.: Priorisieren)
- **„Streng Dich an"**
  → Das bedeutet: Zähne zusammenbeißen – egal wie. „Wenn Du etwas geschenkt bekommst, ist es das nicht wert." „Aufgeben ist keine Option."
- **„Sei stark"**
  → Sei stark ... komme, was wolle. Frage ans Plenum: Was bleibt verwehrt? (Antwort z. B. Hilfeholen ist keine Option. Das würde möglicherweise beschämen.)
- **„Mach es allen recht"**

Aufgabe:
Füllen Sie den Test bis zum nächsten Termin aus und bringen Sie Ihre Ergebnisse mit.

Bei der Auflösung am nächsten Fortbildungstag:

Einordnung der Ergebnisse:
Man geht davon aus, dass ein Antreiber ab 30 Punkten wirksam ist; ab 35 Punkten ist er leicht erhöht, sodass es sich lohnen könnte darüber nach zudenken, ob der Antreiber diesen Stellenwert haben sollte; ab 40 Punkten lohnt es sich genauer darauf zuschauen, weil die Gewichtung schon in die Richtung von „Ich kann nicht anders" geht.

Fragen ins Plenum
- Wertschätzen: Was haben die Antreiber Ihnen bisher ermöglicht?
- Wann sind sie weniger hilfreich?
- Wann würden Sie sie gerne hinterfragen?

PART 9 – BEGRÜSSUNG, INHALTLICHE WIEDERHOLUNG (TAG 1), VORSTELLUNG DER AGENDA

Überblick
Zu Beginn des zweiten Trainingstages werden bisherige Seminarinhalte zusammengefasst und der Austausch der Teilneh-mer*innen untereinander in Bezug auf erste Erfahrungen und/oder „Nachwirkungen" des Trainings angeregt. Wichtiger Bestandteil dieser Einheit ist es, im Rahmen einer 15-minütigen Einzelarbeit ein persönliches Dilemma als Arbeitsgrundla-ge für den zweiten Trainingstag zu (re-)aktivieren, anhand dessen alle folgenden Schritte und Anregungen „erprobt" werden können.

Ziele
- Kurze Zusammenfassung bisheriger Trainingsinhalte
- Ausblick auf den heutigen Seminartag
- Anregung von Erfahrungsaustausch zwischen den Teilnehmer*innen
- Schaffen einer vertrauensvollen Atmosphäre für gute weitere Zusammenarbeit

Tools
- **AB:** –
- **Material:**
  - PPT
  - Flipchart
  - Notizzettel und Stifte für die Teilnehmer*innen
  - Belegexemplar des Beratungskonzepts dieses Training (Zwack & Bossmann, 2017: Wege aus beruflichen Zwickmühlen, Vandenhoek & Ruprecht Verlag, Göttingen)

Methode
- Input im Plenum
- Aufstellung im Raum

Ablauf / Anleitung

1. Begrüßung im Plenum & Anregung zum Austausch über bisherige Erfahrungen mit erlernten Trainings-inhalten
(10 Minuten)

- Welche Erfahrungen haben Sie in Bezug auf Ihr Dilemma seit dem ersten Seminartag gemacht?
- Gab es bereits Momente, in denen Sie Dinge aus dem Training ausprobieren konnten?
- In welchen Situationen haben Sie an das Training zurückgedacht und es war hilfreich?
- Welche Schwierigkeiten sind u.U. aufgetreten?
- Gibt es noch offene Fragen?

2. Kurze Wiederholung bisheriger Seminarinhalte & Vorstellung der Agenda
(25 Minuten)

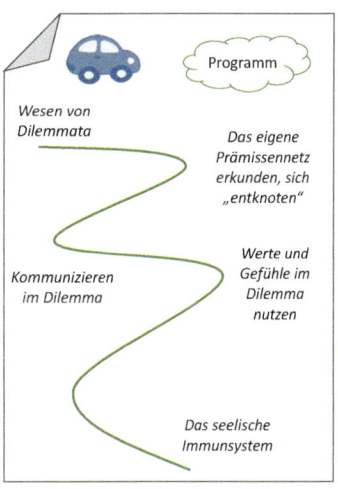

Inhaltliche Wiederholung zum Thema Prämissen (10 Min.)
- Was verstehen wir unter Prämissen? Welche Bedeutung haben sie im Dilemma?
- Besprechung der Hausaufgabe: Infragestellen eigener Prämissen/das Wagnis eines „Kulturbrüchleins"
- Wie ist es Ihnen mit der Hausaufgabe ergangen? Welche Erfahrungen haben sie gemacht? Welche Prämissen haben Sie wahlweise hinterfragt oder gar verabschiedet? Welche Auswirkungen hatte dies? Wie hat Ihr Umfeld reagiert? Wer hat es bemerkt?

Inhaltliche Wiederholung zum Thema Schachmattsätze (10 Min.)
Wieso treffen uns Schachmattätze so sehr? Welche Kommunikationsstrategien können hilfreich sein? Gesamteinordnung des vergangenen Trainingstages (5 Min.)

Unsere Kernbotschaft ist: „Raus aus dem Reflex!". Treffen Sie eine bewusste Entscheidung – egal in welchem Stadium Sie sind. Quellen, aus denen Sie bei Ihrer Entscheidungsfindung schöpfen können, sind: Die eigenen Prämissen zu hinterfragen; was uns heute beschäftigen wird: Werte und Gefühle als Entscheidungshilfen zu nutzen; das „Wir" des eigenen Teams/Kollegiums als Unterstützung in der Entscheidung/dem Vertreten eines Standpunkts zu begreifen.

3. Kurze Einzelarbeit: Reaktivierung des persönlichen Dilemmas als Arbeitsgrundlage (15 Minuten)

Nehmen Sie sich noch einmal das Dilemma hervor, dass Sie zu Beginn des ersten Seminartages formuliert haben. Prüfen Sie für sich: Ist das Dilemma noch aktuell? Wollen Sie heute noch weiter daran arbeiten oder nutzen Sie ein neues Blatt und schreiben sich das Dilemma auf, das Sie heute mitführen möchten.

PART 10 – NUTZUNG EIGENER WERTE SOWIE HABEN- UND SEIN-ZIELE ALS VERORTUNGS- UND ENTSCHEIDUNGSHILFE IM DILEMMA

Überblick

In diesem Teil des Trainings werden die Teilnehmer*innen für die Bedeutung von persönlichen Werten im Dilemma sensi-bilisiert. Mithilfe einer Selbstreflexionsübungen werden eigene Werte erkundet, die anschließend als Entscheidungshilfe in einer aktuellen Dilemmasituation genutzt werden können.

Ziele

- Exploration der eigenen Werte
- Bewusstsein über die Bedeutung von Werten im Dilemma
- Nutzbarkeit von Werten als Entscheidungshilfe im Dilemma

Tools

- **AB:** AB Werte (S. 1–4)
- **Material:**
  - PPT
  - Flipcharts
  - Stifte
  - Wertekärtchen ausgelegt auf einem Tisch

Methode

- Input im Plenum
- Selbstreflexion
- Exploration der eigenen Werte anhand von Wertekärtchen
- Fragen ins Plenum

Ablauf / Anleitung

1. Input im Plenum: Werte als Verortungshilfe und Vergewisserung für den eigenen Standpunkt im Dilemma
(5 Minunten)

Beim letzten Mal haben wir über Prämissen gesprochen und inwiefern Sie das Erkennen Ihrer Prämissen und das Hinterfragen im zweiten Schritt dazu nutzen können, im Dilemma in Bewegung zu kommen.
Jetzt geht es darum, sich der Werte bewusst zu werden, um sie dazu zu nutzen einen stimmigen Standpunkt zu finden. Die Idee ist Ihre Werte als Verortungshilfe zu nutzen: Wofür möchte ich stehen und inwiefern kann ich mich daran orientieren, wenn ich mich entscheiden muss zwischen den Optionen?
Die Hoffnung ist: „Wenn ich einen Standpunkt finde, der mit meinen Werten übereinstimmt, wird es mir leichter fallen, den Standpunkt zu vertreten - auch wenn ich z. B. Gegenwind bekomme."
Wir möchten mit Ihnen jetzt also schauen: Nach welchen Werten möchten Sie sich ausrichten? Und wo können Ihre Werte dazu helfen, sich im Dilemma zu verorten?

2. Selbstreflexionsübung: Erkundung der eigenen Werte
(45 Minuten / AB Werte Seiten 1–3)

Trainer*innen leiten entlang des AB Werte durch die folgenden Schritte 1-4. Nach jedem Schritt haben die Teilneh-mer*innen Zeit in Einzelarbeit zu reflektieren und Notizen zu machen.

Schritt 1: Welche Werte sind mir besonders wichtig?
(AB Werte Seite 1; Wertekärtchen)
(15 Minuten)
Teilnehmer*innen können die Wertekärtchen, die auf einem Tisch zur Ansicht für alle ausgelegt sind, als Orientierung nutzen können.

Schreiben Sie 5 Werte auf, die Ihnen als Mensch wichtig sind in Bezug auf ...
- Ich selbst gegenüber anderen/Ich selbst im Umgang

TP1.B DILEMMAKOMPETENZ 89

mit anderen: Patient*innen/Kund*innen
- Ich selbst gegenüber anderen/Ich selbst im Umgang mit anderen: Kolleg*innen, Mitarbeiter*innen, Vorgesetzte, andere Berufsgruppen
- Ich im Umgang mit mir selbst: Wie will ich zu mir selbst sein?

Schritt 2: Auswahl von 10 besonders wichtigen Werten aus insgesamt 15 Werten (AB Werte Seite 2) (3 Miuten.)
Beachten Sie dabei, dass aus allen 3 Bereichen Werte dabei sind.

Schritt 3: Bedeutung der ausgewählten Werte für das eigene Dilemma (AB Werte Seite 3) (7 Min.)
- Wenn Sie sich nun die Liste Ihrer Werte anschauen... Was bedeutet das in Bezug auf Ihr Dilemma?
- Bearbeitung des AB Werte S. 3, auf dem den Optionen des persönlichen Dilemmas jeweils Werte zugeordnet werden, die mit den Optionen verfolgt werden/missachtet werden.
- Zur Bearbeitung nehmen Sie bitte noch einmal ihr Dilemma zur Hand, das Sie am Anfang des Tages aktualisiert haben, und ordnen sie nun den Optionen, die Ihnen in Ihrem Dilemma zur Auswahl stehen, Werte zu.
- Natürlich führen Sie jeweils nur die Werte auf, die für die jeweilige Situation für Sie eine Bedeutung haben.

Schritt 4: Bearbeitung der Selbstreflexionsfragen auf S. 4 des AB (5 Min.) (AB Werte – S. 4)
- Beim Blick auf die Werte, die mit den jeweiligen Optionen verknüpft sind: Gibt es einen Wert, der Ihnen wichtig ist und den Sie im Moment in Ihrer Dilemmasituation überhaupt nicht zum Ausdruck bringen?
- Welchem Wert will ich in der Entscheidungssituation Ausdruck verleihen / verkörpern / leben? Und was bedeutet das für die Entscheidung?
- Welche Werte stehen hier möglicherweise im Widerspruch?

3. Sharing im Plenum (15 Minuten)
Was ist mir dadurch klarer geworden? Was nicht? Gibt es Unterschiede zwischen den Werten?

4. Input im Plenum: Haben & Sein Ziele (15 Minuten ➔ als Denkanstoß mitgeben)

Ein weiterer Aspekt, worin Werte eine wichtige Rolle spielen, ist der Folgende: Sie können helfen, während Sie im Dilemma sind – wenn Sie also stetig im Gefühl bleiben, mit der Situation unzureichend umzugehen – gut zu überleben.

Dazu ist die Unterscheidung von Sein – und Haben Zielen hilfreich. Sie geht zurück auf Erich Fromm, einen Soziologen, Sozialpsychologen und Philosophen.

Frage ans Plenum: Wenn Sie an Ihre Dilemmasituation denken: Wofür kämpfen Sie? Für welchen Wert setzen Sie sich ein? Was wollen Sie da erreichen?
Hinweis für die Trainer*in: würdigen – das ist sehr verständlich. Und häufig lohnt es sich dafür zu kämpfen.

Wir sind in unserem Leben darauf gepolt, etwas erreichen zu wollen. Und für diese Ergebnisse, die wir anstreben, versuchen wir Einiges. Wir diskutieren immer und immer wieder das gleiche Thema durch, weil wir hoffen, dass der andere es doch endlich versteht. Wir beschweren uns noch einmal. Wir versuchen uns noch besser zu organisieren, damit es doch mit den geringen Ressourcen besser klappt. Solche Ziele, die wir dann erreichen wollen, nennen wir **Haben-Ziele oder auch „Erfolg"-Ziele.**

An vielen Stellen lohnt es sich dafür zu kämpfen. Beispielsweise kann es sich lohnen noch einmal mit einem Mitarbeiter in die Auseinandersetzung zu gehen. Dazu haben wir die Kommunikationsstrategien hier geübt. Jedoch: Nicht immer ist das zu erreichen, was ich gerne erreichen möchte.

Dann ist die Frage: Wonach richte ich mich aus, während ich hier nicht schaffe, wofür ich eigentlich kämpfe?

In Dilemma Situationen werden an uns **unmögliche Aufträge** gerichtet: Gleichzeitig allen gerecht zu werden; pünktlich Feierabend zu haben und trotzdem alle Patienten zu versorgen, obwohl das in der Zeit nicht möglich ist.

Wenn es so ist, dass ich nicht allen gerecht werden kann, oder, egal was ich versuche, der OP Plan von unterschiedlichen Seiten immer wieder unrealistisch werden wird, der Stapel an Dokumentationsbögen eben nicht kleiner werden wird – ich mein Ziel also nicht erreiche, macht mich das mürbe im Kampf. Ich verheize möglicherweise meinen Körper, bin dauerhaft unzufrieden. Ich fühle mich nicht gut genug. Vielleicht denke ich auch über andere ständig, dass sie nicht gut genug sind. Ich werde vielleicht auch schneller nervös oder ungehalten. Ich werde möglicherweise zu einem Menschen, der ich nicht sein will.

Deshalb brauchen wir in unlösbaren Situationen, wie im Dilemma, ein **neues Erfolgskriterium**, an dem ich messe, ob ich zufrieden mit meiner Arbeit sein kann und mich selbstwirksam und sinnvoll erlebe.

Wenn ich es nicht daran, was ich erreiche, messen kann, ob ich gut arbeite, könnte die Frage sein: Wie will ich sein, während ich nicht erreiche, was ich sinnvoll finde? Was für ein Mensch will ich sein?

Hier geht es nicht mehr um „Haben-Ziele": Was will ich haben? Was will ich erreichen? Hier geht es um **„Sein-Ziele" oder auch „Haltungs-Ziele"**: Wie will ich sein? Wie will ich als Mensch sein? Was für ein Beispiel will ich geben, auch wenn ich auf verlorenem Posten stehe? Welche Haltung will ich innerlich einnehmen?

Das dient einmal dazu, zu schauen: Wie schaffe ich es meine Arbeit oder mein Handeln hier trotzdem sinnvoll zu finden, auch wenn ich manches nicht erreiche? Es dient aber auch dazu, sich klarer darüber zu werden: Welchen Preis will ich im Dilemma hier auf keinen Fall zahlen? Welche Kröte bin ich hier nicht bereit zu schlucken? Wo werde ich durch das Dilemma systematisch zu jemandem, der ich nicht sein will? Unter dem Motto: „Mir ist Freundlichkeit und ein respektvoller Umgang wichtig, aber ich mache den anderen rund oder bin kurz angebunden, weil die OP-Planung – mal wieder – nicht aufgeht").

Beispiel:
Eine Oberärztin will ihren Urlaub, den sie schon vor langer Zeit eingereicht hat, weil sie anlässlich des 70sten Geburtstag der Mutter mit ihr wegfahren wollte, nicht aufgeben, obwohl die Chefärztin insistiert. Hier hat die Vergewisserung von Werten geholfen, den Standpunkt klarer zu haben und ihn stimmiger zu vertreten.

Sie ist sich bewusst geworden, dass ihr in diesem Dilemma wichtig ist, der Mutter gegenüber verlässlich zu sein. Dabei ist ihr auch klar geworden, dass ihr Beharrlichkeit in ihrem Standpunkt ein wichtiger Wert ist. Gleichzeitig möchte Sie aber auch nicht zu einer egoistischen Kollegin werden. Als Sein-Wert ist ihr also Das Miteinander im Team und Freundlichkeit sehr wichtig.

Die Frage ist also: Wie will ich sein, während ich für meinen Urlaub kämpfe? („freundliche Beharrlichkeit") Wie will ich sein, während ich beharrlich bin? Ich möchte dabei freundlich bleiben.

Frage ans Plenum möglich: Wie stellen Sie sich das vor? Wie würde sie sein, wenn sie freundlich-beharrlich kämpft und dabei bedacht auf das Miteinander ist?

Eventuell würde sie in die **Metakommunikation** eintreten: „Ich weiß, ich bin gerade unbequem. Ich weiß, dass hat für Euch Auswirkungen." Vielleicht würde sie wie eine hängengebliebene Schallplatte immer wieder Ihren Standpunkt deutlich machen: „Ich verstehe gut, dass Ihr Euch wünschen würdet, dass ich diese Schicht übernehme. Und gleichzeitig ist es mir ein hoher Wert meiner Mutter gegenüber das Versprechen zu halten. Deshalb werde ich es diesmal nicht möglich machen können."

Werte sind also in zweierlei Hinsicht hilfreich:
1) Ausrichten im Dilemma: Welchen Wert möchte ich im Dilemma nicht hintenanstellen?
2) Sein-Ziel: Wie will ich sein, während ich im Dilemma „kämpfe"?

5. Zusammenfassung im Plenum

Im Dilemma können Werte dazu verhelfen, eine Entscheidung zu fällen, wenn man sich darüber bewusstwird, welchen Werten man mit welcher Option Ausdruck verleihen möchte. Darüber hinaus kann es in Dilemmasituationen, in denen man unentwegt für etwas kämpft (Haben-Ziel), was möglicherweise nicht zu erreichen ist, hilfreich sein, sich ein neues Erfolgskriterium zu suchen, das die eigene Arbeit wieder sinnvoller erscheinen lässt. Dabei handelt es sich um Sein-Ziele: Wie will ich als Mensch sein, während ich nicht schaffe, wofür ich eigentlich kämpfe?

6. Weiterführen des Leitfadens
   (5 Minuten)

- Wenn ich zwischen den Optionen im Dilemma stehe – Für welche Werte will ich gleichzeitig einstehen?
- Mit welcher der Entscheidungsoption würde ich einen Wert verletzten, den ich auf keinen Fall verletzten möchte? Welcher der Werte ist mir in dieser Situation noch ein bisschen wichtiger als der andere?
- Welche Werte widersprechen sich hier möglicherweise?

Meine Sein-Ziele:
Eine wahlweise Umfokussierung von Haben-Zielen (Welches Ergebnis möchte ich erzielen?) auf Sein-Ziele (Wie möchte ich sein, auch während ich mein Ziel nicht erreiche?) kann hilfreich sein, um sich als selbstwirksam und zufrieden zu erleben.
- Während ich im Dilemma kämpfe: Was für ein Mensch will ich sein?
- Wie will ich sein, während ich möglicherweise nicht erreiche, was ich gerne erreichen würde?

PART 11 – NUTZUNG VON GEFÜHLEN ALS WEGWEISER SOWIE FÄHIGKEIT, ZWISCHEN PRIMÄREN UND SEKUNDÄREN GEFÜHLEN (GREENBERG) ZU UNTERSCHEIDEN

Überblick

In diesem Teil des Trainings werden die Teilnehmer*innen für die Bedeutung von Gefühlen im Arbeitsalltag und insbesondere in Dilemmasituationen sensibilisiert. Mithilfe von Selbstreflexionsübungen wird das Bewusstsein über eigene Gefühle gestärkt. Anhand der Unterscheidung zwischen primären und sekundären Gefühlen lernen die Teilnehmer*innen, den Informationsgehalt ihrer Gefühle zu „heben". Kernbotschaft ist es, diesen Informationsgehalt zu nutzen, um im Dilemma eine stimmige(re) Entscheidung treffen zu können.

Ziele

- Sensibilisierung für die Bedeutung von Gefühlen im Arbeitskontext und insbesondere in Dilemmasituationen
- Bewusstwerdung eigener Gefühle anhand Reflexionsübung
- Gestärktes Verständnis über die Funktion von Gefühlen als Verortungs- und Entscheidungshilfe im Dilemma

Tools

- **AB:** AB Leitfaden (Gefühle erkunden)
- **Material:**
  - PPT
  - Flipcharts
  - Stifte
  - Notizzettel & Stifte für die Teilnehmer*innen
  - Liste mit Gefühlsworten für Trainer*innen

Methode

- Input im Plenum
- Selbstreflexionsübung

Ablauf / Anleitung

1. **Input im Plenum: Bedeutung von Gefühlen im Dilemma und Möglichkeiten, diese konstruktiv im Dilemma zu nutzen (15 Minuten)**

Wir nehmen Gefühle oft nicht wahr – besonders im Arbeitskontext

Wir richten unsere Aufmerksamkeit – in unserer Kultur und geprägt durch unsere Sozialisation – in der Regel stark auf das, was um uns herum passiert, anstatt ein achtsames in-uns-Hineinhorchen zu kultivieren. Das wir uns nicht ständig mit unseren Gefühlen beschäftigen, ist ja durchaus sinnvoll, wenn ich z. B. an Ihren Arbeitsalltag denke... die Station ist überbelegt, zwei Patienten müssen vielleicht sogar gerade auf dem Flur warten ... Sie suchen händeringend nach Lösungen und haben das Bedürfnis zu handeln. Ein Anruf bei der PDL bringt Sie auch nicht weiter, eher reagiert die gestresst und es kommt zu einem unguten Austausch übers Telefon zwischen Ihnen...

Mögliche Auswirkungen

Es ist sehr verständlich, dass Sie an dieser Stelle mit Ihrer Aufmerksamkeit im „Außen" sind. Wenn wir es jedoch zur Regel werden lassen, unsere Gefühle „außenvor" zu lassen, hat dies Auswirkungen auf unser „Sensorium": Wir nehmen Hintergrundgefühle nicht mehr wahr. Das wiederum lässt uns weniger „aufgeräumt" zurück – im Umgang mit uns selbst und auch mit Kolleg*innen und Patient*innen.

- Im Umgang mit mir selbst: Ich bin nur noch Leistungsträger, tauche nicht mehr als „ganze Person" auf.
- Im Umgang mit anderen: Es kommt zu vermeidbaren Konflikten, man schaukelt sich gegenseitig hoch und wird auch bei anderen den Fokus vermutlich nicht auf die dahinterliegende Gefühlsebene legen, sondern auf das reagieren, was man sichtlich entgegen gebracht bekommt (z. B. ein Anranzer, ein patziger Kommentar, ein Wutausbruch usw.)

Nutzung von Gefühlen als Verortungshilfe

Die eigenen Gefühle können im Dilemma eine weitere hilfreiche Verortungshilfe sein. Wir möchten daher dafür werben, dass Sie Ihre Gefühle nutzen:

a) **als Hinweis:** Wie geht es mir gerade?
b) **als Ratgeber:** Was muss ich für mich und für die Situation insgesamt tun?

Gefühle als ältestes & schnellstes Informationssystem

Gefühle sind das älteste & schnellste Informationssystem, das wir besitzen. Ausführliche Pro-Kontra-Listen hätten uns evolutionsbiologisch nicht überleben lassen... Stellen Sie sich Situationen vor, in denen es um überlebensentscheidendes Abwägen ging: Ist das da vorne ein ungefährlicher Fels oder ein hungriger Löwe? Auch wenn sich unsere Entscheidungssituationen verändert haben – Gefühle sind immer noch extrem wichtige und wertvolle Informationsgeber.

Beispiele für den Informationsgehalt von Emotionen:
- Wut = Abgrenzung
- Trauer = Bindung
- Hilflosigkeit = Verbindung mit Anderen / in einen wohlwollenden Austausch treten können

Bewusstes Wahrnehmen anstelle des Reflexes, Gefühle zu übergehen

Es geht uns heute darum, wie es gut gelingen kann:
- Gefühle differenzierter wahrzunehmen und zu benennen.
- sie in Bezug auf ihren Informationsgehalt auszuloten.
- und letztendlich Gefühle bewusst zu regulieren, anstatt dem Impuls zu folgen, vor allem negative Gefühle besser gar nicht haben zu wollen.

Bedeutung von Gefühlen im Dilemma

Im Dilemma bin ich mit einer emotional schwer zu regulierenden Situation konfrontiert, häufig begleitet von einer Menge starker, negativer Gefühle – aufgrund der Unauflösbarkeit der Situation (z. B. Hilflosigkeit, Ohnmacht, Scham, z. B. „Ich schäme mich, dass ich immer noch keine Lösung gefunden habe – irgendwie muss das doch möglich sein."

Ein schnelles Wahrnehmen und bewusstes Regulieren kann dabei helfen:
- im Dilemma stimmigere Entscheidungen zu treffen
- bewusster zu entscheiden, welche meiner Emotionen (oder Teile davon) ich im beruflichen Kontext zeigen möchte.
- besser auf mein Gegenüber zu reagieren und damit Konflikte und Eskalationen vorzubeugen bzw. anders zu begegnen.

Man kann einen bewussten Umgang mit den eigenen Gefühlen lernen und kultivieren.

Das mag uns an der einen oder anderen Stelle befremdlich und ungewohnt vorkommen, weil wir unseren Fokus gewohnt sind, anders zu setzen. Und es mag anfangs nicht direkt leicht gelingen, aber - und das ist entscheidend – man kann es üben.

2. Input im Plenum: Sprachlosigkeit im Hinblick auf Gefühle
(20 Minuten)

Im Alltagsleben **als Privatperson** mag es sein, dass ich mir der Bedeutung meiner Gefühle bewusst bin und meine Gefühle sogar weitestgehend ausleben kann – in Partnerschaft, im familiären Kreis, mit Menschen, denen ich vertraut bin. Mein Beruf ist aber häufig nicht die Bühne, um Gefühle zu äußern. **Im Berufsalltag sind Gefühle aber oft eher negativ konnotiert**, werden als peinlich erlebt, gelten als Tabu. Häufig gilt es als unprofessionell und unangemessen, Gefühle überhaupt zu zeigen. Und häufig gilt: Wer Gefühle zeigt, macht sich verletzlich und angreifbar.

Persönliche Sozialisation:

Vielleicht fällt es mir auch generell schwer, eigene Gefühle zum Ausdruck zu bringen (ich habe z. B. keine Sprache hierfür) – vielleicht weil ich es nicht gelernt habe. Vielleicht sind es auch nur bestimmte Gefühle, die ich nur schwer ausdrücken kann. Hier spielt meine persönliche Sozialisation mit rein (Vielleicht erinnern Sie sich... hier verhält es sich ganz ähnlich wie mit den Prämissen, die sich aus meiner Biografie entwickelt haben.). Ich habe bestimmte Erfahrungen gemacht: Welche Gefühle sind gewollt? Welche erzeugen Resonanz bei meinem Gegenüber? Welche nicht? Sie werden sich „spezialisiert" haben ... Wozu wurden Sie ermuntert?

Teamkultur:

Und es wird auch bei Ihnen eine bestimmte Teamkultur geben. Manche Gefühle darf man eher zeigen als andere. Was ist hier bei uns im Team salonfähig?

Benennen von Gefühlen als erster Schritt

Oftmals macht es bereits einen bedeutsamen Unterschied, wenn ich starke Gefühle, überhaupt benenne, d. h. für mich selbst differenziere und somit einordnen kann, was ich gerade fühle – auch im beruflichen Kontext.

Beispiel: Es ist mal wieder ein Hauen und Stechen im Kampf um die begrenzt zur Verfügung stehenden OP-Säle. Jede Abteilung empfindet ihren „Fall" als absolute Priorität. Ein Kollege meldet besonders lautstark und vehement die Dringlichkeit seiner OP an – mal wieder …

Ins Plenum fragen: Wie könnten Reaktionen einer solchen Situation ausfallen?

- (undifferenziert) „Na, das ist mal wieder typisch für die Abteilung X. Was für ein Idiot, der denkt einfach immer nur an sich!"
- (etwas differenzierter) „Ich bin stinksauer, warum muss denn immer ich derjenige sein, der zurücksteckt?"
- (differenzierter) „Ich ärgere mich über den Kollegen, ich empfinde das als systematische Unfairness – das enttäuscht mich, weil ich mir eigentlich wünschen würde, dass wir hier kollegial miteinander und nicht gegeneinander arbeiten."

Dieses schiere Benennen meiner Empfindungen hat beruhigende Wirkung auf die Amygdala (Top-Down-Regulation). Nur bei sehr intensiven Gefühlen (extreme Wut / Niedergeschlagenheit) ist Bottom-Up-Regulation notwendig (z. B. tief durchatmen, joggen gehen usw.)

Der Klassiker: „Wie geht es Dir? – Gut."

Gefühle überhaupt erst einmal wahrnehmen und zu differenzieren: Das ist gar nicht einfach. Was ist die typische Antwort, die Sie von Ihrem Gegenüber als Reaktion auf die Frage „Wie geht es Dir?" zu hören bekommen? … Vermutlich fällt sie meist eher einsilbig aus: „Joa, gut" oder „schlecht". Aber was bedeutet das eigentlich?

3. Reflexionsübung zur Wahrnehmung von Gefühlen
(20 Minuten)

Durchführung der Reflexionsübung (10 Min.)
(Notizblätter und Stifte austeilen)

Gefühle wahrnehmen klingt in der Theorie vielleicht gut, praktisch üben tun wir das in unserem Alltag aber eben so wenig, dass es uns nicht leichtfällt.

Bitte schreiben Sie auf Ihr Notizblatt nun …

- Alle Emotionen, die Sie heute zwischen dem Aufwachen und Jetzt erlebt haben. (2 Min. Zeit geben)
- Wie viele Gefühle sind es, die Sie Ihrem Zettel anvertraut haben?
- Zählen Sie einmal durch & notieren Sie die Nummer auf Ihrem Zettel.
- Ins Plenum fragen und jeweils um Handzeichen der Teilnehmer*innen bitten:
- Wer hat weniger als 5 Emotionen festgehalten? 5 bis 10? 10 bis 15? Mehr als 15?
- Ich lese Ihnen nun eine Sammlung von Emotionswörtern vor. Bitte notieren Sie, wenn etwas dabei ist, was Sie heute bereits erlebt haben. Schreiben Sie nicht das Wort mit, sondern machen Sie einfach eine Strichliste. Wenn es heute schon mal da war, machen Sie einen Strich, sonst winken Sie es einfach durch.
- Langsames Vorlesen der Liste
- Zählen Sie nun bitte einmal nach: Wie viele Begriffe haben Sie ergänzt? Schreiben Sie diese Zahl auf.
- Ins Plenum fragen und jeweils erneut um Handzeichen der Teilnehmer*innen bitten:
- Wer hat 5 oder weniger Begriffe ergänzt? 5 bis 10? 10 bis 15? Mehr als 15?
- Sharing im Plenum (10 Min.)
- Was ist Ihnen bei dieser Übung aufgefallen? Was hat Sie überrascht? Warum/warum nicht?
- Zusammenfassung im Plenum:
- Erfahrungsgemäß werden bei dieser Übung sehr viele Gefühle ergänzt. Es ist herausfordernd, genau zwischen Gefühlen zu differenzieren. Vielfach sind wir es gewöhnt, ein „Wie geht's Dir" schlicht mit einem eindeutigen „gut" zu beantworten. Dabei ist in uns oftmals eine ganze Menge mehr los, häufig sogar ein richtiger Gefühlscocktail – je nach Situation.

4. Gefühle als Informationsquelle & Primäre / sekundäre Gefühle
(45 Minuten)

Input im Plenum: Unterscheidung zwischen primären und sekundären Gefühlen (nach Leslie Greenberg) einführen (25 Minuten):

An dieser Stelle möchten wir Ihnen eine Unterscheidung anbieten, die auf den kanadischen Psychotherapieforscher und Mitbegründer der „Emotionsfokussierten Therapie" Leslie Greenberg zurückgeht:
Es gibt sogenannte primäre Gefühle – das ist meine spontane Erstreaktion auf ein Erlebnis (z. B. Freude über ein Geschenk, Ärger über einen ungehaltenen Patienten). Diese primären Gefühle äußern sich immer auch körperlich (z. B. durch einen erhöhten Puls).

Meine Erfahrung (die ich privat, aber auch in meiner beruflichen Rolle mache) lehrt mich sog. sekundäre Gefühle, die wie ein Schutzgefühl/Deckelgefühl funktionieren. Durch Sozialisationsprozesse lerne ich, wie ich meine Gefühle auszudrücken und zu kontrollieren habe – dadurch entstehen sekundäre Gefühle.

Kultur formt sekundäre Gefühle:
In einer bestimmten (Team-/Organisations-) Kultur kann das bedeuten: Wut ist verboten und wird ersetzt durch Traurigkeit. Ohnmacht und Ratlosigkeit sind im Krankenhaus häufig unerwünscht – sie werden überlagert von Wut und Empörung, bspw. „Die auf Station X spinnen doch, was denken die sich, die ganze Arbeit auf uns abzuwälzen?" anstelle davon, auszudrücken, dass ich an dieser Stelle vielleicht gerade selbst überfordert bin ob des Zeitdrucks, meiner vielen Aufgaben usw.

Verlauf von primären versus sekundären Gefühlen
Primäre Gefühle haben einen natürlichen Verlauf: Das Gefühl (z. B. Ärger über das schlechte Wetter, die Enttäuschung, weil das Sonderangebot ausverkauft ist, für das man sich auf den Weg gemacht hat) taucht auf und flacht wieder ab, ohne, dass ich etwas dafür tun muss. Sekundäre Gefühle (z. B. Scham, Verzweiflung usw.), deren Auslöser nicht in der unmittelbaren Situation liegt (wie z. B. der Nieselregen macht mir schlechte Laune), wirken länger nach – ohne, dass ich häufig zuordnen kann, woher sie kommen.
Wenn Menschen in Stress geraten, steigt die Wahrscheinlichkeit, dass sie mit Schutzgefühlen (sekundären Gefühlen) reagieren. Somit begegnen sich in der Interaktion mit anderen schließlich ebenso nicht die wirklich dahinterstehenden, primären Gefühle, sondern häufig die Schutzstrategien, die sich oben draufgelegt haben.

Das ist häufig **eine Quelle von Missverständnissen**: Man kann sich vorstellen, welche Auswirkungen es haben kann, wenn sich zwei Menschen begegnen, die nicht ihr „eigentliches" Gefühl zum Ausdruck bringen, sondern das, was sich als Schutzstrategie bewährt hat.

Beispiele: Stellen Sie sich z. B. vor …
- Sie begegnet einem „schwierigen" Patienten. Die KollegInnen haben Sie bereits vorgewarnt: Der Patient sei extrem ungeduldig und werde schnell aufbrausend. Sie müssen diesem Patienten nun mitteilen, dass sich eine Diagnostik, auf die er den ganzen Morgen hat warten müssen (vielleicht musste er deshalb nüchtern bleiben) verzögert, weil ein Notfall dazwischengekommen ist.
Der Patient reagiert ungehalten, er wird laut und fängt an, zu schimpfen (offensichtlich Wut) – u. U. steckt hinter dieser Wut etwas anderes … (ins Plenum nach Ideen fragen) – eventuell hat der Patient Angst (vor der Untersuchung, vor dem Ergebnis, davor „vergessen" zu werden bzw. mit seinem Leid nicht gesehen zu werden).
- Ein Kollege reagiert eingeschnappt und beleidigt - dahinter ist er z. B. enttäuscht.
- Situationen, in denen Sie Unterstützung brauchen, z. B. um bei Krankmeldungen und ohnehin dünner Personaldecke die Spätschicht gut zu besetzen. In dieser Situation ist eigentlich jeder überfordert: Sie, weil sie mal wieder das Unmögliche möglich machen müssen; aber auch Ihr Kollege, den sie gerade bitten wollen, einzuspringen, weil er dringend Erholung braucht. Vordergründig ärgern Sie sich massiv über diesen Kollegen, weil er nicht einspringt, und reagieren ungehalten.
Die Idee ist: Würden Sie die Überforderung, die darunter liegt – vielleicht auch die Scham darüber, das Problem nicht gelöst zu bekommen, ohne Ihren Kollegen schon wieder zu bitten aus dem Frei zu kommen – Würden sie diese Überforderung und Scham als Information nutzen können, würde das andere Handlungen möglich machen.

Sharing im Plenum (8 Minuten)
- **Moderation des Sharings entlang der folgenden Fragen:**
  Wie ist das bei Ihnen?
  Welche Gefühle bekommen die Kollegen eher (nicht) zu Gesicht?
  Wofür ist das sinnvoll?
- **Vorstellung des Beispiels „Kollektive Ratlosigkeit" im Plenum:**
  Stellen Sie sich ein Team vor, das bspw. im IT-Bereich arbeitet. Es gibt ein Problem X und keiner aus dem Team weiß eine gute Lösung. So kommt es, dass ein Mitarbeiter extrem viel arbeitet, und alles Mögliche ausprobiert, ohne sich Hilfe zu holen. Letztlich wandern alle Vorschläge, die er erarbeitet, in die Tonne. Trotzdem versucht sich dieser Mitarbeiter immer aufs Neue an weiteren Vorschlägen.
  Wir fragen ihn also „Warum machst du das? Wo du doch weißt, dass es in die Tonne wandert?"
  Der springende Punkt: Alle im Team sind ratlos, aber keiner sagt es. Der Informationsgehalt des Gefühls der Ratlosigkeit geht dabei verloren. Es wird eine Pseudolösung generiert.

- **Aufstellung: Persönliche Präferenz im Umgang mit Gefühlen (12 Minuten)**
  - Moderation der Aufstellung entlang zwei Fragen:
  1) Wozu neige ich persönlich? ... ob aufgrund der Organisationskultur oder meiner Biographie
     Pole: Internalisieren (reinfressen) vs. Externalisieren (ausbrechen)
     Hinweis an Trainer*innen: Die „persönlichen Neigung" der Teilnehmer*innen sollte hier unbedingt validiert und wertgeschätzt werden, da es sich hierbei um Versuche der Emotionsregulation handelt. Es gibt kein „Richtig" oder „Falsch".
  2) Frage: Gegen wen richten sich negative Gefühle?
     Pole: Eher gegen mich selbst (implodieren) vs. gegen Andere (explodieren).

Weiterführen des Leitfadens in Einzelarbeit (5 Min.)
(AB Leitfaden – Gefühle erkunden)
- Was im Umgang mit meinen Gefühlen würde für mich persönlich einen Unterschied in der Dilemmasituation machen?
- Was würde ich mir – in Bezug auf primäre/sekundäre Gefühle – gerne erlauben?
- ... z. B. auch mal traurig zu werden, auch mal wütend zu sein?
- Welchen Gefühlen möchte ich mehr Raum geben?
- Was wäre anders, wenn ich diese Gefühle ans Steuer ließe?
- Bedenken Sie dabei: Was hat das für Konsequenzen für die Dilemmasituation und mein Verhalten?

Kurze inhaltliche Zusammenfassung im Plenum (5 Minuten)

Was bedeutet all dies für ihr Dilemma und die anstehende Entscheidung?
Gefühle können uns wertvolle Wegweiser in unserer Entscheidung sein – auch wenn die Kultur unseres Arbeitsplatzes suggeriert, dass Gefühle keinen Platz auf der „beruflichen Bühne" haben.
Ein bewusster Umgang mit meinen Gefühlen unterstützt eine stimmige (re) Entscheidung. Hierfür sind die folgenden drei Schritte wichtig:
1. Wahrnehmen und benennen der Gefühle
2. Prüfen auf ihren Informationsgehalt (z. B. Was will mir mein Ärger sagen? Liegt noch etwas anderes hinter diesem Ärger?)
3. Entscheiden, was davon möchte ich aktiv in Kommunikation geben?

Mittagspause (60 Minuten)

PART 12 – SYSTEMISCHE ORGANISATIONSTHEORIE & SOLIDARISIERUNG IN DER EIGENEN ORGANISATION

Überblick

In diesem Teil des Trainings wird den Teilnehmer*innen ein systemtheoretisches Erklärungsmodell für das Entstehen von Dilemmata in Organisationen angeboten. Es werden organisationstypische Tendenzen zur Entsolidarisierung beschrieben, welche die Teilnehmer*innen in einer Einzelreflexionsübung erkunden. Anschließend werden Möglichkeiten exploriert, wie diesen Tendenzen mit Solidarisierung entgegengewirkt werden kann – ein gemeinschaftlicher Austausch über Beispiele gelungener Solidarisierungsbewegungen im eigenen Team/der eigenen Organisation sensibilisiert für das „Wir"-Potenzial.

Ziele

- Inhaltlicher Input zu organisationstheoretischen Gründen für Dilemmata
- Sensibilisierung für Entsolidarisierungstendenzen & Normalisierung für die Tendenz, sich daran zu beteiligen
- Vergemeinschaften von Solidarisierungsbewegungen in der eigenen Organisation/im eigenen Team („Sternstunden")

Tools

- **AB:** AB Leitfaden (Solidarisierungschancen
- **Material:**
  - PPT
  - Leeres Flipchart zum Mitschreiben inkl. Stifte, leere Notizblätter und Stifte zum Austeilen

Methode

- Input im Plenum
- Einzelreflexionsübung
- Austausch im Tandem

Ablauf / Anleitung

1. Input im Plenum
   (25 Minuten)

Dilemmata gehören zu Organisationen

Bisher ging es darum, wie eine gute Entscheidung getroffen werden kann. Jetzt möchten wir mit Ihnen darüber nachdenken: Wozu laden diese Situationen ein? Was machen Sie mit uns individuell, aber auch in der Gemeinschaft?

Dazu zunächst: Wie erklären wir uns, dass Dilemmata entstehen? Bin ich einfach unfähig oder sind die Anderen schuld? Sind Dilemmata vermeidbar?

Organisationen als Orte der Paradoxieentfaltung. Widersprüche sind unvermeidbar.

Diese Idee geht zurück auf die systemische Organisationstheorie. Sie besagt: Organisationen sind aufgeteilt in Abteilungen, die alle ein eigenes Ziel verfolgen. Die Ziele, die diese Abteilungen gleichzeitig verfolgen, widersprechen sich häufig: Die Innere Medizin macht ihren Job gut, wenn der Patient optimal versorgt und gut gelaunt die Klinik verlässt; das Controlling macht seinen Job gut, wenn der Patient möglichst viele Interventionen in kurzer Zeit erhält und dann das Krankenhaus möglichst schnell wieder verlässt. Diese beiden Ziele sind in der Realität gegenläufig.

Organisationen vereinen jedoch beide scheinbar widersprüchlichen Ziele. Sie haben ihre Berechtigung genau darin, gleichzeitig rechts und links gehen zu können. Dies leisten sie, indem sie Abteilungen, also quasi Subsysteme, bilden.

Der Mensch kann aber genau das nicht, was dem Krankenhaus als Ganzes gelingt. Der Mensch ist räumlich und zeitlich gebunden und kann nicht gleichzeitig rechts und links gehen (Bsp.: Sie können nicht gleichzeitig hier sitzen und auf Station/im OP-Saal/in der Sterilisation sein). Widersprüche entstehen für den Menschen also besonders dann, wenn er Berührungspunkte mit anderen Abteilungen hat. Vor allem Führungskräfte werden dafür verantwortlich gemacht, unvereinbare Widersprüche in ihrer Person zu vereinen.

WICHTIGE KERNBOTSCHAFT:
Dilemmata sind strukturell in Organisationen angelegt und gehören damit zum organisationalen Alltag. Das heißt, hierfür können Sie nichts, und alle anderen auch nicht. Dilemmata sind kein persönliches Verschulden oder gar Ausdruck von mangelnder Kompetenz. Sie fühlen sich aber häufig persönlich an (z. B. zwischen Abteilungen).

Wozu führt das?
Beispiel: Der Einzelne soll gleichzeitig gute und effiziente Patientenversorgung leisten. Das bedeutet, dass die Pflege bei gleichbleibender Qualität noch schneller arbeiten soll. Das ist ein unmöglicher Auftrag – wenn auch nachvollziehbar. Wozu führt das häufig?

Wir geraten unter Druck, wenn wir das Gefühl haben, gleichzeitig rechts und links gehen zu müssen.
In Situationen, in denen Menschen unter Druck geraten, neigen die meisten dazu, sich zu entsolidarisieren. Durch ihre Struktur laden Organisationen also zu Entsolidarisierung ein.

Einführung des Druck-Kreislaufes
In Drucksituationen passiert häufig das Folgende: Die innere Aufmerksamkeit richtet sich auf mich selbst: „Wie überlebe ich?", „Ich muss schauen, dass ich bzw. meine Abteilung hier gut durchkomme/durchkommt".
Wie wirkt sich dies auf die Gemeinschaft aus? Sie wird geschwächt. Wenn immer wieder die Erfahrung gemacht wird „Das WIR trägt nicht – ich verlasse mich lieber auf mich selbst", dann investiert jede*r langfristig weniger in die Gemeinschaft. Das äußert sich z. B. darin, dass ich weniger zuhöre, weniger Hilfe anbiete, weniger zuarbeite, weniger Information bereitstelle (statt den anderen die Arbeit also zu erleichtern, ist man eher unaufmerksam/weniger hilfsbereit anderen gegenüber; z. B. bin ich weniger bemüht um eine verständliche Dokumentation, die dann von der Kodierfachkraft weiterverarbeitet wird).
Die Folge ist: Es schwindendet das gegenseitige Vertrauen („Wir meinen es hier gut miteinander"). In der Konsequenz wird es schwieriger, sich auf gemeinsame Ziele zu einigen.

Beispiele:
Ein Oberarzt auf der Intensivstation berichtet, dass es sich eingebürgert hat, dafür zu sorgen, dass man den Patienten auf die nächste Woche rettet, damit man den Abschlussbericht nicht selbst schreiben muss. Eine Stationsleitung berichtet, dass es ihr nicht möglich ist, den neuen Standard einzuhalten – der besonders für die Kodierfachkraft eine große Erleichterung bringen würde, weil sie selbst keine Zeit hat, sich in die neuen Vorgaben einzuar-beiten.

2. Frage ans Plenum: Kennen Sie das?

Das Problem entsteht, weil die Überlebensstrategien des Einzelnen zum Problem des Anderen werden: Die Kodierfachkraft kämpft mit der Überlebensstrategie der Pflege.

Die Frage ist also: Kommen wir durch die Überlebensversuche, die wir praktizieren, miteinander in Aufwärtsspiralen oder Abwärtsspiralen?

Hinweis an die Trainer*innen: An dieser Stelle sollten mögliche Erfahrungsberichte von Teilnehmer*innen über eigene Entsolidarisierungsprozesse in der Organisation normalisiert werden. Hintergrund ist, dass dieses Verhalten in Organisationen der Normalfall und aus Perspektive einzelner Beteiligter gut nachvollziehbar ist.

Dennoch ist eine spannende Frage: Was tue ich in meinem Team, auf Station, im Arbeitsalltag, um Entsolidarisierungsprozesse wahrscheinlicher zu machen? Dazu möchten wir jetzt in eine Reflexion gehen.

3. Einzelreflexionsübung: Was tue ich, um Entsolidarisierung wahrscheinlicher zu machen? (Notizblätter und Stifte austeilen) (30 Minuten)

- Arbeiten Sie im Folgenden jeweils für sich zu dieser Frage: „Was tue ich, um Entsolidarisierung – vermutlich un-beabsichtigt – zu befördern?". Machen Sie sich hierzu Notizen. (5 Minuten)
- Anschließendes Sharing im Plenum (10 Minuten)

Hinweis an die Trainer*innen: Es ist für die Teilnehmer*innen sehr herausfordernd, etwas zu formulieren, was sie nicht gut machen – insbesondere vor Kolleg*innen. Hier ist es möglicherweise hilfreich, einzuordnen, warum wir dies tun (Vergemeinschaftung und Bewusstwerdung) sowie noch einmal zu erklären: Es geht ausnahmsweise nicht um „Sternstunden", sondern darum, ein Verständnis dafür zu bekommen, was auch ich persönlich tue, damit es hier kollektiv anstrengend(er) wird. Erst wenn wir uns dessen bewusstwerden, können wir etwas daran ändern. Ebenfalls ist darauf zu achten, dass die Teilnehmer*innen nicht ins Erzählen Ihrer „Erfolgsstories" abdriften (d. h. Solidarisierungsbeiträge anstelle von Entsolidarisierungsbeiträgen machen) – das verärgert möglicherweise diejenigen, die etwas sehr Persönliches geteilt haben.

- Überlegen Sie nun jede*r für sich zu dieser Frage: „Was kann ich in Zukunft anders machen, um Entsolidarisierung entgegen zu wirken?" Was können Sie sich vielleicht einmal die Woche vornehmen, um wieder mehr in das gemeinschaftliche „Wir" zu investieren und damit Entsolidarisierung entgegen zu wirken? Machen Sie sich hierzu Notizen. (5 Minuten)
- Anschließendes Sharing im Plenum (10 Minuten)

Kaffeepause (15 Minuten)

4. Seelisches Immunsystem: Wie stützen wir uns kollektiv? (20 Minuten)

Kurzes Sammeln von Solidarisierungsmomenten am Flipchart (2 Minuten)
Frage ans Plenum: Wann ist Solidarisierung an Ihrem Krankenhaus gelungen?

Austausch im Tandem mit Sitznachbarn/-nachbarin zu „Solidaritätserfolgsmeldungen" in zwei Runden à 5 Min. (10 Minuten)
Was ist das Solidarischste, das Sie jemals hinbekommen haben in Konfliktsituationen / im Umgang mit unlösbaren Aufträgen?
- Runde 1: innerhalb Ihres Kernteams (5 Minuten)
- Runde 2: professions- und abteilungsübergreifend, u. U. innerhalb des gesamten Krankenhauses (5 Minuten)

Sharing im Plenum (10 Minuten)
Was sind Erfolgsstories/„Sternstunden", über die Sie gesprochen haben?
Wo zeigt sich für Sie der Solidarisierungsmoment in diesem Beispiel?
Was hat dazu beigetragen, dass Zusammenhalt an dieser Stelle gut gelungen ist?

Weiterführung des Leitfadens (AB Leitfaden – Solidarisierungschancen):
- Mit dem Wissen, dass wir alle unter Druck stehen – was kann ich tun, um den Druck für uns alle zu verringern?
- Welche Handlung kann ich unterlassen, um es den anderen nicht schwerer zu machen?
- Was hat beim letzten Mal dazu beigetragen, dass wir uns solidarisiert haben?
- Was ist mein Beitrag dazu?

PART 13 – INHALTLICHE ZUSAMMENFASSUNG, ABSCHLUSSREFLEXION, HAUSAUFGABE

Überblick
In diesem Teil des Trainings erfolgt eine inhaltliche Zusammenfassung der Trainingsinhalte anhand einer visualisierten „Reise durch eine schematische Dilemma-Landschaft", anschließend werden ggf. letzte Rückfragen geklärt. Als Hausaufgabe wird den Teilnehmer*innen angeboten, den Leitfaden im Nachklang an das Seminar zu bearbeiten und auf Wunsch Feedback (per Mail) bei den Trainer*innen einzuholen. Es folgt eine Abschlusseinzelreflexion (Postkarte an mich selbst).

Ziele
- Inhaltliche Zusammenfassung und Festigung der behandelten Seminarinhalte
- Raum schaffen für offene Fragen und abschließende Klärung
- Angebot einer weiterführenden Hausaufgabe mit Möglichkeit für die Teilnehmer*innen, sich individualisiertes Feedback einzuholen
- Gemeinsamer Seminarausklang

Tools
- **AB:** AB Leitfaden, Dilemmalandkarte
- **Material:**
  - PPT
  - Flipchart
  - Stifte
  - Dilemmalandkarte (gedruckt im DINA4 Format)
  - Postkarten und Umschläge für die Teilnehmer*innen (pro Teilnehmer*in eine Postkarte und einen Umschlag)

Methode
- Input im Plenum
- offene Fragerunde im Plenum
- Einzelreflexion

Ablauf / Anleitung

1. Inhaltliche Zusammenfassung im Plenum (Dilemmalandkarten austeilen) (20 Minuten)

Anhand der Dilemma-Landkarte wird noch einmal durch die Meilensteine des Trainings geführt:
- Was haben wir in den beiden Tagen des Trainings an „Geländeerfahrung" gemacht?
- Stellen Sie sich vor, Sie stehen dort, wo das Männchen mit Rucksack steht. Im Gepäck ein Dilemma, das Ihnen wiederkehrend begegnet; eine Situation, in der Sie sich entscheiden müssen zwischen Optionen, die beide auf ihre Art schmerzhaft sind. Der Wegweiser zeigt Ihnen die erste bittere Nachricht an: Rechts oder links – denn beides können Sie nicht leisten. Sie müssen sich also entscheiden.
- Hier fragt der Leitfaden durch das Gelände: Woran merkst Du, ob Du Dich im Dilemma befindest – wie verhältst Du Dich, wie fühlst Du, wie denkst Du? Und er fordert auf, erst einmal klarzuziehen: Was sind die Entscheidungsoptionen, warum geht weder Option A noch Option B? Was ist also die Entscheidungsfrage, vor der ich stehe?
- Bis hierhin haben Sie vielleicht schon ausgiebig gekämpft, um eben doch alles unter einen Hut zu bekommen. Und so hat Sie der Weg bis hierhin vielleicht durch die Wiese der Erschöpfung geführt. Wenn man abgekämpft, gehetzt und unter Druck ist, ist die Versuchung oft groß, den anderen die Schuld zu geben – „Wäre nur der Herr Meier nicht, dann wäre alles einfacher." oder „Diese Verwaltungsmenschen hinter ihren Schreibtischen, die wissen gar nicht, was Arbeit am Patienten bedeutet." An dieser Stelle werden die Einladungen, ins Jammertal oder ins Selbstmitleid abzudriften, besonders stark gewesen sein.
- Da fällt es manchmal schwer, sich klar zu machen, in welcher Situation man sich befindet. Dafür ist es notwendig zu erkennen, welche Ansprüche werden an mich im Auftragskarussell gerichtet? Siehe Punkt 2 im Leitfaden.
- Ein herausforderndes Gelände ist hier die Wüste der Annahmen. Annahmen darüber, wer hier was von mir erwartet, damit ich „ok" bin. Oder auch: Welcher organisationskulturellen Spielregeln gehorche

ich? z. B. „Du sollst nicht Nein sagen"; „Bloß nicht den Vorgesetzten verärgern"
Das geht so weit, bis man im Prämissennetz gefangen ist und zappelt. Hier lohnt es sich, die Fragen zu stellen: Welche Annahme habe ich über mich selbst und darüber, wie ich in der Organisation zu sein bzw. mich zu verhalten habe? Und es könnte sich auch lohnen zu überlegen, welche Prämisse bin ich bereit, wahlweise abzuwählen?

- Die Einsicht, dass Sie im Dilemma vor einer Frage stehen, die Sie eigentlich nicht richtig be-antworten können, symbolisiert das Überqueren des Flusses der Verantwortung. Es geht darum, Entscheidungen zu ver-antworten und die Konsequenzen hierfür zu tragen. Es gibt nicht die eine richtige Lösung und es wird – egal wie ich mich entscheide – immer einen Preis geben, den ich zahlen muss. Dafür ist es notwendig, eine gute Strategie der Kommunikation zu wählen, mit der ich Verantwortung explizit mache. Welche Strategie könnte hierbei hilfreich sein? Aber auch: Mit welchen Schachmattsätzen muss ich rechnen, d.h. wie muss man mir kommen, um mich von ei-ner getroffenen Entscheidung wieder abzubringen?
- Innere Verortung: Über allem steht die innere Ver-ortung. Wie kann und will ich mich positionieren? Wie möchte ich entscheiden, um am Ende gut zu den Konsequenzen stehen zu können?
- Wir haben Ihnen mehrere Quellen angeboten, die zu einer Verortung hilfreich sein können und möglicherweise neue Handlungsoptionen eröffnen. Über das Infragestellen von Prämissen (dem kleinen „Kulturbrüchlein") haben wir bereits gesprochen.
- Der Werte-Leuchtturm leuchtet auf: Hier stellt der Leitfaden die Frage: Nach welchen Werten möchte ich mich ausrichten, wenn ich einen Standpunkt suche? Welchen Werten will ich mehr Gewicht geben? Wir haben aber auch zwischen Haben- und Sein-Zielen unterschieden: Zu wem werde ich, während ich entscheide? Kann ich im Nachhinein noch in den Spiegel schauen oder habe ich Werte, die mir wichtig sind, missachtet?
- Es gibt aber auch den Brunnen der Gefühle: Die Reise ist keine unemotionale. Auch im beruflichen Kontext werden Ihnen starke Gefühle begegnen: Vielleicht Wut und Ärger, Trauer oder Angst. Wichtig und hilfreich kann hier sein: Sich selbst besser zu beobachten. Welche Gefühle nehme ich sofort wahr – was kann da möglicherweise auch dahinterstecken? Welchen Gefühlen will ich mehr Raum geben?

- Um die anstrengende Wanderung mit dem schweren „Dilemma-Rucksack" auf dem Rücken zu bewältigen, kann die Quelle der Einsicht helfen: Dilemmata gehören zur Organisation wie das Salz in die Suppe. Weil es im Krankenhaus verschiedenste Interessensgruppen gibt, die unterschiedliche Ziele verfolgen, wird es zu Zielkonflik-ten kommen. Viele Parteien werden Ansprüche an Sie stellen.
- Deshalb sind die Oasen unterwegs so wichtig: Der Ruhefels, an dem Sie sich besinnen können. Auch der Schirm der kluge Selbstfürsorge und Solidarität spenden und Kraft geben kann. Es hilft vielleicht sich die Frage zu stellen: Wo kann ich mir Unterstützung holen (Austausch, Rat)? Hinter dem Schirm der Solidarität steckt auch die Frage: Es geht sehr wahrscheinlich nicht nur mir so – wie kann ich den Druck im gesamten System reduzieren?

Hinweis an die Trainer*innen: Beim Resümieren der einzelnen „Dilemma-Stationen" wird auf relevante Fragen aus dem AB Leitfaden verwiesen und Highlights der Trainingsgruppe (prägnante Beispiele und Erfahrungen) in Erinnerung gerufen.

Klärung von offenen Fragen im Plenum:
Haben Sie noch Fragen zu einem Block?

2. Besprechung der Hausaufgabe im Plenum (10 Min.)

Trainer*innen erläutern die Aufgabenstellung und bieten ggf. an, auf Wunsch individualisiertes Feedback an die Teilnehmer*innen zu schicken:
Sie haben von uns nun einen Leitfaden durchs Dilemma erhalten. Als Abschlussarbeit laden wir Sie ein, den Leitfaden einmal vollständig durchzuarbeiten für ein Dilemma, das Ihnen wiederkehrend begegnet. Schicken Sie diese Arbeit nach Fertigstellung gerne an uns [Bereitstellung der Emailadressen], falls Sie an einem individuellen Feedback per Mail interessiert sind.

3. Abschluss im Plenum (Postkarten austeilen) (20 Min.)

- Anmoderation der abschließenden Einzelreflexionsübung (Postkarte an mich selbst):
Schreiben Sie sich selbst jetzt eine Postkarte, die wir für Sie in sechs Monaten an Sie verschicken werden.

- Austeilen der Postkarten, Umschläge und Stifte an die Teilnehmer*innen
- Erläuterung der Abschlussreflexion:
Schreiben Sie die folgenden Inhalte auf Ihre Postkarte:
  - Die drei wichtigsten Merksätze für den Umgang mit Dilemma-Situationen: Was möchte ich mir in sechs Monaten in Erinnerung rufen?
  - Eine positive Erkenntnis über meine Kolleg*innen/ Gruppenteilnehmende: Woran möchte ich in sechs Monaten (wieder) erinnert werden?
  - Ein Wunsch an mich für die nächsten sechs Monate: Was wünsche ich mir, das ich mir bald erlaube (und heute ggf. noch nicht erlaube), wenn ich in (dieser einen) Dilemmasituationen bin?

Beschreiben Sie die Inhalte so, dass Sie auch in sechs Monaten noch verstehen, was damit gemeint ist.
- Teilnehmer*innen stecken ihre Postkarten jeweils in einen Umschlag, verschließen diesen und versehen ihn mit einer Adresse (privat oder beruflich), an die die Postkarte in sechs Monaten versandt werden soll.

Hinweis an die Trainer*innen: Die Postkarten werden zwei Wochen vor dem Katamnese-Zeitpunkt postalisch an die Teilnehmer*innen versandt.

STRESSPRÄVENTIVE FÜHRUNGSKOMPETENZ

TEAMORIENTIERTE FÜHRUNG IM KRANKENHAUS

TP1.C

STRESSPRÄVENTIVE FÜHRUNGSKOMPETENZ

TEAMORIENTIERTE FÜHRUNG IM KRANKENHAUS

Felicitas Stuber, Dr. Tanja Seifried-Dübon,
Susanne Schnalzer, Dr. Rebecca Erschens,
Prof. Dr. Monika A. Rieger & Prof. Dr. Florian Junne

Abteilung für Psychosomatische Medizin und Psychotherapie,
Universitätsklinikum Tübingen, Osianderstraße 5, 72076 Tübingen:
Felicitas Stuber
Dr. Tanja Seifried-Dübon
Dr. Rebecca Erschens
Prof. Dr. Florian Junne

Echt:Zeit Coaching, www.echt-zeit-coaching.de, Esslingen:
Susanne Schnalzer

Institut für Arbeitsmedizin, Sozialmedizin und Versorgungsforschung,
'Universitätsklinikum Tübingen, Wilhelmstraße 27, 72074 Tübingen:
Prof. Dr. Monika A. Rieger

Abteilung für Psychosomatische Medizin und Psychotherapie,
Otto von Guericke Universität Magdeburg, Leipziger Straße 44,
39120 Magdeburg
Prof. Dr. Florian Junne

INHALT – TP1.C

HINTERGRUND — 110

EINLEITUNG ZUM TEILPROJEKT — 112
- Rahmenbedingungen — 112
- Allgemeine didaktische Methodik — 112
- Benötigte Materialien — 112
- Interventionsmanual und weiteres Vorbereitungsmaterial — 112
- Durchführung der Intervention im Online Format — 113

ZU BEGINN — 114

MODUL 1: SELBSTFÜRSORGE ALS FÜHRUNGSKRAFT – STRESSKOMPETENT FÜHREN — 115
- Ziele — 115
- Überblick — 115
- Tools — 115
- Methode — 115
- Ablauf/Anleitung — 117

MODUL 2: FÜHRUNGSHALTUNG UND -VERHALTEN – GELINGENDE ARBEITSBEZIEHUNGEN GESTALTEN — 119
- Ziele — 119
- Überblick — 119
- Tools — 119
- Methode — 119
- Ablauf/Anleitung — 120
- Tabellarischer Ablauf Modul 1 und Modul 2 — 122

MODUL 3: MOTIVE, BEDÜRFNISSE UND STRESSOREN VON MITARBEITENDEN – ACHTSAM KOMMUNIZIEREN ALS FÜHRUNGSKRAFT — 126
- Ziele — 126
- Überblick — 126
- Tools — 126
- Methode — 126
- Ablauf/Anleitung — 127
- Tabellarischer Ablauf Modul 3 — 130

**MODUL 4: ERFOLGREICH GESTALTEN IN KOMPLEXEN BEZÜGEN –
DIE RESSOURCE 'TEAM' STÄRKEN** — **132**

    Ziele — 132
    Überblick — 132
    Tools — 132
    Methode — 132
    Ablauf/Anleitung — 133
    Tabellarischer Ablauf Modul 4 — 136

REFERENZEN — **137**

HINTERGRUND

Ein verantwortungsvoller Umgang mit der mentalen Gesundheit Beschäftigter am Arbeitsplatz spielt auf Grund z. B. des demografischen Wandels sowie des Fachkräftemangels eine immer größere Rolle für Arbeitgeber, Führungskräfte und die Beschäftigten selbst. Aufgrund der hohen Produktivitätsverluste durch psychische Erkrankungen im europäischen Raum (WHO, 2017, US$ 140 Billionen) rückten in den letzten 10 Jahren vor allem der Erhalt sowie die Förderung mentaler Gesundheit in den Forschungsfokus. Unter mentaler Gesundheit wird dabei nicht nur die Abwesenheit psychischer Erkrankungen, sondern auch ein emotionales, psychisches und soziales Wohlbefinden verstanden (Westerhof & Keyes, 2010).

Das Erhalten und Fördern mentaler Gesundheit gilt insbesondere für Institutionen des Gesundheitswesens als wichtiger Schwerpunkt, da dort die Zahl der „Arbeitsplatz bezogenen psychischen Erkrankungen" hoch liegt (Zhou, Carder, Gittins & Agius, 2017) und metaanalytische Ergebnisse zeigen, dass spezifische psychische Erkrankungen wie die Posttraumatische Belastungsstörung eine erhöhte Prävalenz aufweisen (Petrie et al., 2018).

Bestimmte Arbeitsdimensionen im Gesundheitswesen könnten für eine erhöhte mentale Belastung mitverantwortlich sein und somit zumindest einen Teil der erhöhten Prävalenz psychischer Gesundheit erklären: So konnten Studien bei Ärztinnen und Ärzten neben beruflichen Gratifikationskrisen (d. h. die erlebten Anforderungen übersteigen die erlebten Belohnungen) gering erlebte Kontrolle im Vergleich zu den an sie gestellten Anforderungen zeigen (Bauer & Groneberg, 2013; Bauer & Groneberg, 2015). Kivimäki, Elovainio, Vahtera und Ferrie (2003) fanden darüber hinaus, dass eine geringe prozedurale Gerechtigkeit (z. B. intransparent erlebte Entscheidungsprozesse) mit einem höheren Risiko krankheitsbedingter Abwesenheit einhergeht.

Eine Dimension, die die eben genannte Arbeitsbedingungen mitbeeinflussen und selbst auch direkt auf den Erhalt der mentalen Gesundheit der Beschäftigten wirken kann, ist das Führungsverhalten (Vincent-Höper, Gregersen & Nienhaus, 2017). Aufgrund des prospektiv sowie längsschnittlich gezeigten Zusammenhangs zwischen Führungsverhalten und mentaler Gesundheit von Beschäftigten (Finne, Christensen & Knardahl, 2014; Schmidt et al., 2018) ist es ein Ziel der aktuellen Forschung, wissenschaftlich fundierte sowie effektive Ansatzpunkte zur gesundheitsförderlichen Führung am Arbeitsplatz zu entwickeln. Im Krankenhaus arbeiten gerade Führungskräfte der mittleren Führungsebene (z. B. Oberärzte und Oberärztinnen, Pflegeleitungen) in komplexen Bezügen zwischen eigenen Drucksituationen, mental belasteten Mitarbeitenden und übergeordneten Zielen der Abteilung. Damit Führungskräfte diese Rolle für sich selbst und ihre Mitarbeitenden möglichst stresspräventiv gestalten können, haben wir eine Intervention zur stresspräventiven Führung (synonym verwendet für gesundheitsförderliche Führung) im Krankenhaus entwickelt.

Stresspräventive Führung wird von uns im Hinblick auf unsere Intervention nicht ausschließlich als Führungsverhalten im engen Sinne, sondern als weiter gefasstes Konstrukt mit vier unterschiedlichen direkten und indirekten Einflusswegen der Führungskräfte auf die Mitarbeitende Gesundheit verstanden (Elprana, Felfe & Franke, 2016; Franke, Ducki & Felfe, 2015, siehe Abbildung 1). Dabei werden besonders die drei Einflusswege Überforderung und Belastung der FK (Führungskraft), Führungsverhalten und Vorbildfunktion auf Grund ihres hohen psychosozialen und relationalen Anteils in der Intervention in den Blick genommen. Während die Gestaltung der Arbeitsbedingungen durch die FK als ein vor allem durch Struktur und Management geprägter Einflussweg nur am Rande behandelt wird.

Abbildung 1: Vier Einflusswege der Führungskraft auf die Mitarbeiter:innen Gesundheit (Abbildung aus Seifried-Dübon et al., 2019, p. 257)

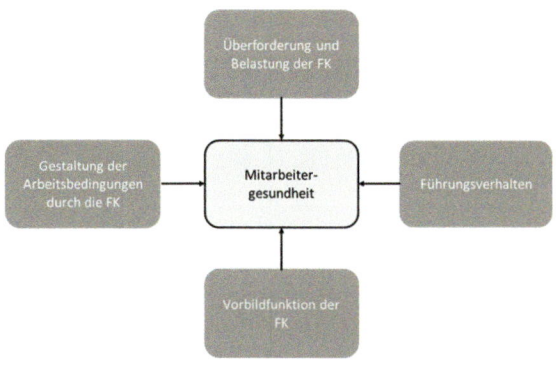

Insgesamt besteht die Intervention Stresspräventive Führungskompetenz aus vier Modulen. Die Überforderung und Belastung der FK (Führungskraft) als indirekter Einflussweg auf die Mitarbeitenden Gesundheit wird zu Beginn der Intervention im Modul 1 in den Blick genommen, da die eigene Stressbelastung der Führungskraft im Zusammenhang mit destruktivem Führungsverhalten stehen kann (Mawritz, Folger & Latham, 2014). Des Weiteren stellt die Reflexion und ein konstruktiver Umgang mit der eigenen Stressbelastung im Berufsalltag die Möglichkeit dar, potentielle Stressoren zu erkennen und ist somit die Basis stresspräventiver Führung (Pundt & Felfe, 2017). Darüber hinaus werden die Führungskräfte mit wissenschaftlichen Stresskonzepten vertraut gemacht und im Sinne ihrer persönlichen Weiterentwicklung für ihre eigene Belastung sensibilisiert. Zur Stressbewältigung im Alltag werden Achtsamkeitskonzepte in die Intervention mit einbezogen, da Studien bereits erste positive Zusammenhänge zwischen Achtsamkeit und stresspräventivem Führungsverhalten vermuten (Lange, Bormann & Rowold, 2018).

Als ein an die eigene Belastung anknüpfender Aspekt wird der direkte Einflussweg der Vorbildfunktion ebenfalls in Modul 1 und 2 der Intervention beleuchtet. So orientieren sich z. B. gerade ambitionierte Mitarbeitende im Verhalten an ihren Führungskräften (z. B. Arbeitszeiten, Pausengestaltung), da dadurch augenscheinlich Erfolgsmaßstäbe deutlich werden. Ein gesundheitsförderliches Verhalten der Führungskraft kann folglich durch die Vorbildfunktion auch ein gesundheitsförderliches Verhalten der Mitarbeitenden mitbeeinflussen.

Als weiterer direkter Einflussweg wird das Führungsverhalten im Modul 2–4 ausführlich bearbeitet. In Modul 2 wird das als stresspräventiv geltende Führungsmodell der transformationale Führung (Bass, 1999; Podsakoff, MacKenzie & Bommer, 1996; Rowold & Poethke, 2017) eingeführt. Es werden dabei konkrete Umsetzungsmöglichkeiten der beiden Führungsstile am Arbeitsplatz Krankenhaus diskutiert sowie eigenes bisheriges Führungsverhaltens und die diesem zugrundeliegenden Werte reflektiert.

In Modul 3 und 4 werden zwei weitere wichtige Aspekte stresspräventiven Führungsverhaltens betrachtet: Modul 3 beschäftigt sich dabei mit dem Konzept der wertschätzenden Kommunikation auf verbaler und nonverbaler Ebene und nimmt dabei die relationale Interaktion zwischen Führungskraft und einem/einer einzelnen Mitarbeiter:in in den Blick. In Modul 4 geht es gemeinsam mit den Teilnehmenden darum, die Konzepte der transformationalen Führung auf das gesamte Team zu übertragen. Führungskräfte sollen dabei für die Entwicklung eines gesundheitsförderlichen Teamklimas sensibilisiert werden und Werkzeuge zu den passenden Führungsimpulsen in Teams an die Hand bekommen.

Die Intervention Stresspräventive Führungskompetenz zielt in ihrer Konzeption auf eine verhaltenspräventive (Führungskräftegesundheit) sowie auf eine verhältnispräventive Dimension (Mitarbeitende Gesundheit) ab. Alle vier Module enthalten beide Dimensionen und beziehen sich in einem Teil auf die Gesundheit der Führungskraft selbst und im anderen Teil auf die Gesundheit der Mitarbeitenden. Somit werden auf Outcome Ebene sowohl Veränderungen in der Selbsteinschätzung der Führungskräfte (Verhaltensebene) als auch Veränderungen in der Einschätzung der nachgeordneten Mitarbeitenden (Verhältnisebene) durch die Intervention erwartet. Im Fokus der Intervention steht die Führungspersönlichkeit mit ihrer Haltung, Einstellung und Werten. Somit ist das übergeordnete Ziel, Führungskräfte in ihrer Persönlichkeit zu stärken und zur Reflexion anzuregen, um dann auch die angebotenen bzw. empfohlenen Mittel und Tools wirkungsvoll für sich und ihre Mitarbeitenden einsetzen zu können.

EINLEITUNG ZUM TEILPROJEKT

Rahmenbedingungen

Die Intervention zur stresspräventiven Führungskompetenz richtet sich an Führungskräfte der mittleren Führungsebene (z. B. Oberärztinnen und -ärzte, Pflegebereichs-, Funktions- bzw. Teamleitungen) aller Berufsgruppen. Insgesamt beträgt die Durchführungsdauer der Intervention 12 h, die auf einen ganzen Tag mit ca. 6 Stunden Intervention (Modul 1 und Modul 2) sowie zwei halbe Tage mit ca. 3 Stunden Intervention (Modul 3 und Modul 4) aufgeteilt sind. Die Durchführungstermine finden in einem Abstand von je ca. 3 Wochen statt. Maximal 20 Teilnehmende können zeitgleich an der Intervention teilnehmen.

Allgemeine didaktische Methodik

Jedes der vier Module besteht nach einer kurzen „Aufwärmphase" aus einem oder mehreren kurzen Impulsvorträgen des/der Trainer:in zu grundlegenden Konzepten und dem aktuellen Forschungsstand des jeweiligen Themas. Diese werden teilweise durch kurzes Videomaterial ergänzt. Auf die Impulsvorträge aufbauend werden im Anschluss kleine Reflexions- und Transferübungen in Form von Einzelarbeiten, Partnerarbeiten und Gruppendiskussionen durchgeführt. Jedes Modul wird nach Beendigung der inhaltlichen Einheit durch eine kurze Feedbackgrunde der Teilnehmenden sowie die Vorstellung der Inhalte des nächsten Moduls durch den/die Trainer:in beendet.

Da es sich bei der Zielgruppe unserer Intervention um Personen mit großer Verantwortung, Leistungsbereitschaft und Erfahrung handelt, haben wir während der Pilotphase den Eindruck gewonnen, dass Führungskräfte von dem Prinzip „Markt der Möglichkeiten" sehr profitieren. Gemeint ist damit das Ansprechen einer Vielzahl unterschiedlicher Ansätze und Themen, sodass Führungskräfte aus dem großen Angebot, die für ihre Abteilung passenden Ansätze aufgreifen können. Um diesem Prinzip gerecht zu werden, empfehlen wir, den im Manual vorgegeben Ablauf einzuhalten. Mit „nice to have" sind Elemente jeweils im entsprechenden Absatz des Manuals und in den dazugehörigen Präsentationsfolien mit dem Schriftzug „nice to have" gekennzeichnet. Diese können aufgrund von Zeitknappheit (z. B. durch längere Diskussionen entstanden) im Notfall eingespart werden. Den nicht gekennzeichneten Teil verstehen wir als „must have" – und somit als essentiellen Bestandteil der Intervention.

Benötigte Materialien

Zu Beginn der Intervention erhalten alle Teilnehmenden ein „Logbuch" (Aktenordner), in dem alle Arbeitsmaterialien zu den einzelnen Modulen kompakt gesammelt werden können. Arbeitsmaterialien z. B. Handouts, Fragebögen und Checklisten werden von dem/der Trainer:in zu Beginn jedes Modul vorbereitet und ausgeteilt. Das Logbuchmaterial enthält dabei häufig noch weiterführende Informationen oder Referenzen zu wissenschaftlichen Texten oder Reflexionspassagen, die direkt während des Moduls ausgefüllt werden können. Neben den Logbuchmaterialien werden am Ende jedes Moduls kleine Merkkärtchen ausgeteilt, die nochmals die wichtigsten Interventionsinhalte bildlich oder als kurzen Text darstellen. Diese können dank ihres Formats u. a. im Arbeitsalltag (z. B. im Arztkittel) mitgeführt werden. Für die Durchführung der Intervention benötigt der/die Trainer:in neben der interventionsbegleitenden Präsentationsfolien einen Beamer für die Impulsvorträge, Flipcharts, Pinnwände und Schreibmaterialien (Eddings und Kugelschreiber) für die Teilnehmenden, sowie für Modul 2 die Zürcher Ressourcenkarten (Krause & Storch, 2017). Am Ende jedes Moduls wird durch den/die Trainer:in ein Fotoprotokoll der bearbeiteten Flipcharts erstellt, welches per Mail an die Teilnehmenden versendet wird. Die Präsentationsfolien sind in aufbereiteter Form bereits im Logbuch enthalten und sollten somit nicht an die Teilnehmenden weitergeleitet werden. Die in diesem Absatz beschriebenen Materialen werden separat in digitaler Form zur eigenen Durchführung der Intervention zur Verfügung gestellt.

Interventionsmanual und weiteres Vorbereitungsmaterial

Das Interventionsmanual gibt einen Überblick über die Intervention sowie Hintergrundinformationen und Referenzen zu den jeweiligen zu Grunde liegenden wissenschaftlichen Konstrukten. Des Weiteren soll das Interventionsmanual als konkrete Hilfe bei der Durchführung der hier beschriebenen Intervention dienen. Der jeweilige Ablauf der Module steht als Übersicht mit Zeitangaben in Kurzform zur konkreten Durchführung zur Verfügung. Die originalen Folien mit ausführlichen Formulierungsvorschlägen und Durchführungshinweisen im Notizfeld sowie das Zusatzmaterial für Teilnehmende (Logbuchmaterialien und Merkkärtchen) sind nicht Teil des Manuals und werden separat in digitaler Form zur Verfügung gestellt. Es befinden sich jedoch im Manual konkrete Hinweise auf deren Verwendung.

Durchführung der Intervention im Online Format

Grundsätzlich empfehlen die Autoren die Durchführung der Intervention im Präsenz Format. Da Teilnehmende während der Durchführung der Intervention im SEEGEN Projekt gerade den interprofessionellen und bereichsübergreifenden persönlichen Austausch sehr schätzten sowie ohne weitere Störeinflüsse ihres beruflichen Alltags an der Intervention teilnehmen können. Dennoch kann die Intervention auch als Online Format durchgeführt werden. Teilnehmende, die auf Grund der Corona Pandemie, an der Intervention im Online Format teilgenommen haben, haben durchweg positive Rückmeldungen zum Format gegeben. Es sei trotz der räumlichen Entfernung die Möglichkeit zum Austausch und Vertraulichkeit entstanden und eine Vermittlung der Inhalte sei aus Sicht der Teilnehmenden gut möglich gewesen. Eine inhaltliche Anpassung der Intervention war dabei nicht nötig. Wichtig wäre bei einer Durchführung der Intervention im Online Format die Beachtung einiger technischer und organisatorischer Hinweise:

- Es sollte ein verlässlicher Videokonferenzdienst gewählt werden, über den auch eine größere Anzahl Personen gleichzeitig eingewählt sein können.
- Der Videokonferenzdienst sollte die Möglichkeit zur Kleingruppenarbeit in getrennten Videokonferenzräumen bieten.
- Die Teilnehmendenunterlagen (Logbücher) sollten den Teilnehmenden per Cloud oder Email kurz vor Beginn des jeweiligen Moduls zur Verfügung gestellt werden, sodass diese ausgedruckt und parallel zur Intervention zur Reflexion verwendet werden können.
- Videolinks können den Teilnehmenden z. B. über die Chatfunktion des Videokonferenzdienstes zur Verfügung gestellt werden, damit diese selbstständig angeschaut werden können.
- Das Erstellen von Flipcharts kann durch das Beschreiben einer geteilten Textfolie innerhalb der Videokonferenz ersetzt werden.

Im weiteren Manual wird die Durchführung der Intervention in Präsenz beschrieben.

ZU BEGINN

Übergeordnetes Ziel der Intervention ist die Verbesserung der stresspräventiven Führungskompetenz, sodass Führungskräfte der mittleren Führungsebene ihre Rolle als Führungskraft sowohl für sich und andere stresspräventiv ausführen können.

Voraussetzung für eine gute Atmosphäre und eine lebhafte Diskussion ist die Verschwiegenheit der Gruppe gegenüber Dritten, die nicht an der Intervention teilgenommen haben bzgl. Fallbeispielen aus den Abteilungen der Teilnehmenden und anderer Interna. Dies sollte ganz zu Beginn der Intervention mit den Teilnehmenden besprochen werden. Eine weitere Vereinbarung sollte zur Anrede der Teilnehmenden untereinander getroffen werden, da die Teilnehmenden häufig in Kleingruppen oder Partnerarbeiten zusammenkommen. In der bisherigen Intervention hatten sich die Teilnehmenden meist auf das „Du" untereinander geeinigt. Darüber hinaus sollten die Teilnehmenden explizit zur kontroversen Diskussion und zum gegenseitigen Austausch sowohl mit der Gruppe als auch mit dem/der Trainer:in ermutigt werden. Bisherige Teilnehmende nannten als einen besonders hilfreichen und lehrreichen Punkt den interdisziplinären Austausch mit anderen Führungskräften.

Ein unter Umständen sensibler Punkt, der ebenfalls zu Beginn der Intervention betont werden sollte, ist, dass die Führungskräfteintervention nicht dazu dienen soll, strukturelle Probleme wie z. B. Fachkräftemangel ausführlich zu diskutieren oder dass diese durch die Führungskräfteintervention in irgendeiner Form vermindert werden könnten/sollten. Vielmehr sollte betont werden, dass diese Führungskräfteintervention als „Markt der Möglichkeiten" zu verstehen ist und Führungskräfte sich die Ideen, neue Sichtweisen und Werkzeuge aussuchen können, die zu ihrem Führungsstil passen. Die Intervention soll folglich Führungskräfte in ihrer Rolle und somit indirekt auch deren Mitarbeitende in ihrer aktuellen Arbeitssituation unterstützen, da die Intervention den Anspruch hat, in potentiell belastenden Arbeitsumgebungen dazu beizutragen, dass Führungskräfte für sich und ihre Mitarbeitenden stresspräventiv wirken können.

MODUL 1: SELBSTFÜRSORGE ALS FÜHRUNGSKRAFT – STRESSKOMPETENT FÜHREN

Ziele
- Kennenlernen der Teilnehmenden und deren Zielorientierung
- Grundlagen zur stärkenden Führung vermitteln
- das Self-Care-Konzept kennenlernen
- Reflexion der eigenen Gesundheits- und Stresskompetenz
- Führungsrolle als Vorbildfunktion verstehen

Tools
- **Logbuch:** Logbuch (LB) S. 1–19
- **Material:**
  - Logbuch (LB)
  - Präsentationsfolien:
    PPT „Anfangssequenz"
    PPT „Führung und Gesundheit"
    PPT „Stresskompetenz"
  - Flipchart (FC)
  - Video „One Moment Meditation"
    www.youtube.com/watch?v=tfetF VePqWo
  - Merkkarten
  - dicke Buntstifte
  - Namensschilder der Teilnehmenden

Methode
- Einzelarbeit (EA)
- Partnerarbeit (PA)
- Arbeit im Plenum (PL)
- Impuls-Referat
- Meditationsübung

Überblick

Neben der Förderung der Gruppenkohäsion beschäftigt sich Modul 1 mit dem grundlegenden Thema der Stressbelastung und der Selbstführung. Thematisch lässt sich dabei Modul 1 in drei Themenblöcke gliedern. Jeder Themenblock beginnt mit einem kurzen Impulsvortrag und wird durch verschiedene Übungen (Einzelarbeit, Partnerarbeit, Gruppendiskussion) ergänzt. Nach dem Kennenlernen geht es im ersten Block um den Zusammenhang zwischen Führung und Gesundheit. Führungskräften soll hier ihre Gestaltungsmacht und ihre Vorbildfunktion anhand wissenschaftlich fundierter Ergebnisse (z. B. Einflusswege einer Führungskraft, Franke et al., 2015) sowie Modellen zur Stressbelastung am Arbeitsplatz (Anforderungs-Kontroll-Modell, Modell der organisationalen Gerechtigkeit und Modell der beruflichen Gratifikationskrise; Karasek, 2008; Kivimäki et al., 2003; Siegrist, 1996) vermittelt werden. Im zweiten Themenblock werden eigene Stresszonen anhand des Stresszonenmodells (Ballreich, Held & Leschke, 2009) in Einzelarbeit sowie im Austausch zu zweit bearbeitet. Stressoren, mentale Stressverstärker und Stressreaktionen anhand der „Stress-Ampel" nach Kaluza (2018) werden ebenfalls in Einzelarbeit und Partnerarbeit erarbeitet. Der letzte Themenblock befasst sich mit einer kurzen Achtsamkeitsübung anhand eines Videos (One-Moment Meditation, https://www.youtube.com/watch?v=tfetFVePqWo) als eine Möglichkeit zur Stressbewältigung sowie der Erarbeitung von Anwendungsmöglichkeiten dieser Übung im Arbeitsalltag. Am Ende der drei Themenblöcke werden die besprochenen Inhalte im Plenum gemeinsam mit dem/der TrainerIn zusammengefasst und im Rahmen einer Blitzlichtrunde das Feedback der Teilnehmenden zum aktuellen Modul eingeholt.

Ablauf / Anleitung

1. Vor Beginn der Intervention

- Namensschilder vorbereiten,
- Stuhlkreis bilden,
- Willkommensfolie **PPT „Führung_und_Gesundheit"** einblenden,
- Logbücher mit Handout zu Modul 1 austeilen (LB Seiten. 1–19),
- Kaffee vorbereiten,
- Teilnehmende treffen nacheinander ein,
- Teilnehmende persönlich begrüßen

2. Begrüßung der Teilnehmenden und Projektvorstellung, (PL)
10 Minuten

- Vorstellen des Interventionsteams (Name, Beruf, Aufgabe im Projekt)

3. Zielorientierung und Kennenlernen, (PL)
30 Minuten

- Agenda des Modul 1 vorstellen **PPT „Führung_und_Gesundheit" Folie 3**
- Kurzes Innehalten und Eintrag LB S.1, 3 Minuten
„*Beginn mit Logbucheintrag: Bevor wir mit der Vorstellungsrunde und dem inhaltlichen Teil des Seminars beginnen, können Sie die nächsten 3 Minuten nutzen, um nochmals zu überlegen was Ihre persönlichen Ziele für dieses Seminar sind. Sie können dazu das Logbuch nutzen (Handout auf Ihrem Platz). Sie werden zu jedem Modul einen weiteren Teil des Logbuchs von uns erhalten. Es beinhaltet eine Zusammenfassung des Moduls, Arbeitsblätter und weiterführende Literaturlinks. Zur Festlegung Ihres persönlichen Ziels können Sie im Logbuch Seite 1 verwenden. Gerne mit den dort vorgeschlagenen Satzanfängen – oder frei, so wie Sie wollen.*"
    - Kurze Erklärung, wozu das Logbuch dient:
        1. Arbeitsmaterialien, die direkt in der Intervention verwendet werden
        2. Zusatzmaterial, das nicht in der Intervention bearbeitet wird
        3. Weiterführende Literatur

- Kurze Vorstellungsrunde: Genannt werden sollten auf jeden Fall Name, Station/Arbeitsplatz, Ziele für das Seminar. Wenn noch Zeit, kann auch die Methode der „lebendigen Statistik" zur Auflockerung eingebaut werden (siehe PPT Folien 4).
- Gruppenregeln gemeinsam mit Teilnehmenden klären:
    - Namen, Fallbeispiele und Interna bleiben in der Gruppe und werden nicht an Dritte weitergegeben
    - Ansprache unter den Teilnehmenden „Du" oder „Sie"?

4. Zusammenhang von Führung und Gesundheit, Impulsvortrag
PTT „Führung_und_Gesundheit" Folie 5
15 Minuten

- Studien, Einflusswege von Führung auf die Mitarbeitende Gesundheit, Organisationale/Arbeitsplatz bezogene Stressmodelle vorstellen. Genaue Formulierungsvorschläge finden sich in den PPT Folien 6–16, Zusammenfassung in LB S. 2–3. Je nach wissenschaftlichem Interesse der Seminargruppe können ein oder zwei Studienergebnisse zum Zusammenhang zwischen Führung und Gesundheit vorgestellt werden. Was weglassen bzw. ergänzt werden kann, steht in den dazugehörigen PPT Folien, „Nice to have" Folie 6 & 7. Falls entschieden werden sollte, eine Studie wegzulassen, darf der/die Trainer:in entscheiden, welche Studie er/sie vorstellen möchte.
- **Tipp:** Vorstellung eher kurz Halten und kurze Diskussion möglich, aber nicht zu ausführlich werden lassen, sonst reicht die Zeit nicht.

5. Self-Care: Eigene Belastung 1
25 Minuten

- Drei-Zonen-Modell (Ballreich et al., 2009): Stress ist nicht gleich Stress. Wann macht Stress krank? Kurze Einführung in das Drei-Zonen-Modell und Erklärung zu der Reflexionsaufgabe und dem Austausch (PL, PTT „Stresskompetenz" Folie 2–5, 10 min). Einzelreflexion, 5 min. und dran anschließend Austausch zu zweit, 10 min. Reflexionsfragen hierzu in LB S.4 „Reflexion und Partneraustausch": (In welchen Zonen halte ich mich als Führungskraft auf? Wie wirkt es sich auf mich aus, wenn ich in der roten oder länger in der gelben Zone bin? Wie wirkt sich das auf mein Team aus?)

6. Kurze Kaffeepause
10 Minuten

7. Self-Care: Eigene Belastung 2
45 Minuten

- Vorstellung der drei Stress-Ebenen nach Kaluza (2018, pp. 16–17), kurzer Impulsvortrag PTT „Stresskompetenz" Folie 7, PL
Tipp: Vorsicht nicht verwechseln mit Drei-Zonen-Modell!
- Stressoren-Ebene: Kurzer Bezug zu Organisationalem Stressmodell evtl. oder v. a. einfach die Frage: WAS löst bei mir/meinem Team Stress aus? Antworten sammeln am Flipchart und reflektieren, was davon durch Führungskraft beeinflussbar ist und was nicht. Hinweis auf Ansätze aus Zeitmanagement, Projektmanagement etc. bzw. auf Gestaltung von Rahmenbedingungen.
- Persönliche Stressverstärker genauer betrachten, da das Schwerpunkt des Seminars darstellt: Einstellungen und Haltungen, durch die ich selbst dazu beitrage, bereits vorhanden Stress noch zu verstärken, mit Hilfe der Kopfstandtechnik:
„Situationen, in denen wir keine äußeren Faktoren verändern können, um unseren Stress zu verringern wie auch andere, wiederkehrende subjektiv erlebte Stressmomente eignen sich dazu, sich eigener stresserzeugender und -verschärfender Einstellungen und Bewertungen bewusst zu werden, diese allmählich zu verändern und förderliche Einstellungen und Denkweisen zu entwickeln, die Stress nicht verschärfen sondern abmildern können. Um herauszufinden, wie wir selbst zu unserem Stress beitragen, können wir die Kopfstandtechnik anwenden und uns fragen: Was kann ich tun, um maximal Stress zu empfinden."
PTT „Stresskompetenz" Folie 8, Folie 9, PL.

- FC: Sammeln der persönlichen Stressverstärker der Teilnehmenden im PL

Stressverstärker

- hohe / unrealistische Erwartungen
- Perfektionismus
- alles kontrollieren müssen
- Zukunft negativ erwarten
- alles an sich reißen / „nur was ich mache, ist gut genug"
- Strukturlosigkeit
- es selber machen müssen
- alles persönlich nehmen
- ungeduldig sein
- sich Selbstzweifel machen
- schlechte Stimmung zur Arbeit bringen
- „Was sollen nur die anderen denken?"
- immer ich
- ...

Sammlung Stressverstärker im PL

- Anhand der von den Teilnehmenden genannten, Stressverstärkern und der PTT „Stresskompetenz" Folie 10 das Antreiber-Modell (Kahler & Capers, 1974) vorstellen.
„Als „Persönliche Stressverstärker wirken oft innere Antreiber, in der Kindheit gelernte Anweisungen: z. B. „Sei perfekt! Mache es allen Recht! Sei stark!", „Beeil Dich!" oder „Streng Dich an!", die wir uns selbst vorhalten, wenn wir unter Stress kommen. Antreiber versprechen Erfolg und Selbstbestätigung, erfüllen aber dieses Versprechen nicht. Dies insbesondere nicht, weil sie kein Maß kennen und keinen Standard dafür bieten, wann etwas gut genug ist."
- Mit den Teilnehmenden werden gemeinsam anhand der „Kopfstandtechnik" Stressverstärker erarbeitet; auf PTT „Stresskompetenz" Folie 11 können noch hilfreiche Denkweisen und Einstellungen angeschaut werden.
- Eintrag ins Logbuch in EA LB S. 8 „Welche inneren Einstellungen möchte ich verändern?", Hinweise auf LB 17–19 Zusatzmaterial Antreiberfragebogen zum Ausfüllen für zu Hause.
- Körper-Ebene, „Nice to have": Teilnehmende: Wie wirkt sich Stress auf mich aus? Welche Körperempfindungen und -reaktionen nehme ich dann wahr? Gemeinsamer Blick auf die Ergebnisse der Kopfstandübung, PTT „Stresskompetenz" Folie 12, PL. Nur einen kurzen Blick auf die Ergebnisse werfen und schauen, ob Beispiele auf der Körperebene genannt werden.

- Kurzer Impuls zur Erholungskompetenz: Gesund Arbeiten/Pausengestaltung/Abschalten, Erholen, Regenerieren, Vorbildfunktion! Der Gesundheit Bedeutung geben! Hinweis auf weiterführendes Material im Logbuch (LB. 9–11 PPT „Stresskompetenz" Folie 13).

8. Self-Care: 3 Stress-Ebenen und eigene Stress-Muster erkennen
5 Minuten

- 3 Stress Ebenen – dem eigenen Stress auf der Spur (LB S.12 „Reflexion Stressmuster")
- Einen kurzen gemeinsamen Blick auf das im Logbuch S.12 abgebildete Tool werfen. Das Tool bietet die Möglichkeit, das eigene Stressverhalten zu analysieren und zu verändern. Teilnehmende dies entweder, wenn Zeit, 5–10 min. im Seminar ausfüllen lassen („Nice to have" Folie 13) oder wenn dies nicht möglich ist, das Tool zu Hause bei Interesse anwenden.

9. Bewusst-Sein – Selbstführung für mehr Gesundheit
PTT „Stresskompetenz" Folie 15
10 Minuten

- „Eine mögliche Methode der Stressbewältigung, die sich gut in den Berufsalltag integrieren lässt, ist das wiederholte, kurze Innehalten und Praktizieren von Achtsamkeitsübungen. Als ein geeignetes und sehr praktisches Beispiel dafür möchten wir Ihnen die One-Moment-Meditation vorstellen. Gerne können Sie gleich einmal mitmachen und der Anleitung im Video folgen."
- Video „One-Minute Meditation" zeigen https://www.youtube.com/watch?v=tfetFVePqWo PTT „Stresskompetenz" Folie 16, mit der Aufforderung an die Teilnehmenden, direkt mitzumachen, um die Methode einmal auszuprobieren.
- Möglichkeiten, die Achtsamkeitsübung im Alltag zu nutzen im kurzen Impuls vorstellen und falls weitere Ideen der Teilnehmenden kommen, diese sammeln, PTT „Stresskompetenz" Folie 17
- Hinweis auf weiterführendes Material im Logbuch LB S.13–15
„Wenn Sie an weiteren Übungen und weiterführender Literatur zur Achtsamkeit interessiert sind, finden Sie dazu im LB S. 14–16 weitere Materialien."

10. Selfcare Zusammenfassung
10 Minuten

- Zusammenfassung der Inhalte des Seminars
- PTT „Stresskompetenz" Folie 18 – Gesundheitskompetenz-Mosaik
„Wir befinden uns am Ende unseres ersten Moduls, bei dem es heute Vormittag neben dem Zusammenhang zwischen Führung und Gesundheit auch um die eigene Stressverarbeitung und Stressbewältigung ging. Damit das Thema Gesundheitskompetenz auch die nächsten Wochen Bestandteil ihres Berufsalltags bleibt, möchten wir Sie einladen, auf LB S. 16 nochmals Ihre Gesundheitskompetenz im Gesamten zu rekapitulieren und sich für die kommende Zeit bis zu unserem nächsten Seminartag einen Gesundheitsfokus zu setzen, auf den Sie besonders achten möchten."

11. Mittagspause
PTT „Stresskompetenz" Folie 19

MODUL 2: FÜHRUNGSHALTUNG UND -VERHALTEN – GELINGENDE ARBEITSBEZIEHUNGEN GESTALTEN

Ziele
- Beschäftigung mit dem eigenen Führungsmotiv
- Reflektieren von Führungsstil und Führungspraxis vor einschlägigen Hintergrundmodellen und mit Rückbezug zum eigenen Arbeitsalltag

Tools
- **LB:** Logbuch S. 1–12
- **Material:**
  - Logbuch (LB)
  - Präsentationsfolien (PTT)
  - Flipchart (FC)
  - Video „TED-Talk: Italy Talgam" www.youtube.com/watch?v=R9g3Q-qvtss
  - Züricher Ressourcenkarten
  - Pinnwände
  - Plakate mit transformationalen Kernverhaltensweisen
  - Pins, Stifte, Merkkarten
  - Süßigkeiten (verschiedene Farben zur Gruppeneinteilung)

Methode
- Einzelarbeit (EA)
- Partnerarbeit (PA)
- Kleingruppenarbeit (KG)
- Arbeit im Plenum (PL)
- Impuls-Referat
- Achtsamkeitsübung
- Interaktive Vernissage

Überblick

Modul 2 beschäftigt sich mit der Reflexion der aktuellen Führungsrolle der teilnehmenden Führungskräfte und stellt wissenschaftlich fundierte gesundheitsförderliche Führungsverhaltensweisen und ihre Umsetzung am Arbeitsplatz Krankenhaus vor. Dafür wird zu Beginn des Moduls ein Experten-Video („TED-Talk") von Itay Talgam (Talgam, 2009) gezeigt (https://www.youtube.com/watch?v=R9g3Q-qvtss), anhand dessen Analogien zwischen Dirigieren und Führungsverhalten gezogen werden können. In der anschließenden Diskussion werden verschiedene Führungsdimensionen erarbeitet bzw. benannt. An das Video anknüpfend erarbeiten die Teilnehmenden zuerst in Einzelreflexion ihre eigenen Motive als Führungskraft mit Hilfe der Zürcher Ressourcen Karten (Krause & Storch, 2017). In Kleingruppen stellen sie ihre Motive vor und tauschen sich darüber aus, wie sie diese in ihrer Führung umsetzen. Auf die persönliche Reflexion folgt als Impulsvortrag ein kurzer Input zu gesundheitsförderlichem Verhalten (transformationale Führung). Mit Hilfe einer interaktiven Vernissage (6 Stationen Reflexion), d. h. dem Austausch in Kleingruppen an verschiedenen Stationen zu den 6 Dimensionen der transformationalen Führung, sammeln die Teilnehmenden anschließend alltagstaugliche Beispiele für transformationale Führungsverhaltensweisen und notieren diese auf Plakatwände. Den Abschluss des Moduls bildet wiederum eine Übung zum Thema Achtsamkeit bzw. achtsamer Führung, mit dem Fokus auf achtsamer Führung als Grundlage gesundheitsförderlichen Führungsverhaltens (Lange et al., 2018).

Ablauf / Anleitung

1. Vor Beginn

- Züricher Ressourcen Karten auslegen (Krause & Storch, 2017, Z. B. im hinteren Teil des Raumes auf Tischen)
- Süßigkeiten auf Stühlen verteilen (verschiedene Farben der Süßigkeitenpapiere bilden später die KG für die WOZU Aufgabe. Süßigkeiten so verteilen, dass sich 3er oder 4er Gruppen bilden lassen)
- Gut wäre, wenn für die Aufgabe Mein WOZU 2 Räume zur Verfügung stehen könnten, sodass die Teilnehmenden sich verteilen können
- je 4 Klebepunkte für jeden Teilnehmenden vorbereiten (interaktive Vernissage)

2. Orientierung für Modul 2
5 Minuten

- *„Nachdem wir uns heute Vormittag ausführlich mit dem Thema Selbstfürsorge beschäftigt haben, richten wir heute Nachmittag unsere Aufmerksamkeit auf das Thema Führungsverhalten und widmen uns der Frage, wie gelingende und dadurch auch gesundheitsförderliche Arbeitsbeziehungen durch Führungsverhalten gestaltet werden können."*
- Agenda Modul II vorstellen (PPT Folie 2)

3. Einstieg ins Thema Führungsstil: Dirigenten Video
25 Minuten

- Dirigenten Video: Video "Itay Talgam, Lead like the great conductors.", PPT Folie 3 (https://www.youtube.com/watch?v=R9g3Q-qvtss)
  - Fragestellung beim Video: Welcher gleich vorgestellte Dirigent wäre für Sie ein Vorbild? Oder welche Mischung aus welchen Stilen?
  - LB S. 1 fasst Führungsdimensionen zusammen

4. Mein Wozu als Führungskraft (Führungsintention / Motivation/Vision)
40 min.

- Kennen Sie Ihr Wozu? Ziel: Motive für Führung bewusst machen und als Ressource entdecken; kurzer Impuls (PTT Folien 4–5)
- Anleitung zur Einzelarbeit und Gruppenarbeit in Zusammenhang mit den Züricher Ressourcen Karten (PTT Folie 6)
- Gruppen einteilen
  - Bildkarte (Ressourcenkarte) suchen zum eigenen WOZU als Führungskraft und Gedanken dazu im LB S.2 „Mein WOZU" in EA (15 Minuten), außerdem kann noch auf den Motivfragebogen verwiesen werden, den die Teilnehmenden im Nachgang noch eigenständig ausfüllen könnten, LB S.3–4.
- Austausch zu dem eigenen WOZU in KG (z.B. zu dritt, 15 min.)

5. Relationale Führungskompetenz: Impulsvortrag mit Schwerpunkt auf Transformationaler Führung, PTT Folie 7–12
15 Minuten

- Impuls-Vortrag zu transformationaler Führung, die wissenschaftlich als gesundheitsfördernd belegt ist:
  - Transformationale Führung (LB S. 5–7)
    6 Dimensionen: Vision, Team Spirit, Leistungsentwicklung, Vorleben, Individualitätsfokus, Innovation

6. Interaktive Vernissage zu transformationaler Führung (FC/Pinnwände, siehe Abbildung 2)
45 Minuten

- KG à 3 Personen, Einteilung wie bei „Mein WOZU":
  - 6 Stellwände / FC besuchen, alltagstaugliche Beispiele für transformationale Führung finden und direkt auf Flip Charts bzw. Moderationswänden notieren, bepunkten, welche Kernverhaltensweisen man für die bedeutsamsten im eigenen Arbeitsalltag hält (4 Punkte pro Person, es darf kumuliert werden), je mehr Punkte man auf eine Kernverhaltensweise vergibt, desto wichtiger ist diese, 30 min. PPT Folie 13:
- PL: Kurze Rückmeldung und Anschauen des Bepunktungsergebnisses, kurze Erklärung zu den wichtigsten Moderationskarten, die angepinnt wurden für die gesamte Gruppe.

7. Pause
10 min.

Beispiel für Plakat der interaktiven Vernissage

Ergänzung relationale Führungskompetenz: Will-Skill Model (Lieber, 2017): als praktisches Anwendungstool, für FK selbst und im Gespräch mit dem/der Mitarbeiter:in (PPT Folie 15–16, LB S. 8), 10 min.
„Ergänzend zur transformationalen Führung möchten wir Ihnen das Will-Skill Modell vorstellen. Es verdeutlicht, dass Führungsverhalten flexibel sein sollte und abhängig ist von der jeweiligen Arbeitssituation bzw. abhängig ist von dem/der jeweiligen Mitarbeiter:in, dessen/deren Fähigkeiten und dessen/deren Motivation." (weitere Info siehe PPT Folie 16)

8. Bewusst-Sein Training (PTT Folie 17–20) 10 Minuten

- Impuls-Vortrag (5 min.): Mindful leadership
  - 3 Mechanismen der Achtsamkeit, die Selbstregulation trainieren, Wozu nützlich in der Führung? LB S. 9–11
- Zum Abschluss 1 x One-Moment-Meditation

9. Tagesrückblick, Logbucheitrag, Feedback 15 Minuten

„Wir sind am Ende des ersten Tags des Seminars Stresspräventive Führung angelangt. Heute Vormittag haben wir uns zuerst mit dem Zusammenhang zwischen Führung und Gesundheit beschäftigt, dann mit den ganz persönlichen Stressmechanismen. Heute Nachmittag haben wir dann den Fokus von der eigenen Stresskompetenz verlagert auf das gesundheitsförderliche Führungsverhalten. Hier ging es zuerst um Ihr eigenes WOZU als Führungskraft und später um das Konzept und die alltägliche Anwendung gesundheitsförderlicher Führungsstile."

„Reflektieren Sie nochmals kurz die Inhalte des heutigen Moduls, v. a. die Kernverhaltensweisen der transformationalen Führung und setzen Sie sich für die nächsten zwei Wochen ein persönliches Ziel, das Sie erreichen möchten, eine Verhaltensweise, auf die Sie besonders achten möchten – Ihren Führungsfokus."

- Zusammenfassung des ersten und zweiten Moduls
- LB S.12: Mein Führungsfokus für die nächsten 2 Wochen, kurzer Eintrag in EA
- Abschlussrunde: jeder/jeder Teilnehmer:in ist eingeladen – auch zur persönlichen Bestärkung in den Vorhaben – nochmals diese im Hinblick auf die eigene Gesundheit und auf Führung zu benennen. Dazu Feedback zum Tag, alle Teilnehmenden können mündlich Feedback geben, ist freiwillig, nicht jeder/jede muss etwas sagen
- Ausblick: Wie geht es in Modul 3 weiter?

„Im nächsten Modul geht es um einen wichtigen Bestandteil von Führungsverhalten, mit dem Sie tagtäglich einen großen Teil ihrer Arbeitszeit verbringen – Kommunikation. Es geht dabei vor allem um das Konzept der wertschätzenden und achtsamen Kommunikation. Hier werden auch einige bekannte Kommunikationstechniken aufgefrischt."

- Spielkarten ausgeben: 3-Ebenen, One-Minute-Meditation, Transformationale Führung, Führungsfokus
  - Zu jedem Tagesteil eine Spielkarte ausgeben. „Neben den Logbuchmaterialien werden Sie am Ende jedes Moduls kleine Merkkärtchen erhalten, die nochmals die wichtigsten Interventionsinhalte bildlich oder als kurzen Text darstellen. Diese können dank ihres Formats u. a. im Arbeitsalltag (z. B. im Arztkittel) mitgeführt werden."
- Spielkarten ausgeben zu Seminartag 1 (Modul 1 und Modul 2)

TABELLARISCHER ABLAUF – MODUL 1 UND MODUL 2

Modul 1:
Selbstfürsorge als Führungskraft – Stresskompetent führen
Ziel: ‚Kick-Off', Orientierung, Grundlagen stärkender Führung, Self-Care, Reflexion eigene Gesundheit und Stresskompetenz, Führungskraft als Vorbild

Zeit	Ziel/Thema	Inhalt/Ablauf/Form	Material
10 min	Beginn Projektvorstellung	Anmoderation, Titel/Vorstellung des Teams mit Namen, Einordnung Thema, Projektrahmen, Erklärung Begleitevaluation	PPT „Führung_und_Gesundheit", Folien 1–2
30 min	Kennenlernen, Zielorientierung	Agenda vorstellen, unsere Intention und Zielsetzung Vorstellungsrunde mit Name, Station/Arbeitsplatz, ‚Warum bin ich hier' in einem Satz, kurzer Eintrag zur eigenen Zielorientierung ins Logbuch S. 1	LB Seite 1 PPT „Führung_und_Gesundheit", Folie 3
15 min	Impulsvortrag Zusammenhang Führung & Gesundheit	PL: Zusammenhang von Führung und Gesundheit (Impulsvortrag) – Studien – Einflusswege von Führung auf die Mitarbeiter/innen Gesundheit – Organisationale Stressmodelle	PPT „Führung_und_Gesundheit", Folien 5–16 LB Seiten 2–3
25 min	Self-Care Eigene Belastung 1	3-Zonen-Modell: Stress ist nicht gleich Stress. Wann macht Stress krank? – Einführung in das drei Zonen Modell und Erklärung der Aufgabe (10 min.) – Einzelreflexion im Logbuch (5 min.), anschließend Austausch zu zweit (10 Minuten) – In welchen Zonen halte ich mich als Führungskraft wie viel auf? – Macht es für mein Team einen Unterschied …? Wie wirkt es sich aus, wenn ich in der gelben oder roten Zone bin?	PPT „Stresskompetenz", Folien 2–5 LB: Anleitung für Partnerarbeit, Seite 4
45 min	Self-Care Eigene Belastung 2	Vorstellung des 3-Ebenen-Modells als kurzer Impulsvortrag (Kaluza, Stress-Ampel) Äußere Stressoren: Zeitdruck, Leistungsanforderungen, soziale Konflikte, kurz auf Zuruf sammeln, Was sind Ihre Stressoren am Arbeitsplatz? Mentale Ebene': Einstellungen, Haltungen, durch die ich selbst zu Stress beitrage. – Wie tragen wir selbst dazu bei, Stress zu haben oder uns unter Druck zu setzen? – Kopfstandtechnik: Wenn ich maximal Stress haben will, dann mache ich das so: Sammeln, auf Flipchart notieren … – Vorstellung: Antreiber-Modell und stressverschärfende Denkmuster – 5 Minuten Reflexion mit LB: welche Stressmuster möchte ich ändern? Körper-Ebene: Wie wirkt sich Stress auf mich aus? Welche Körperempfindungen und -reaktionen nehme ich dann wahr? – Kurzer Impuls: Gesund Arbeiten/Pausengestaltung/Abschalten, Erholen, Regenerieren, Vorbildfunktion! … Der Gesundheit Bedeutung geben! Hinweis auf weiterführendes Material im Logbuch	PPT „Stresskompetenz" Impuls-Referat kurz, Folien 7–15 FC „Persönliche Stressverstärker" (Einstellung, Haltung, Denkweisen, LB Seiten 5–7) LB: Stresskompetenz, Seite 8, Antreiberfragebogen Seiten 17–19 (als Zusatzmaterial) LB: Pausen und Erholungskompetenz, Seiten 9–11
10 min	Pause		

Zeit	Ziel/Thema	Inhalt/Ablauf/Form	Material
5 min	**Self-Care** 3 Stress-Ebenen, eigene Stress-Muster erkennen	**Zusammenfassung 3-Ebenen-Modell:** **Stressdetektiv – dem eigenen Stress auf der Spur** – Eine exemplarische Übungsmöglichkeit für zu Hause	**LB** Seite 12
10 min	**Bewusst-Sein –** **Selbstführung für mehr Gesundheit**	– **Video One-Minute-Meditation** zeigen, mit der Einladung an Teilnehmende, direkt mitzumachen, um die Methode einmal auszuprobieren – Möglichkeiten, dies im Alltag zu nutzen, im kurzen Impuls vorstellen und falls weitere Ideen der Teilnehmenden kommen, diese sammeln	**PPT** „Stresskompetenz", Folien 15–17 **Video:** One Minute Meditation, Folie 15, Link siehe oben **LB:** weiterführende Info Seiten 13–15
15 min	**Selfcare** **Zusammenfassung Aufgabe**	**Zusammenfassung der Inhalte Selfcare, 3 Zonen, 3 Ebenen, Gesundheitskompetenz-Mosaik:** im Logbuch als Einzelarbeit bearbeiten und sich ein „Self Care" Ziel bis zum nächsten Modul setzen: Wie ich in den nächsten 2 Wochen auf meine Gesundheit achte... (Hinweis: die Umsetzung hängt v. a. davon ab, welche Bedeutung ich dem gebe!)	**LB:** Stresskompetenz-Mosaik (Logbuch), Seite 16 **PPT** „Stresskompetenz", Folie 18
5 min	**Rückblick** **Vormittag**	**Kurzer Rückblick** – Ausblick auf Nachmittag	
1 h	**Mittagspause**		

Modul 2:
Führungshaltung und -verhalten: Gelingende Arbeitsbeziehungen gestalten

Zeit	Ziel/Thema	Inhalt/Ablauf/Form	Material
5 min	Beginn	Begrüßung, Orientierung Modul 2	**PPT:** Agenda Folie 2
25 min	Einstieg ins Thema Führungsstil	**PL:** gesundheits- und teamorientierte Führungsstile **Dirigenten-Video** Itay Talgam, Lead like the great conductors. Dimensionen: – Beziehung (hierarchisch – partnerschaftl / kühl – herzlich) – Ziel (vorgegeben, individueller Raum) – Struktur (Klar – ‚Überklar') – Freiraum, Individualität in der Interpretation – Art der Kontrolle, Umgang mit ‚Fehlern' – ‚Persönlichkeit'/'Charisma' – ‚lebt' die Führungskraft das, um was es geht? (Sinn) **Besprechung des Videos im PL:** Guter Stil – Was heißt das für Sie? Welcher Dirigent wäre für Sie am ehesten Vorbild? Oder welche Mischung aus den verschiedenen Stilen? TED-Video Itay Talgam, Link siehe oben	**LB** Seite 1 mit YouTube-Link und im Video angesprochenen Dimensionen **PPT** Folie 3
35 min	Mein Wozu als Führungskraft	**Mein ‚WOZU'** (Führungsintention) Kennen Sie Ihr Wozu? Ziel: Visionen/ Intentionen/ Motive für Führung bewusst machen und als Ressource entdecken (kurzer Impuls) Dreiergruppen nach Süßigkeiten einteilen für die KG später – **EA (15 min.):** Bildkarte suchen zum eigenen WOZU als Führungskraft und Gedanken dazu im Logbuch. – **KG (15 min.):** Austausch zu dem eigenen WOZU in Dreiergruppen	**PPT** Folien 4–6 Ressourcenkarten **LB** Seite 2: Mein Wozu (zu Karten) **LB** Seiten 3–4: Fragebogen Motive (als Ergänzung)
15 min	Relationale Führungskompetenz: Transformationale Führung	**Vortrag zu Führungsansätzen**, die wissenschaftlich als gesundheitsfördernd belegt sind: **Transformationale Führung – Wozu?** Inspirieren, motivieren, mit Visionen, Zielen, unterstützen,	**PPT** Impuls-Vortrag, Folien 7–12 **LB** Seiten 5–8
10 min	Pause		
45 min	Interaktive Vernissage zu transformationaler Führung	**Interaktive Vernissage zu Kernverhaltensweisen transformationaler Führung** – Pinnwände / FC Plakate mit Kernverhaltensweise, 2 Bsp. und Bild (Vorlage siehe PPT) – **KG à 3**, Einteilung wie bei „Mein WOZU" (30 min.): 6 Stellwände besuchen, alltagstaugliche Beispiele für transformationale Führung finden und direkt auf FlipCharts/Moderationswand notieren, bepunkten welche Kernverhaltensweisen man für die Bedeutsamsten im eigenen Arbeitsalltag hält (4 Punkte, es darf kumuliert werden) **PL:** Kurze Rückmeldung und Anschauen des Bepunktungsergebnisses, Erklärung zu den einzelnen Moderationskarten für die gesamte Gruppe	PPT Folie 13 (Erklärung der Aufgabe) 6 Stationen (Moderationswand/Flipchart) – Stifte an jedem FC – 4 Klebepunkte pro Person

Zeit	Ziel/Thema	Inhalt/Ablauf/Form	Material
12 min	**Relationale Führungskompetenz:** Will-Skill-Modell	**Situative Führung/Will–Skill:** als praktisches Anwendungstool, für FK selbst und im Gespräch mit dem/der Mitarbeiter/in 7 min. Übung mit Übungsblatt und Austausch	**PPT** Folien 15–16 **LB** Seite 9
08 min	**Bewusst-Sein Training**	**Impuls:** Mindful Leadership Verbindung zwischen transformationaler Führung und Mindful Leadership) – Impuls (5 min.): Mindful Leadership, 3 Mechanismen der Achtsamkeit, die Selbstregulation trainieren, Wozu nützlich in der Führung? – 3 min. Übung (3 min. Atempause)	**PPT** Folien 17–20 **LB** Seiten 9–10
15 min	Zusammenfassung Zielsetzung Logbuch Ausblick	– **LB-Eintrag:** Mein Führungsfokus für die nächsten 2 Wochen – **Zusammenfassung** **Ausblick:** Wie geht es im 3. Modul weiter? Buddyphase ankündigen, um Buddysuche schon mal anzubahnen/zu erleichtern Abschluss-/Feedbackrunde: Was nehme ich mit?	**PPT** Folie 21 **LB** Seite11: Mein Führungsfokus für die nächsten 2 Wochen Spielkarten SK1: 3-Ebenen SK 2: Transformationale Führung SK 3: Führungsfokus SK 4: One-Moment Meditation

MODUL 3: MOTIVE, BEDÜRFNISSE UND STRESSOREN VON MITARBEITENDEN – ACHTSAM KOMMUNIZIEREN ALS FÜHRUNGSKRAFT

Ziele
- Wissen, welche Rolle Wertschätzung und Anerkennung im Umgang mit Stress am Arbeitsplatz spielen
- Erarbeitung, wie auf Grundlage dessen Kommunikation gestaltet werden kann

Tools
- LB: Seiten 1–14

- Material:
  - Logbuch (LB)
  - Präsentationsfolien (PTT)
  - Flipchart (FC)
  - kleine Zettel mit Namen der Teilnehmenden (lose)
  - Merkkarten
  - Video „Haka Fußball"
    www.youtube.com/watch?v=yiKFYTFJ_kw

Methode
- Einzelarbeit (EA)
- Partnerarbeit (PA)
- Kleingruppenarbeit (KG)
- Arbeit im Plenum (PL)
- Impuls-Referat
- Achtsamkeitsübung
- Interaktive Vernissage

Überblick

Nach einer kurzen Partnerreflexion des eigenen Führungsverhaltens in den Wochen zwischen dem ersten und dem zweiten Seminartag beschäftigen sich die Teilnehmenden damit, wie sich transformationale Führung in der direkten Kommunikation mit einzelnen Mitarbeitenden umsetzen lässt. Ein Impulsvortrag mit Praxisbeispielen stellt die grundlegenden Konzepte wertschätzender Kommunikation vor und führt die Transaktionsanalyse nach Eric Berne (z. B. Berne, 1968; für einen Überblick siehe Kriz, 2014) als mögliche Strukturierungshilfe für reflektierte Führungskommunikation ein. Daraufhin werden klassische Kommunikationstechniken (aktives Zuhören und Feedbackgeben) unter dem Blickwinkel beziehungsorientierter und achtsamer Führung als Mikroinputs dargestellt und in kurzen Übungen (Mini-Rollenspielen, Partnerarbeiten) trainiert.

Ablauf / Anleitung

1. Vor Beginn

- Namenslose vorbereiten
- Video und Ton checken

2. Begrüßung der Teilnehmenden
(PTT Folien 1–2)
5 Minuten

- Begrüßung
- Agenda vorstellen

3. Reflexion der letzten zwei Wochen
(PTT Folie 3)
10 Minuten

- Erfahrungen der letzten zwei Wochen Im Hinblick auf ‚Mein WOZU', eigene Motive, gesundheitsförderlichen Führungsstil: „Wie haben Sie die letzten beiden Wochen geführt?" in Zweierteams austauschen (3 min.).
- Fragen klären, falls Bedarf im PL

4. Beobachtungsaufgabe „Secret Buddy" – Namen-Wichteln (PTT Folie 4)
10 Minuten

- Namen-Lose ziehen lassen
- Bitte gezogene Person unauffällig beobachten. Ankündigung: Später ein wertschätzendes stärken-orientiertes Feedback an diese Person geben. Später mehr dazu, jetzt schon so viel: „*Entscheiden Sie sich bewusst, WIE Sie die andere Person beobachten möchten. Mit welcher Haltung und welcher Absicht? Und ob Sie mit Kopf, Herz oder Bauch beobachten bzw. mit welcher Mischung davon. D.h., sich klarzumachen, dass es subjektiv ist und ich einen aktiven Part habe i.S. der ‚Wahr-Gebung', dass ich immer beteiligt bin und in Resonanz zur anderen Person.*"

5. Mitarbeitende motivieren, kurzer Hinweis
(PTT Folien 6–9), sind „Nice to have" und können bei Zeitnot weggelassen werden
3 Minuten

- Mögliche Reflexionsübung zu Mitarbeitermotiven zu Hause LB S.2, Hinweis auf die Übung bitte auch geben, wenn PPT Folien 6–9 weggelassen werden.

6. Partnerschaftlich Führen, Impuls-Vortrag
(PTT Folien 10–15)
15 Minuten

- Impuls-Vortrag mit Praxisbeispielen zu partnerschaftlich und wertschätzend in der Kommunikation: Transaktionsanalyse (für einen Überblick zum theoretischen Hintergrund siehe Kriz, 2014)
- Reflexion: WIE bin ich im Alltag unterwegs, Folie 16, „Nice to have"

7. Gesundheitsförderliche Kommunikation
(PTT Folien 17–20)
35 Minuten

- Feedback als Teil transformationaler Führung – verbindet Menschen, Impuls-Vortrag (12 min.), wertschätzendes Feedback, stärkende Wirkung, Vermeidung von Kränkung durch erlebte Abwertung
- Feedback – Wozu und wie? Mit Achtsamkeits-Botschaft: Achtsam bedeutet aus unserer Sicht, hierbei die Doppelperspektive zwischen Ich (Führungskraft) und der/die Andere (Mitarbeiter:in) während eines Feedbackprozesses einzunehmen und dabei bewusste Selbstwahrnehmung, Empathie und Kommunikations- bzw. Beziehungsgestaltung in den Feedback Prozess mit einfließen zu lassen.
- Kurze Übung zur Reflexion des bisherigen Feedbackverhaltens im Logbuch LB S.6
- Übung (PTT Folie 20, LB S.7):
  - In EA: Ein wertschätzendes Feedback an eine/n Mitarbeiter:in formulieren, das Freude bewirkt/ein Lächeln hervorruft. Ein kritisches Feedback formulieren, das wertschätzend ankommt und angenommen werden kann. (5 min.)
  - In PA: Beides ‚testen' wie es ankommt, Feedback geben (15 min.)

8. Aktives Zuhören
(PTT Folien 21–28, LB S.8)
20 Minuten

„Nice to have", PTT Folie 21: Wenn es die Zeit zulässt, kann zu Beginn der kurze Brief „Worum es beim Zuhören geht" vorgelesen werden, siehe Notizbereich Folie 21.

Zuhören als Basiskompetenz beziehungsorientierter Führung. Aspekte, um die es geht: Präsent sein, empathisch sein, bewusst auch mit eigenen Emotionen und Gedanken während der Kommunikation mit Mitarbeitenden umgehen.

- Vorübung zum aktiven Zuhören: 3 Minuten Bewusstsein (die eigene Befindlichkeit, Körperempfindungen, Gedanken, Gefühle wahrnehmen), PTT Folie 23
- Übung 1: Zuhören und dabei präsent und empathisch sein – Kurzübung 6 min., PTT Folien 24–25
- Übung 2: Zuhören und kurz wiedergeben, was angekommen ist auf verschiedenen Ebenen – Kurzübung 6 min., PTT Folien 26–27

9. Pause
10 Minuten

10. Präsent sein
(PTT Folie 29)
10 min.

- Präsent sein – Mitarbeitende sehen – Wertschätzung ausdrücken, WIE? – So wie die Haka?
- Video „Haka Fußball" zeigen als Beispiele für Präsenz:
  https://www.youtube.com/watch?v=yiKFYTFJ_kw
- Präsenzsprung – Übung zum Präsent sein (Erläuterung siehe PPT Folie 29 und Video, Nice to have)

11. Präsent sein – Übung und Reflexion
(PTT Folien 30–31)
15 Minuten

- PL: WIE sind Sie präsent? WIE zeigen Sie Wertschätzung?
  - Brainstorming zu der Frage: „Wie sind Sie präsent in Ihrem Alltag?" im PL
  - FC mit Überschrift „Wie/wodurch sind Sie präsent?" „Wie/wodurch zeigen Sie Wertschätzung?" vorbereiten – Stichworte und Ideen zum Thema Präsent sein im Plenum sammeln, 10 min.
  *„Jede/r hier ist auf seine eigene Art und Weise präsent. Jede/r hier hat schon unzählige Male Wertschätzung ausgedrückt, auf unterschiedliche Art.
  Jede/r kann davon erzählen, wie es gelungen ist, mit einer Mitarbeiterin oder einem Mitarbeiter eine gute Arbeitsbeziehung aufzubauen.
  Im Plenum sammeln wir Ihre unterschiedlichen Weisen, um damit einen Pool an Möglichkeiten zu finden, der wiederum zur gegenseitigen Anregung führen kann."*

Im Gruppenraum: Vorbereitetes Flipchart.
Dann: offenes Gespräch/Austausch.
Moderation: Immer wieder nachfragen, vertiefend oder zur Frage zurück… (Was noch…?)
Fragen wie: „Was würden Ihre Mitarbeitenden sagen, wie und wodurch sie die Präsenz der Führung erleben, auf welche Weise sie Wertschätzung erfahren, …?"
Ergebnisse auf Flipchart visualisieren (siehe Abbildung 3).

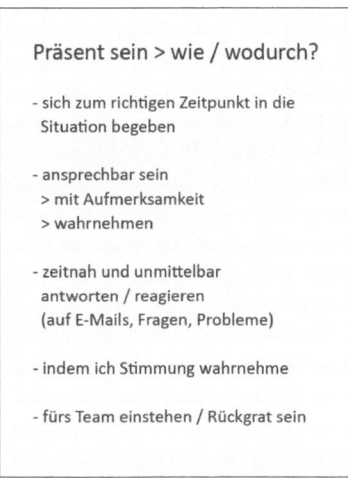

Abbildung 3: Brainstorming zum Thema „Präsent sein"

- EA anschließend an das Brainstorming im PL: Was von den genannten Punkten nehme ich mit in den Alltag? (LB S.9), 5 min.

12. Kurzer Exkurs – Belastung bei Mitarbeitende ansprechen
(PTT Folie 32)
5 Minuten

„Wenn Sie Mitarbeitende in Ihrem Team haben, bei denen Sie den Eindruck haben, sie befinden sich an ihrer Belastungsgrenze oder sogar in der Überforderungszone, ist es wichtig, diese Belastung bei Ihren Mitarbeitenden anzusprechen. Orientieren Sie sich dabei an den Grundregeln des Feedbackgebens. Für die konkrete Planung und Durchführung eines solchen Fürsorgegesprächs, die über die heute gelernten/aufgefrischten Grundlagen hinausgehen, finden Sie im LB S. 10–13 konkrete Hilfestellungen und Anregungen."

13. Secret Buddy
   (PTT Folie 33)
   10 Minuten

- Achtsam Feedback geben (Secret-Buddy, alle Teilnehmenden geben ein Feedback und bekommen ein Feedback)
  Anmoderation: Im Raum umhergehen, den Buddy besuchen, Feedback geben, Feedback das man bekommt, auf sich wirken lassen.
  „Bitte gehen Sie zu Ihrem Buddy. – Warten Sie einen geeigneten Moment ab.
  Bitte teilen Sie Ihrem Buddy etwas mit darüber, wie Sie ihn/sie heute wahrgenommen und erlebt haben. Vielleicht hat er/sie Sie zu etwas angeregt. Vielleicht haben Sie sogar etwas gelernt von ihr/ihm. Vielleicht gab es etwas Bemerkenswertes, Positives, wie zum Beispiel, die Art der Aufmerksamkeit oder Beteiligung, die Ihnen aufgefallen ist. Es kann auch nur ein ganz kleines Feedback sein. Wichtig: Es geht um ein stärkendes, ressourcenorientiertes, positives Feedback."
- Übung durchführen lassen
- Austausch dazu im PL
  Reflexion: Wie hat dieses Feedback auf Sie gewirkt? Übertragen auf Mitarbeiterfeedback – Auf welche Weise haben Sie Ihren Buddy beobachtet? Macht es einen Unterschied dafür, WIE Sie die Person wahrgenommen haben, dass die Aufgabe lautete, anschließend ein positives, stärkenorientiertes Feedback zu geben? Falls ja – was bedeutet das im Hinblick auf die Frage, wie Ihre Wahrnehmung Ihrer Mitarbeiter zustande kommt? Was wäre also, wenn Sie mehr mit einer bewusst stärkenorientierten ‚Brille' unterwegs wären?

14. Tagerückblick (Feedback) und Ausblick
   15 Minuten

- Zusammenfassung Modul 3
  „Wir sind am Ende von Modul 3 des Seminars Stresspräventive Führung angelangt. Heute haben wir uns mit Kommunikation als DEM Mittel zu beziehungsorientierter Führung beschäftigt. Neben dem Model der Transaktionsanalyse als theoretischem Hintergrund haben wir ganz praktisch die Grundlagen der gesundheitsförderlichen Kommunikation Feedback geben, aktiv Zuhören und Präsent sein geübt."
- Feedback zum Tag, alle Teilnehmenden können mündlich Feedback geben, ist freiwillig, nicht jede/r muss was sagen
- Ausblick: Wie geht es in Modul 4 weiter?
- Spielkarten ausgeben: Transaktionsanalyse, Feedback, Präsenz und Wertschätzung

TABELLARISCHER ABLAUF MODUL 3

Modul 3:
Selbstfürsorge als Führungskraft – Stresskompetent führen

Ziel: Wissen, welche Rolle Wertschätzung und Anerkennung spielen und wie Kommunikation deshalb gestaltet sein soll.

Zeit	Ziel/Thema	Inhalt/Ablauf/Form	Material
5 min	Start	Begrüßung, Agenda vorstellen	PPT Folien 1–2
10 min	Reflexion	Erfahrungen der letzten zwei Wochen: Reflexion als Austausch zu **‚Mein WOZU', eigene Motive, gesundheitsförderlicher Führungsstil:** ‚Wie haben Sie die letzten beiden Wochen geführt?' **PA:** Partneraustausch zu den letzten zwei Wochen 7 min. **PL:** 3 min. Austausch falls Bedarf, Fragen klären falls Bedarf…	PPT Folie 3
10 min	Aufgabe	**Secret Buddy – Namen-Wichteln:** für Wichtel-Feedback. Bitte unauffällig beobachten. Ankündigung: später ein wertschätzendes stärkenorientiertes Feedback geben. Später mehr dazu, jetzt schon so viel: Entscheiden Sie sich bewusst, WIE sie die andere Person beobachten möchten. Mit welcher Haltung und welcher Absicht? Und ob Sie mit Kopf, Herz oder Bauch beobachten bzw. mit welcher Mischung davon. (d. h., sich klarzumachen, dass es subjektiv ist und ich einen aktiven Part habe i. S. der ‚Wahr-Gebung' und dass ich immer beteiligt bin und in Resonanz zur anderen Person)	Namen-Lose PPT Folie 4
3 min	Mitarbeiter/innen motivieren	Mini-Impuls zum Mitarbeiter/innen motivieren – Kennen Sie das **WOZU Ihrer Mitarbeiter/innen** …? Dazu gibt es weiteres Material im Logbuch	PPT Folien 6–9 LB Seite 2
15 min	Partnerschaftlich Führen	**PL:** Partnerschaftlich und wertschätzend kommunizieren – **Transaktionsanalyse** Impulsreferat – Ich-Zustände mit kurzer Übung in der Gruppe Ich-Zustände erkennen – Wozu ist das Modell der Ich-Zustände nützlich in der Führung?	PPT Folie 10–15
35 min	Gesundheitsförderliche Kommunikation	**Feedback** – verbindet Menschen **PL:** Impulsvortrag zu Empathie & Feedback (10 min.) – Feedback – wozu und wie? Ich-Botschaft… **EA (5 min.)/PA (15 min.)** – Ein wertschätzendes Feedback an MA formulieren, das Freude bewirkt/ein Lächeln hervorruft. – Ein kritisches Feedback formulieren, das wertschätzend ankommt und angenommen werden kann. **PA:** Beides ‚testen' wie es ankommt	PPT Folien 17–20 LB Seite 6 LB Seite 7
10 min	Pause		

Zeit	Ziel/Thema	Inhalt/Ablauf/Form	Material
20 min	Aktiv Zuhören	Zuhören als Aufmerksamkeits-Geschenk: Impuls: Aktives Zuhören – achtsam Zuhören – bewusst Zuhören als Einstimmung Brief über Zuhören ‚Wenn Du…' **Ü1: PA** Achtsam Zuhören (basic) 2 x 1 min. plus Feedback je 2 min. > insgesamt 6 min. **Ü2: PA** Achtsam Zuhören mit Zusammenfassung des Gehörten und Versuch, auch sich selbst dabei wahrzunehmen. 2 x 2 min. plus Feedback je 2 min. > insgesamt 8 min.	**PPT** Folien 21–28 Text lesen Ü: jeweils auf PPT **LB** Seite 8
10 min	Präsent sein	Präsent sein – Mitarbeiter/innen sehen – Wertschätzung ausdrücken Beginn mit HAKA Fußball Video WIE? – So wie die Haka? – Präsenzsprung …	**PPT** Folie 29 Video Haka Fußball, Link siehe oben
15 min	Übung und Reflexion	**PL: WIE sind Sie präsent?** **WIE zeigen Sie Wertschätzung?** - Brain storming zu den Fragen wie sind Sie präsent und wie zeigen Sie Wertschätzung in Ihrem Alltag? **EA:** was von den genannten Punkten nehme ich mit in den Alltag?	**FC** mit Überschrift **PPT** Folien 30–31 **LB** Seite 9
5 min	Belastungen ansprechen	**PL:** Impulsvortrag – **Es ist wichtig, MitarbeiterInnen frühzeitig anzusprechen** und ‚wie spreche ich belastete Mitarbeiter/innen an?' – Verweis aufs Logbuch	**PPT** Folie 32 **LB** Seiten 10–13
10 min	Secret Buddy	**PL: Achtsam Feedback geben (Secret-Buddy)** Anmoderation: Im Raum umhergehen, den Buddy besuchen, Feedback geben, Feedback das man bekommt, auf sich wirken lassen. Übung durchführen lassen, Austausch dazu im PL, nachfragen, welche Rolle es gespielt hat, WIE man jemanden beobachtet hat, mit welcher ‚Brille' etc.	**PPT** Folie 33
15 min	Zusammenfassung Logbuch Ausblick Abschluss	– Zusammenfassung des Tages – Spielkarten verteilen – Ausblick: Wie geht es im 4. Modul weiter? – Feedback zum Tag	**LB** Spielkarten 1 SK: Transaktionsanalyse 2 SK: Feedback 3 SK: Präsenz und Wertschätzung 4 SK: 3 min. Achtsamkeitsübung

MODUL 4: ERFOLGREICH GESTALTEN IN KOMPLEXEN BEZÜGEN – DIE RESSOURCE 'TEAM' STÄRKEN

Ziele
- Beschäftigung mit den Themen: Ressource Team – Belastungen reduzieren und Teams stärken – Kenntnisse
- Kennenlernen von zugehörigen Modellen
- Praxisansätze vermitteln

Tools
- **LB: Seiten 1–13**

- Material:
  - Logbuch (LB)
  - Präsentationsfolien (PTT)
  - Flipchart (FC)
  - Klebepunkte
  - Video „Quicksand" https://www.youtube.com/watch?v=WwkkfJwOl2s
  - Spielkarten

Methode
- Einzelarbeit (EA)
- Partnerarbeit (PA)
- Kleingruppenarbeit (KG)
- Arbeit im Plenum (PL)
- Impuls-Referat

Überblick

Nachdem Modul 3 seinen Schwerpunkt auf der dyadischen Führung und Kommunikation zwischen Führungskraft und einem/einer einzelnen Mitarbeiter:in hat, ist es Ziel von Modul 4, die Teamführung und somit das Team als Gesamtes in den Blick zu nehmen. Als konkret nutzbare Werkzeuge werden den Teilnehmenden das Teamkompetenznetz (Seibel & Rickert, 2019) sowie die Teamuhr nach Tuckman (Tuckman, 1965; Tuckman & Jensen, 1977) vorgestellt und an einigen Stellen praktisch geübt. Durch die Einordnung des eigenen Teams in eine der 5 verschiedenen Phasen nach Tuckman können Teamdynamiken analysiert und die passende Grundlage für Führungsimpulse geschaffen werden. Abschließend werden Impulse zu zielführender und stresspräventiver Gestaltung von Teambesprechungen vorgestellt und diskutiert. Zum Abschluss der Intervention planen die Teilnehmenden eine auf die Intervention folgende Praxisphase. Die Teilnehmenden setzten sich dabei ein Führungsziel, das sie in den folgenden drei Monaten umsetzten möchten und halten dieses schriftlich fest. Sie teilen sich außerdem in Zweierteams (Tandems) ein. Diese können sich im Anschluss an das Seminar treffen um die gesetzten Ziele zu reflektieren, sich kollegial zu beraten und Ideen zur Umsetzung auszutauschen.

Ablauf / Anleitung

1. Vor Beginn

- FC zur Teamuhr vorbereiten
- Video und Ton checken

1. Begrüßung der Teilnehmenden
(PTT Folie 1)
5 Minuten

- Agenda PTT Folie 2

2. Reflexion der Erfahrungen der letzten zwei Wochen
(PTT Folie 3)
10 min.

- Erfahrungen der letzten 2 Wochen im Hinblick auf Kommunikation gestalten
  - Kurzer Austausch in zweier Teams 7 min. in PA
- kurzer Austausch falls Bedarf, Fragen klären, falls Bedarf im PL

3. Orientierung und Zusammenhang transformationale Führung
(PTT Folie 4)
5 min.

- Transformationale Führung im Team
  „Ein Team ist zunächst ein gedankliches Konstrukt. Einzelne, unterschiedliche Menschen sollen zu-sammenarbeiten. Mit einem gemeinsamen Ziel, einer gemeinsamen Aufgabe, innerhalb bestimmter Strukturen. Eine höchst komplexe Sache, so ein Team. Wie kann man das ‚führen'? Und wie insbesondere unter dem Aspekt der Gesundheitsprävention? Ein soziales System kann nicht so einfach unmittelbar von einer Stelle aus verändert werden. Am besten, man macht es gemeinsam mit dem Team zum Thema."

4. Organisationsentwicklungsdreieck zur Orientierung, wo Interventionen zur Teamentwicklung ansetzen können.
(PPT Folie 5)

Ein Tool dazu auf Teamkulturseite: „Das Teamkompetenznetz."

5. Teamkompetenznetz
(Seibel & Rickert, 2019, PTT Folie 6-10)
30 min.

- Tools zur Weiterentwicklung der Teamkultur; für gute Zusammenarbeit sorgen: z. B. Team-kompetenznetz als kurzen Impulsvortrag vorstellen & praktische Einsatzmöglichkeiten des Tools (PTT Folie 7-10, 10 min.)
- EA (10 min., LB S.2-3): „Angenommen, ich würde das Tool einsetzen …"
- PA (10 min.): Gegenseitiges Vorstellen der Ideen und Gespräch darüber, ob es sich lohnen würde / wie der Einsatz aussehen würde

6. Teamentwicklung und Teamdynamik
(PTT Folien 11-14)
50 min.

„Ein Team als soziales System unterliegt auch verschiedenen Gruppendynamiken. Als Führungs-kraft zu wissen, in welcher teamdynamischen Phase sich das eigene Team im Augenblick befindet, ist die Grundlage für den passenden Führungsimpuls. Ein Modell das bei der Einschätzung der je-weiligen Teamdynamik hilfreich sein kann, ist das Teamphasenmodell nach Tuckman."

- Teamphasenmodell vorstellen (Tuckman, 1965; Tuckman & Jensen, 1977, PPT Folie 12-14, 5 min.)
- EA: Reflexion im LB S.4-6 (5 min.)
- PL: Jede/r klebt einen Punkt, wo er/sie das eigene Team im Moment sieht und sagt, woran er/sie das gerade fest macht (10 min.)
- KGs werden nach Team-Phasen (ca. 3 Personen pro Phase, falls es mehr Personen pro Pha-se sind wo nötig 2 Gruppen pro Phase bilden) eingeteilt, Führungskräfte, die sich in einer Phase befinden bilden eine gemeinsame KG, (15 min.): Teilnehmende tauschen sich in die-sen KG aus. Für jede Phase sammeln die KGs auf kleine Moderationskarten Anregungen aus bisherigen Erfahrungen, was Führung tun kann, um das Team zu unterstützen.
- PL: 15 min. Ergebnisse der einzelnen KGs werden gesammelt, jede KG stellt ihre Ergebnisse vor und pinnt die Moderationskarten zur entsprechenden Phase an das Team-Uhr Flipchart

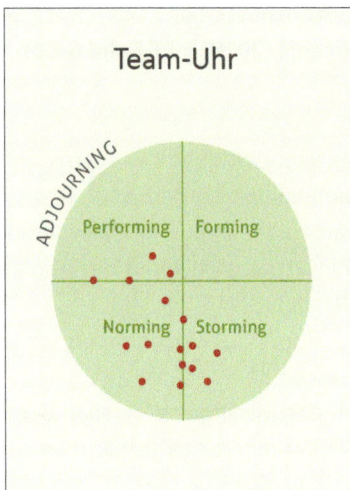

Abbildung 4: FC zur Teamuhr

7. Pause
10 min.

8. Bewusst und emotional kompetent Führen in Veränderungen
(PTT Folie 16–19)
15 min.

„*Teams sind neben den internen Dynamiken häufig auch äußeren organisatorischen Veränderungen unterworfen. Große organisatorische Veränderungs-Vorhaben werden meist vom oberen Management entschieden und entwickelt (Folie 17). Auf dem Papier sieht das überschaubar und gut aus. Teams und Einzelne erleben in einem Wandel jedoch oft starke Gefühlsschwankungen. Für Führungskräfte stellt in diesen Situationen eine kompetente Führung häufig eine Herausforderung dar. (Folie 18)*",
„Nice to have", Folie 19: Phasen der Veränderung als kurzes Video

- Teams achtsam und emotional kompetent führen: Emotionale Kurve Veränderungen, 8 Phasen der Veränderung (Kübler-Ross, 2005; Lehner, 2015; Streich, 2016) vorstellen (LB S.7-8 zur Vertiefung)
- Video „Quicksand" zu den einzelnen Phasen zeigen, https://www.youtube.com/watch?v=WwkkfJwOl2s

9. Besprechungen Nutzen!
(PTT Folie 20)
10 min.

„*Es gibt eine Filmszene im Film ‚Tatsächlich Liebe', in der Rowan Atkinson (‚Mister Bean') als Verkäufer in der Schmuckabteilung eines Kaufhauses, einen Kunden schier verrückt macht. Der Kunde möchte das heimlich für seine Geliebte gekaufte Schmuckstück möglichst schnell verpackt haben. Doch der Verkäufer verliert sich in kunstvollen Geschenkverpackungsdetails. Der Schlüsselsatz: „Das ist nicht nur eine Tüte. Das ist so viel mehr als eine Tüte!". Wir haben diese Idee aufgegriffen, denn eine Besprechung ist so viel mehr als eine Besprechung. Es ist die oftmals einzige regelmäßig etablierte Gelegenheit, Ihr Team bei persönlicher Anwesenheit zu führen, da ja ein großer Teil der Kommunikation digital erfolgt. Auch hier geht es nicht allein um Besprechungstechniken und -methodik, sondern um praktizierte beziehungsorientierte Führung.*"

- Besprechung – bewusst Führen in Besprechungen: Chancen nutzen! Kurzer Impulsvortrag
- EA zum Thema Teambesprechungen LB S.10 (5 min.)

10. Praxisphase planen
(PPT Folie 21–23)
15 min.

„*Wir sind nun fast am Ende unseres Seminars angelangt. Damit die Anregungen und Ideen aus diesem Seminar noch weiter in Ihren Berufsalltag hineinwirken können, möchten wir Ihnen die Gelegenheit geben, für sich und Ihre Abteilung ein kleines Führungsprojekt für die nächsten drei Monate zu planen. Dieses Projekt sollte ein für Sie attraktives und erreichbares Ziel darstellen und eine konkrete Aktion (z. B. Teamkompetenznetz) beinhalten. Bei dem Erreichen dieses Ziels unterstützt Sie eine/r der anderen Teilnehmenden sozusagen als „Buddy".*"

- Praxisphase planen
  - Attraktives, erreichbares Ziel
  - Konkrete Aktionen
  - Treffen mit Buddy, Gleich einen ersten Termin verabreden?
- In EA: eigenes Praxisprojekt planen (schriftlich), (LB S.11-13)

11. Spielkarten ausgeben
   5 min.

„Nachdem wir die Planung ihrer Praxisphase abgeschlossen haben, haben wir als kleine Erinnerung an das 4. Modul auch wieder 4 Merkkärtchen für Sie."
- Merkkärtchen austeilen: Besprechung, Team-Uhr, Gespräch, Praxis-Idee

12. Abschlussrunde
   (PPT Folie 23, PPT Folie 24)
   20 min.

„So, nun sind wir wirklich ganz am Ende des Seminars angelangt. Uns interessiert natürlich, ob und wenn ja, welche Anregungen Ihnen dieses Seminar gebracht hat. Gehen Sie dafür nochmal zwei Minuten in sich. Als Gedankenstütze kann Ihnen auch nochmals die Präsentationsfolie dienen. Danach freuen wir uns über einen Satz zum heutigen Modul, einen zum gesamten Seminar und über das was Sie uns sonst noch mit auf den Weg geben wollen."
- Achtsamkeitsübung: ‚Be-Sinnung', (2 min.)
- Feedback zum Tag und Feedback zur gesamten Intervention: Jede/r ca. 3 Sätze zum Abschluss (auch Referenten und Referentinnen!)

13. Verleihung Zertifikate für die Teilnahme an der Intervention

TABELLARISCHER ABLAUF MODUL 4

Modul 4:
Erfolgreich Gestalten in komplexen Bezügen: Die Ressource – „Team" stärken

Ziel: Ressource Team – Belastungen reduzieren, Teams stärken – Kenntnisse, Modelle, Praxisansätze dazu

Zeit	Ziel/Thema	Inhalt/Ablauf/Form	Material
5 min	Start	Begrüßung, Orientierung in Modul 4	PPT Folie 1
10 min	Reflexion	Erfahrungen der letzten zwei Wochen: Im Hinblick auf Kommunikation gestalten PA: Partneraustausch 7 min. PL: 3 min. Austausch falls Bedarf, Fragen klären falls Bedarf…	PPT Folie 3
5 min	Orientierung	Orientierung Modul 4: Agenda, Transf. Führung – wie praktisch umsetzen um Teams stärken, Belastungen reduzieren?	PPT Folien 4–5
5 min	Perspektive Teamentwicklung	Teams als Führungskraft gesundheitspräventiv führen und beeinflussen: Modell zur Orientierung: Organisationsentwicklungsdreieck (Strategie – Struktur – Kultur)	PPT 1 Folien 6–10
30 min	Teamkompetenz-netz	Tool zur Weiterentwicklung der Teamkultur – Impulsvortrag: Tool vorstellen (10 min.) – **Praktische Einsatzmöglichkeiten des Tools** – **EA (10 min.):** Angenommen, ich würde das Tool einsetzen (Logbuch) **PA (10 min.):** Gegenseitiges Vorstellen der Ideen und Gespräch darüber, ob es sich lohnen würde.	PPT Folie 11–14 LB Seiten 2–3: Teamkultur reflektieren und verändern
50 min	Teamentwicklung, Team-Dynamik	Teamdynamik – Teamphasenmodell – Teamphasenmodell vorstellen 5 min. (Impulsvortrag) – **EA:** Reflexion im Logbuch (10 min.) – **PL:** Jede/r soll Punkt kleben, wo er/sie das eigene Team im Moment sieht. Einteilung in KGs nach Phasen (5 min.) – **KGs nach Phasen (15 min.):** Für jede Phase Anregungen aus bisherigen Erfahrungen sammeln, was Führung tun kann, um das Team zu unterstützen. – **PL:** 15 min. Ergebnisse sammeln, auf Zuruf auf FC schreiben	PPT Folien 11–14 FC, Klebepunkte LB Seiten 4–6
10 min	Pause		
15 min	Führen in Veränderungen	Teams achtsam und emotional kompetent führen in Veränderungen: – Emotionale Kurve Veränderungen > 7 Phasen vorstellen	PTT Folien 16–19 Video Quicksand, Link siehe oben LB Seiten 7–8
10 min	Besprechungen Nutzen!	Besprechung – Bewusst Führen in Besprechungen – Chancen nutzen! (Impulsvortrag) – **EA:** Logbuch Eintrag	PTT Folie 20 LB Seite 10
15 min	Praxisphase planen	Die Praxisphase planen – Attraktives, erreichbares Ziel, Konkrete Aktionen – Treffen mit Buddy, Gleich einen ersten Termin verabreden?	PPT Folien 21–23 LB Seite 11–13
20 min	Abschlussaktion	**Abschlussrunde:** Achtsamkeitsübung: ‚Be-Sinnung', (2 min.) Jede/r 3 Sätze zum Abschluss (auch Referent:innen!) **Verleihung Zertifikate**	PPT 24, 4 Spielkarten: Besprechung, Team-Uhr, Gespräch, Praxis-Idee

REFERENZEN

Ballreich, R., Held, W. & Leschke, M. (2009). Stress-Balance: Wege zu mehr Lebensqualität. Esslingen: Gesundheitspflege initativ.

Bass, B. M. (1999). Two decades of research and development in transformational leadership. European Journal of Work and Organizational Psychology, 8, 9-32. doi:10.1080/135943299398410

Bauer, J. & Groneberg, D. (2013). Ärztlicher Disstress–eine Untersuchung baden-württembergischer Ärztinnen und Ärzte in Krankenhäusern. DMW-Deutsche Medizinische Wochenschrift, 138(47), 2401–2406.

Bauer, J. & Groneberg, D. A. (2015). Ärztliche Arbeitsbedingungen im Krankenhaus. [Working conditions of physicians in hospitals – A comparison of specialties in German hospitals (iCept-Study)]. Deutsche medizinische Wochenschrift, 140(15), e150-e158. doi:10.1055/s-0041-103165

Berne, E. (1968). Spiele der Erwachsenen: Psychologie der menschlichen Beziehungen. Hamburg: Rowohlt.

Elprana, G., Felfe, J. & Franke, F. (2016). Gesundheitsförderliche Führung diagnostizieren und umsetzen. In J. Felfe & R. van Dick (Hrsg.), Handbuch Mitarbeiterführung: Wirtschaftspsychologisches Praxiswissen für Fach- und Führungskräfte (S. 147–156). Berlin: Springer.

Finne, L. B., Christensen, J. O. & Knardahl, S. (2014). Psychological and social work factors as predictors of mental distress: A prospective study. PLoS One, 9(7).

Franke, F., Ducki, A. & Felfe, J. (2015). Gesundheitsförderliche Führung. In J. Felfe (Hrsg.), Trends in der psychologischen Führungsforschung (S. 253–264). Göttingen: Hogrefe.

Kahler, T. & Capers, H. (1974). The Miniscript. Transactional Analysis Journal, 4(1), 26–42. doi:10.1177/036215377400400110

Kaluza, G. (2018). Stressbewältigung: Trainingsmanual zur psychologischen Gesundheitsförderung. doi:10.1007/978-3-662-55638-2 (Originalarbeit publiziert im Jahre

Karasek, R. (2008). Low social control and physiological deregulation-the stress-disequilibrium theory, towards a new demand-control model. Scandinavian Journal of Work, Environment & Health(6), 117–135.

Kivimäki, M., Elovainio, M., Vahtera, J. & Ferrie, J. (2003). Organisational justice and health of employees: prospective cohort study. Journal of Occupational and Environmental Medicine, 60(1), 27–34. doi:10.1136/oem.60.1.27

Krause, F. & Storch, M. (2017). Ressourcen aktivieren mit dem Unbewussten: Die Züricher Ressourcen Modell Bildkartei Bildformat DIN A6 (2. aktualisierte Aufl.). Bern: Hogrefe.

Kriz, J. (2014). Grundkonzepte der Psychotherapie. Weinheim: Beltz.

Kübler-Ross, E. (2005). On Grief and Grieving: Finding the Meaning of Grief Through the Five Stages of Loss. London: Simon & Schuster Ltd.

Lange, S., Bormann, K. C. & Rowold, J. (2018). Mindful leadership: Mindfulness as a new antecedent of destructive and transformational leadership behavior. Gruppe. Interaktion. Organisation. Zeitschrift für Angewandte Organisationspsychologie (GIO), 49(2), 139-147. doi: 10.1007/s11612-018-0413-y

Lehner, S. (2015). Leadership in den emotionalen Phasen der Veränderung. In Change Leadership (S. 72–96): Springer.

Lieber, B. (2017). Personalführung leicht verständlich (3, überarbeitete Aufl.). Konstanz & München UVK Verlagsgesellschaft mbH.

Mawritz, M. B., Folger, R. & Latham, G. P. (2014). Supervisors' exceedingly difficult goals and abusive supervision: The mediating effects of hindrance stress, anger, and anxiety. Journal of organizational Behavior, 35(3), 358-372. doi:10.1002/job.1879

Petrie, K., Milligan-Saville, J., Gayed, A., Deady, M., Phelps, A., Dell, L., ... Glozier, N. (2018). Prevalence of PTSD and common mental disorders amongst ambulance personnel: a systematic review and meta-analysis. Social psychiatry and psychiatric epidemiology, 53(9), 897-909. doi:10.1007/s00127-018-1539-5

Podsakoff, P. M., MacKenzie, S. B. & Bommer, W. H. (1996). Transformational leader behaviors and substitutes for leadership as determinants of employee satisfaction, commitment, trust, and organizational citizenship behaviors. Journal of Management, 22(2), 259-298. doi:10.1177/014920639602200204

Pundt, F. & Felfe, J. (2017). HoL, Health oriented leadership: Instrument zur Erfassung gesundheitsförderlicher Führung. Bern: Hogrefe.

Rowold, J. & Poethke, U. (2017). Fragebogen zur Integrativen Führung. FIF. Bern: Hogrefe.

Schmidt, B., Herr, R. M., Jarczok, M. N., Baumert, J., Lukaschek, K., Emeny, R. T. & Ladwig, K.-H. (2018). Lack of supportive leadership behavior predicts suboptimal self-rated health independent of job strain after 10 years of follow-up: Findings from the population-based MONICA/KORA study. International archives of occupational and environmental health, 91(5), 623-631. doi:10.1007/s00420-018-1312-9

Seibel, T. & Rickert, K. E. (2019). Teamdynamik entwickeln, begleiten, gestalten.: manager Seminare Verlags GmbH.

Seifried-Dübon, T., Stuber, F., Schnalzer, S., Rieger, M. A., Zipfel, S. & Junne, F. (2019). Stresspräventive Führung im Gesundheitswesen: Evidenzbasierte Führungsmodelle und Relationale Führungskompetenz. In P. Angerer, H. Gündel, S. Brandenburg, A. Nienhaus, S. Letzel, & D. Nowak (Hrsg.), Arbeiten im Gesundheitswesen: Psychosoziale Arbeitsbedingungen – Gesundheit der Beschäftigten – Qualität der Patientenversorgung (S. 253–273). Landsberg am Lech: ecomed Medizin.

Siegrist, J. (1996). Adverse health effects of high-effort/low-reward conditions. Journal of Occupational Health Psychology, 1(1), 27. doi:10.1037/1076-8998.1.1.27

Streich, R. K. (2016). Fit for Leadership. Wiesbaden: SpringerGabler-Verlag.

Talgam, I. (2009, Juli). Itay Talgam: Lead like the great conductors [Videodatei].

Tuckman, B. W. (1965). Developmental sequence in small groups. Psychol Bull, 63(6), 384-399. doi:10.1037/h0022100

Tuckman, B. W. & Jensen, M. A. C. (1977). Stages of small-group development revisited. Group & Organization Studies, 2(4), 419–427. doi:10.1177/105960117700200404

Vincent-Höper, S., Gregersen, S. & Nienhaus, A. (2017). Do Work Characteristics Mediate the Negative Effect of Transformational Leadership on Impaired Well-Being? Zeitschrift für Arbeits- und Organisationspsychologie, 61(4), 167–180. doi:10.1026/0932-4089/a000249

Westerhof, G. J. & Keyes, C. L. M. (2010). Mental Illness and Mental Health: The Two Continua Model Across the Lifespan. Journal of adult development, 17(2), 110-119. doi:10.1007/s10804-009-9082-y

WHO. (2017). Mental health in the workplace – informations sheed

Zhou, A. Y., Carder, M., Gittins, M. & Agius, R. (2017). Work-related ill health in doctors working in Great Britain: incidence rates and trends. The British Journal of Psychiatry, 211(5), 310-315. doi:10.1192/bjp.bp.117.202929

VEREINBARKEIT VON BERUF UND FAMILIE

WORKSHOP FÜR BESCHÄFTIGTE AM ARBEITSPLATZ KRANKENHAUS

VEREINBARKEIT VON BERUF UND FAMILIE

WORKSHOP FÜR BESCHÄFTIGTE AM ARBEITSPLATZ KRANKENHAUS

Manuela Gulde, Eva Rothermund,
Nadine Mulfinger, Nicole Hander,
Lucia Jerg-Bretzke & Ute Ziegenhain

INHALT – TP1.D

ÜBERSICHT ONLINE-MATERIALIEN	140
EINLEITUNG ZUM TEILPROJEKT	141
ZU BEGINN	143
MODUL 1:	
BEGRÜSSUNG UND EINFÜHRUNG	145
Ziele	145
Tools	145
Methoden	145
Überblick	145
Ablauf/Anleitung	146
Online-Durchführung	148
MODUL 2:	
SUPERMAMA, SUPERPAPA – VEREINBARKEIT UND FAMILIE	149
Ziele	149
Tools	149
Methoden	149
Überblick	149
Ablauf/Anleitung	150
Online-Durchführung	152
MODUL 3:	
SUPERWOMAN, SUPERMAN - VEREINBARKEIT UND BERUF	153
Ziele	153
Tools	153
Methoden	153
Überblick	153
Ablauf/Anleitung	154
Online-Durchführung	157
MODUL 4:	
PRAKTISCHES STRESSMANAGEMENT UND DER NÄCHSTE SCHRITT	158
Ziele	158
Tools	158
Methoden	158
Überblick	158
Ablauf/Anleitung	159
Online-Durchführung	160
LITERATURVERZEICHNIS	161
ANLAGE	162

ÜBERSICHT ONLINE-MATERIALIEN

(Auf Anfrage verfügbar)

Anhang A: Arbeitsblätter und Arbeitsmaterialien

- Modul_1_Programmablauf_TeilnehmerInnen
- Modul_1_AB_01_Mindmap
- Modul_1_Rollenspiel_gesamt
- Modul_1_Rollenspiel_Karteikärtchen
- Modul_2_AB_01_Vereinbarkeitsspielbrett_Familie
- Modul_2_AB_02_Handreichung zum Umgang mit schwierigen Konstellationen im Vereinbarkeitsspielbrett
- Modul_3_AB_01_Vereinbarkeitsspielbrett_Beruf
- Modul_3_AB_02_Bilanz_und_nächste_Schritte
- Modul_4_AB_01_Brief_an_mich_selbst
- Modul_4_Yoga_Kärtchen

Anhang B: Präsentationen

- Modul_2_PPT_Einstieg_O-töne
- Modul_2_PPT_Entwicklungs- und Bindungstheorie
- Modul_3_PPT_Stress

Anhang C: Flipchart-Vorlagen

(Druckvorlage als PDF, Maße: Länge: 98 cm, Breite: 68 cm)

- Modul_1_Flipchartvorlage1_Begrüßung
- Modul_1_Flipchartvorlage2_Gruppenvereinbarungen
- Modul_1_Flipchartvorlage3_Lebendige Statistik
- Modul_1_Flipchartvorlage4_Vorstellungsrunde_die_zweite
- Modul_1_Flipchartvorlage5_Ziel und Inhalt (Mindmap)
- Modul_2_Flipchartvorlage6_Commitment
- Modul_2_Flipchartvorlage7_Vereinbarkeitsspielbrett
- Modul_3_Flipchartvorlage8_Eltern als Jongleure
- Modul_3_Flipchartvorlage9_Stressampel
- Modul_3_Flipchartvorlage10_Stress_Waage
- Modul_4_Flipchartvorlage11_der nächste Schritt

Anhang D: Zusatzmaterial Online-Durchführung

- Modul_3_OnlineZusatz_Auftragskarussell
- Modul_4_Umschlag Postkartengröße, frankierter und adressierter Rückumschlag

EINLEITUNG ZUM TEILPROJEKT

Dies ist das Handbuch zur Intervention „Vereinbarkeit von Beruf und Familie am Arbeitsplatz Krankenhaus": Die „Vereinbarkeit von Beruf und Familie" ist über verschiedene Lebensphasen hinweg ein zentrales Thema der Arbeitsgestaltung. Politisch haben sich die Bedingungen für junge Familien in den vergangenen Jahren bereits gebessert. Beschäftigte im Gesundheitswesen unterliegen jedoch sowohl dem demografisch bedingten Fachkräftemangel, als auch den nach wie vor noch nicht zufriedenstellend gelösten Problemen von Vereinbarkeit von Beruf und Familie. Darüber hinaus fordern die Arbeitsbedingungen im Krankenhaus, wie z. B. hohe emotionale Anforderung, hohe Arbeitslast und Schichtarbeit nicht nur im beruflichen, sondern auch im privaten sozialen Bereich besondere Anpassungsleistungen von Beschäftigten. Eine familienfreundliche Personalpolitik wird von einigen Unternehmen und Branchen bereits gezielt zur Stärkung der Wettbewerbsfähigkeit und Wirtschaftlichkeit genutzt. Dass gesellschaftspolitische Entwicklungen und extreme Engpässe in der Pflege auch im Gesundheitssektor zum Umdenken anregen, ist ein positives Signal. Um Mitarbeiter*innen im Krankenhaus zu binden, werden Interventionen benötigt, die auf die Verbesserung von Vereinbarkeit von Beruf und Familie abzielen und dabei sowohl verhaltens- als auch verhältnispräventive Ansätze kombinieren, um den speziellen Anforderungen der Berufe, wie zum Beispiel Schichtarbeit, Rechnung tragen zu können.

Die im Teilprojekt 1.D „Vereinbarkeit von Beruf und Familie am Arbeitsplatz Krankenhaus" der SEEGEN-Studie entwickelte und pilotierte Intervention („Toolbox") zur Prävention stressassoziierter Gesundheitsprobleme im Kontext von Vereinbarkeit im Krankenhaus verbindet daher sowohl verhaltens- als auch verhältnispräventive Elemente zu einem Maßnahmenpaket. Ziel dieses Maßnahmenpakets ist es, zum einen im Rahmen eines Workshops für Beschäftigte in der Familienphase den individuellen Handlungsspielraum zu erweitern (Verhaltensebene) und zum anderen durch „Runde Tische" Impulse für strukturelle und organisatorische Veränderungen im Hinblick auf eine verbesserte Vereinbarkeit im System Krankenhaus zu setzen (Verhältnisebene).

Beim Teilprojekt 1.D. handelt es sich um eines von fünf Teilprojekten, das dem BMBF-geförderten Forschungsverbund „Seelische Gesundheit am Arbeitsplatz Krankenhaus" (SEEGEN) zugeordnet ist. Ziel des Verbundprojektes ist es, eine komplexe Intervention basierend auf verhaltens- und verhältnispräventiven Maßnahmen zu entwickeln, deren Wirksamkeit zu prüfen und für die praktische Anwendung an weiteren Kliniken bereitzustellen. Die Ergebnisse des Teilprojektes 1.D fließen in diese komplexe Intervention ein. Das Projekt ist registriert (https://www.drks.de/drks_web/) und wissenschaftlich evaluiert (Hander et al, 2021).

Der **eintägige Workshop** besteht aus acht Unterrichtseinheiten à 45 Minuten bzw. vier thematisch aufeinander aufbauenden Modulen à 90 Minuten, die durch Pausen strukturiert sind. Der Workshop richtet sich an Beschäftigte aus dem Pflege-, Funktions- und ärztlichen Dienst mit Kindern im Alter von null bis 18 Jahren. Die optimale Teilnehmeranzahl liegt zwischen mindestens sechs und maximal 15 Personen. Ziel des Workshops ist es, Vereinbarkeitsstress besser zu meistern, indem eine persönliche Analyse und Reflexion der eigenen Situation jedes Teilnehmenden ermöglicht und auf dieser Basis zu „nächsten Schritten" angeregt wird. Dies findet durch die für den Workshop entwickelten Arbeitsblätter statt, welche, angeleitet durch den Trainer/die Trainerin, teils allein und/oder in Kleingruppenarbeit bearbeitet werden. Weitere zentrale Elemente sind die fachlichen Referate zum Zusammenhang zwischen Stresserleben, Stressantwort und dem Einfluss des eigenen Stresses in der Beziehung zum Kind, Stellschrauben für das Stresserleben und aktuelle entwicklungspsychologische Erkenntnisse für den praktischen Alltag als Elternteil. Ebenfalls werden die Teilnehmenden zu einem praktischen Stressmanagement in Form von Yoga angeleitet. Für die Durchführung sollte ein ausreichend großer Raum sowie Yoga-Matten für alle Teilnehmenden zur Verfügung gestellt werden. Ebenfalls sollten die Teilnehmenden vorab informiert werden, entsprechend bequeme Sportkleidung mitzubringen. Kontrastierend zu einem reinen Bewältigungsworkshop geht es in diesem Workshop auch um das Herausarbeiten der Konstellation „Dilemma" im Rahmen eines Rollenspiels, um in einem weiteren Schritt den Umgang mit einer nicht zufriedenstellend lösbaren Vereinbarkeitssituation zu erarbeiten.

Die verhältnispräventive Maßnahme **„Runder Tisch"** nutzen wir in dieser Intervention als Instrument zur Informationsweitergabe und zum Informationsaustausch sowie zur „Auftragsklärung", um eine partizipative Gestaltung flexibler Strukturen zur Vereinbarkeit in einer Organisation zu ermöglichen. Ziel ist die Entwicklung von nachhaltigen Lösungsmöglichkeiten im partizipativen Prozess mit betroffenen Beschäftigten und Entscheidungsträger*innen aus der Klinik sowie anderen Systemen, die bei der Organisation von Arbeit und Familie beteiligt sind (Kindertagesstätte, Schule). Mit diesem Prozess ist beabsichtigt, dass die Themen der Runden Tisches zu Themen in der Organisation werden und damit selbstständig über formelle und informelle Kanäle innerhalb der Organisation weiterbearbeitet werden.

ONLINE-DURCHFÜHRUNG:

Das Manual wurde für ebenfalls für eine Online-Durchführung adaptiert. Hinweise hierzu finden Sie in orange gekennzeichneten Abschnitten mit dem Vermerk „Online-Durchführung". Die Teilnehmer*innen erhalten hierfür vorab das Logbuch mit den erforderlichen Materialien per Post zugesandt.

ZU BEGINN

Wir können zwar nicht die Welt retten, noch den Fachkräftemangel im Krankenhaus lösen oder eine politische Wende herbeiführen …

… aber wir können den Blick jedes/r einzelnen Workshopteilnehmer*in auf seine individuelle Vereinbarkeitssituation schärfen, indem eine persönliche Analyse und Reflexion der eigenen Stresssituationen an der Nahtstelle zwischen Arbeit und Familie ermöglicht und auf dieser Basis zu „nächsten Schritten" angeregt wird.

Konkret bedeutet dies, die Teilnehmer*innen für ihre eigene Situation zu sensibilisieren und ihren Handlungsspielraum zu erweitern, d. h. mögliche Stresssituationen zu erkennen, zu analysieren und wenn möglich, zu entschärfen.

Die Schwerpunkte des Workshops liegen neben der Vermittlung von theoretischem und praktischem Handlungswissen auf der Nutzung der Gruppe als Impulsgeber für individuelle Veränderungen im Hinblick auf eine verbesserte Vereinbarkeit. Der Workshop bedient sich dabei den Wirkfaktoren der Gruppe wie Universalität des Leidens, gegenseitige Unterstützung, Modell- und stellvertretendes Lernen. Dazu wurde bewusst eine homogene Zusammensetzung der Teilnehmergruppe aus berufstätigen Müttern und Vätern am Arbeitsplatz Krankenhaus gewählt, um eine gemeinsame Erfahrungsgrundlage zu schaffen und so den Austausch und die emotionale Beteiligung zu erhöhen. Daher sollte zu Beginn des Workshops aus-reichend Zeit eingeplant werden, die Erfahrungen, Wünsche und Erwartungen jedes/r einzelnen Teilnehmer*in aufzunehmen sowie die allgemeinen Gruppen-/Kommunikationsregeln zu besprechen, um eine angenehme Arbeitsatmosphäre zu schaffen. Kommunikationsregeln bieten ein hilfreiches Gerüst und tragen zum Gelingen des Workshops bei. Sie geben dem Workshop einen passenden Rahmen, damit sich die Teilnehmer*innen konzentriert und ohne Ablenkungen dem Vereinbarkeitsthema zuwenden können.

Folgende Kommunikationsregeln, welche zu Beginn des Workshops auf einer Flipchart o. ä. vorgestellt werden, haben sich bewährt, sind einfach und für alle nachvollziehbar. Bei Bedarf können diese Regeln entsprechend ergänzt werden:

1. Wertschätzung: Es wird auf wertschätzende Weise kommuniziert.
2. Vertraulichkeit: Was in der Gruppe gesagt wird, bleibt in der Gruppe.
3. Verbindlichkeit: z. B. Pünktlichkeit.
4. Handys werden aus bzw. lautlos geschaltet.

Ebenfalls raten wir dazu, während des Workshops aufkommende und geäußerte Verbesserungsvorschläge, kritische Diskussionsbeiträge, Beschwerden etc. der Teilnehmer*innen direkt aufzunehmen und zu sammeln. Im Rahmen des Projektes SEEGEN ist eine Rückmeldung dieser gesammelten Punkte konzeptionell durch die Runden Tische vorgesehen. In einem anderen Rahmen sollte vorab mit der Organisation geklärt werden, an welches Gremium oder Person diese Punkte rückgemeldet werden können. Meist haben die Organisatoren, die die Veranstaltung angefragt haben, ein Interesse am Thema. Unserer Erfahrung nach beinhalten die von den Teilnehmer*innen eingebrachten Punkte wichtige Informationen zur Verhältnisprävention.

Der Workshop nutzt zur Wissensvermittlung verschiedene didaktische Methoden. Um einen besseren Überblick der angewandten didaktischen Methoden in den einzelnen Modulen zu erhalten, finden sich an den entsprechenden Programmpunkten Symbole im Manual. Die Erläuterung der einzelnen Symbole befindet sich auf Seite 8.

Die jeweils in den einzelnen Modulen zu verwendenden Arbeitsmaterialen wie z. B. Arbeitsblätter, Infoblätter, PowerPoint-Präsentation, Flipchart-Vorlagen, Handreichungen usw. sind im Manual durch kursive Schrift gekennzeichnet. Diese Arbeitsmaterialien finden sich auch teilweise im Logbuch für die Teilnehmer*innen.

Texte kursiv und in Anführungszeichen dienen der Workshopleitung als Vortragshilfe zur Einführung von Arbeitsaufträgen oder theoretischem Input.

Türkis umrandete Texte beinhalten wichtige Hinweise für die Workshopleitung wie z. B. Stolpersteine, FAQ und Hinweise zur Durchführung des jeweiligen Programmpunktes.

Hinweise zur Sitz- oder Tischordnung befinden sich jeweils unter den einzelnen Kapitelüberschriften.

Orange umrandete Texte beinhalten Hinweise zur Online-Durchführung.

Je nach Gruppenzusammensetzung kann die Besprechung der Ergebnisse aus den Kleingruppen im Plenum oder in den Kleingruppen selbst erfolgen. Die Entscheidung, wie die Ergebnisse dargestellt werden, trifft die Workshopleitung für jede Workshopgruppe und für jede Kleingruppenarbeit individuell. Folgende Aspekte sollten dabei berücksichtigt werden:

1. Welche Hierarchieebenen nehmen am Workshop teil (Stationsleitung(en), Assistenz-ärzt*in(nen), Pflegekräfte, Oberärzt*in(nen) etc.)?
2. Welche Berufsgruppen befinden sich im Workshop?
3. Welche Stationen/Abteilungen einer Klinik nehmen am Workshop teil?
4. Wie gut kennen sich die einzelnen Teilnehmer*innen?
5. Wie wird die Atmosphäre im Workshop wahrgenommen?
6. Können sich die Teilnehmer*innen frei zu einem Thema äußern?
7. Gibt es „Außenseiter*innen"?

Erläuterung der verwendeten Symbole:

 theoretischer Input / Impulsvortrag über eine PowerPoint-Präsentation

 theoretischer Input / Impulsvortrag über Flipchart-Poster

 Einzelarbeit

 Partnerarbeit

 Gruppenarbeit

 Rollenspiel

 Plenumsdiskussion

 Arbeitsblätter / Informationsblätter / Feedbackfragebögen / Handreichungen

MODUL 1: BEGRÜSSUNG UND EINFÜHRUNG

Ziele
- Teilnehmer*innen lernen den/die Dozent*in und die Gruppe kennen
- Teilnehmer*innen erhalten Informationen zum Workshopablauf und den Lernzielen
- Sensibilisierung der Teilnehmer*innen für Dilemmata im Berufsalltag

Tools
- **Flipcharts**
  - Modul_1_Flipchartvorlage1_Begrüßung
  - Modul_1_Flipchartvorlage2_Gruppenvereinbarungen
  - Modul_1_Flipchartvorlage3_Lebendige Statistik
  - Modul_1_Flipchartvorlage4_Vorstellungsrunde_die_Zweite
  - Modul_1_Flipchartvorlage5_Ziel und Inhalt
- **Arbeitsblätter**
  - Modul_1_Programmablauf_TeilnehmerInnen
  - Modul_1_AB_01_Mindmap
  - Modul_1_Rollenspiel_gesamt
  - Modul_1_Rollenspiel_Karteikärtchen
  -
- **Material:**
  - Karteikarten für jeden Teilnehmenden (mind. 3 verschiedene Farben)
  - Überschriften auf Karteikarten („Ressourcen", „Themen", „Ziele")
  - Stifte (Folienstifte, Permanentmarker, Kugelschreiber)
  - Stellwände
  - Befestigungsmaterial (Stecknadeln, Tesafilm o.ä.)
  - blanko Flipchart und Papier
  - Flipcharts-Vordrucke

Überblick
Modul 1 dient dem gegenseitigen Kennenlernen von Teilnehmenden und Workshopleitung, der Klärung von organisatorischen Fragen und Festlegung von Gruppenregeln sowie der Einführung der einzelnen Inhalte des Workshops anhand des Programmablaufes und der Lernziele-Mindmap. Kernelemente dieses Moduls sind, neben aktivierenden Kennenlernspielen und der Erhebung von Erwartungen und Zielen der Teilnehmenden an den Workshop, allen voran die Sensibilisierung der Teilnehmenden für die eigenen Bedürfnisse und den Umgang mit unlösbaren Situationen anhand eines Rollenspiels.

Methode
- Impulsvortrag
- Gruppenübung
- Rollenspiel
- Einzelarbeit
- Plenumsdiskussion

Ablauf/Anleitung

1. **Einführung und Begrüßung der Teilnehmer*innen**
   (15 Minuten)

   - Sitzordnung: Stuhlkreis, alle Teilnehmer*innen können sich sehen
   - Begrüßung der Teilnehmer*innen: Modul_1_Flipchartvorlage1_Begrüßung
   - Klärung organisatorischer Fragen (Pausen, Catering, Ansprechform (Du oder Sie), Feedbackfragebogen, etc.)
   - Besprechung von Gruppenregeln/Gruppenvereinbarungen mit Teilnehmer*innen (Umgang mit Handys, Vertraulichkeit etc.): Modul_1_Flipchartvorlage2_Gruppenvereinbarungen
   - Falls vorgesehen: Verweis auf Runden Tisch als „verhältnispräventives Element"
   - Programmablauf austeilen oder Verweis auf Logbuch: Modul_1_Programmablauf_TeilnehmerInnen

2. **Vorstellungsrunde zum gegenseitigen Kennenlernen**
   (15 Minuten)

   - Lebendige Statistik: Modul_1_Flipchartvorlage3_Lebendige Statistik

   Aufgabenstellung:
   Die Teilnehmer*innen werden gebeten, sich in einer Reihe im Raum aufzustellen, geordnet nach Alter des jüngsten Kindes. Dies erfordert Absprachen zwischen den Teilnehmer*innen. Danach werden die Teilnehmer*innen gebeten, sich mit Namen, Beruf und Alter ihrer Kinder in der Gruppe vorzustellen. Zusätzlich können die folgenden Ordnungskriterien dargestellt werden:
   - Anfahrtsweg in Kilometer – das Zentrum bildet dabei der Arbeitsort
   - Berufsgruppen (ärztlicher Dienst, Pflegekräfte, Pflegeleitung, …)
   - Wer arbeitet zusammen? (Stationen)

3. **Persönliche Erwartungen und Ziele**
   (20 Minuten)

   - Sitzordnung: Stuhlkreis
   - Karteikärtchenarbeit: Modul_1_Flipchartvorlage4_Vorstellungsrunde_die_Zweite

Aufgabenstellung:
Die Teilnehmer*innen werden gebeten, Stichwörter zu den untenstehenden Fragen auf Karteikärtchen zu schreiben. Die einzelnen Kärtchen werden dann einzeln von den jeweiligen Teilnehmer*innen im Plenum vorgestellt um einen gemeinsamen Austausch anzuregen. Dafür werden die Kärtchen von den Teilnehmer*innen an die Stellwand mit den entsprechenden Rubriken gepinnt.
   - Welche persönlichen Stärken bringen Sie als berufstätige Mutter/berufstätiger Vater mit (Karte „Ressourcen")?
   - Welche konkreten Situationen/Themen bringen Sie mit in den Workshop (Karte „meine Themen")?
   - Was sollte passieren, damit sich der heutige Tag für Sie lohnt (Karte „Ziele")?

4. **Mindmap – Inhalte und Ziele des Workshops**
   (10 Minuten)

   - Sitzordnung: Stuhlkreis
   - Modul_1_Flipchartvorlage5_Vereinbarkeitsstress
   - Die Workshopleitung teilt die Mindmap (Modul_1_AB_01_Mindmap) an alle Teilnehmer*innen aus oder verweist auf das Logbuch und stellt anhand dieser Inhalte und Ziele des Workshops dar:

   „Wir können zwar nicht die Welt retten, noch den Fachkräftemangel im Krankenhaus lösen oder eine politische Wende herbeiführen, aber wir können Sie einladen, Ihren Blick auf Ihre individuelle Vereinbarkeitssituation zu schärfen, indem wir Ihnen eine persönliche Analyse und Reflexion der eigenen Stresssituationen an der Nahtstelle zwischen Arbeit und Familie ermöglichen und auf dieser Basis zu nächsten Schritten anregen. Konkret bedeutet dies, dass wir Sie heute dafür gewinnen möchten, mögliche Stresssituationen zu erkennen, zu analysieren und, wenn möglich, zu entschärfen."

   - Anschließend werden die Themen der Teilnehmer*innen den Inhalten und Zielen des Workshops, soweit möglich, kurz zugeordnet.
     Arbeitsblatt: Modul_1_AB_01_Mindmap

5. Strategien im Umgang mit unlösbarem Arbeitsstress (Rollenspiel) (30 Minuten)

- Sitzordnung: Tisch mit Stühlen für alle Rollenspieler*innen, Beobachter*innen in einem äußeren Stuhlkreis
- Rollenspiel zur Praxissimulation – den Ernstfall darstellen
- Was tue ich, wenn es keine Lösung gibt? – Umgang mit Dilemmata im Berufsalltag
- Ziele:
  1. Für sich und seine Bedürfnisse auch bei Widerstand einstehen
  2. Beobachten, wie man in Drucksituationen reagiert
  3. Erkennen, dass Vereinbarkeit von Beruf und Familie vielfältig ist
  4. Erkennen, dass die Vereinbarkeit von Beruf und Familie ein primär strukturelles, statt individuelles „Problem" ist: „Wenn es eine Lösung gäbe, säßen Sie nicht hier, sondern hätten als Expert*innen Ihrer eigenen Situation mit Sicherheit eine Lösung gefunden"
  5. Entwickeln von „Dilemmakompetenz"
- Formulierungsvorschlag für die Einführung des Rollenspiels:
  „Wir spielen jetzt eine Situation nach, die jeder von Ihnen kennt".
- Folgende Situation wird den Teilnehmenden vorgegeben:

  Situation Teambesprechung:
  *„Ihre Station ist voll belegt und es herrscht Personalmangel auf allen Stationen des Krankenhauses. Aufgrund von mehreren krankheitsbedingten Ausfällen und einem akut vorherrschenden Personalmangel (150 % Stellenanteil sind unbesetzt) auf Ihrer Station wird von Ihrer Stationsleitung eine außerplanmäßige Teamsitzung anberaumt, da weder die nächsten beiden Tage noch das anstehende Wochenende personell besetzt sind. Im Team versuchen Sie gemeinsam eine Lösung für die Verteilung der Arbeitszeiten zu finden. Dies gestaltet sich jedoch schwierig aufgrund der verschiedenen Bedürfnisse aller Kolleg*innen."*

TRAINERHINWEIS:
Setting aufbauen: Tisch mit Stühlen. Die Aufgabe der Workshopleitung ist es, die dilemmatische Situation erlebbar zu machen und soweit nötig entsprechenden „Druck" aufzubauen. Dazu verdeutlicht die Workshopleitung den Teilnehmer*innen nach der Einführung der Situation „Teambesprechung", dass es eine Lösung geben muss, die von allen getragen werden kann. Während des Rollenspiels achtet die Workshopleitung darauf, dass die Bedürfnisse aller Teilnehmer*innen (z. B. gebuchter Urlaub, krankes Kind, zu pflegende Angehörige etc.) gleichwertig behandelt werden und betont dies gegebenenfalls auch während des Rollenspiels nochmals in der Gruppe. Ziel dieses Rollenspiels ist es, dass die Teilnehmer*innen zu keiner gemeinsamen Lösung kommen, da alle Teilnehmer*innen ihre Bedürfnisse als gleichwertig erachten und für ihre Bedürfnisse einstehen. Diese Erkenntnis soll dazu genutzt werden, um mit den Teilnehmer*innen das facettenreiche Spannungsfeld von Vereinbarkeit von Beruf und Familie am Arbeitsplatz Krankenhaus zu verdeutlichen und in einem weiteren Schritt anhand der Vereinbarkeitsspielbretter „Familie" (Modul 2) und „Beruf" (Modul 3) förderliche und hinderliche Faktoren von Vereinbarkeit zu erarbeiten. Dabei soll das Dilemma akzeptiert werden. Die eigene Reaktion in dieser speziellen Drucksituation soll wahrgenommen und respektiert werden. Alternative Modelle und die Motive dahinter sollen kennengelernt werden.

- Ablauf
  1. Alle Teilnehmer*innen erhalten ein Karteikärtchen mit der oben beschriebenen Situation sowie ein Karteikärtchen mit einer entsprechenden Rollenbeschreibung.

TRAINERHINWEIS:
1. Je nach Anzahl der Workshopteilnehmer*innen kann eine Auswahl aus den Rollenbeschreibungen erfolgen, jedoch sollte mindestens eine Beobachtungsrolle vergeben werden (Rollenbeschreibungen bitte den Arbeitsmaterialien entnehmen unter: Modul_1_Rollenspiel_Karteikärtchen)
2. Wird der Workshop von zwei Trainer*innen geleitet, hat es sich als hilfreich erwiesen, wenn ein/e Trainer*in das Rollenspiel moderiert und der/die andere Trainer*in eine Rolle im Rollenspiel übernimmt.
3. Nach Beendigung des Rollenspiels besteht die Workshopleitung darauf, dass sich die Teil-

nehmer*innen „aus der Rolle drehen": Die Leitung bittet die Teilnehmer*innen aufzustehen und sich einmal um die eigene Achse zu drehen. Danach folgt die Nachbesprechung des Rollenspiels im Plenum.

2. Reflexion der Situation am Ende des Rollenspiels in einem gemeinsamen Stuhlkreis:
- Reflexionsfragen ans Plenum/an die Rollenspieler*innen:
  – Kennen Sie solch eine Situation?
  – Wie haben Sie sich gefühlt in dieser Situation?
  – Was hätte Ihnen in dieser Situation geholfen?
  – Was war für Sie schwierig?
  – Hätte die Situation gelöst werden können?
- Reflexionsfragen an Beobachter*innen: siehe auch Beobachtungsaufgaben
  – Wie verhält sich die/der Bittsteller*in? (Mimik, Gestik, Körperhaltung)
  – Was für Argumente werden von den Rollenspieler*innen zur Lösung der Situation genannt?
  – Wie haben die Rollenspieler*innen ihre Bedürfnisse und Wünsche geäußert? (Ich-Botschaften, Emotionen aufgezeigt, Angebote/Kompromisse gemacht)
  – Was hätte die/der Bittsteller*in machen können, um die Kolleg*innen zu überzeugen?

ONLINE-DURCHFÜHRUNG:

Alle Arbeitsblätter befinden sich im vorab an die Teilnehmer*innen per Post zugesandten Logbuch.
Die Punkte 1 und 2 werden zu einer großen Vorstellungsrunde im Gesamtplenum zusammengefasst. Die persönlichen Erwartungen und Ziele der Teilnehmer*innen (Punkt 3) können entweder ebenfalls direkt im Plenum bzw. bei einer größeren Gruppe in Kleingruppen abgefragt werden.
Beim Rollenspiel (Punkt 5) hat es sich bewährt, dass die einzelnen Karteikärtchen mit den entsprechenden Rollenbeschreibungen den Teilnehmer*innen vorab mit dem Logbuch zugesandt werden.

MODUL 2: SUPERMAMA, SUPERPAPA – VEREINBARKEIT UND FAMILIE

Ziele
- Teilnehmer*innen reflektieren ihre familiäre Situation
- Teilnehmer*innen erarbeiten ihre Ressourcen und Hemmfaktoren für Vereinbarkeit im familiären Umfeld
- Teilnehmer*innen erhalten theoretisches Wissen zum Thema Bindung und Entwicklungspsychologie

Tools
- **Flipcharts**
  - Modul_2_Flipchartvorlage6_Commitment,
  - Modul_2_Flipchartvorlage7_Vereinbarkeitsspielbrett
- **Arbeitsblätter etc.**
  - Modul_2_AB_01_Vereinbarkeitsspielbrett_Familie,
  - Modul_2_AB_02_Handreichung zum Umgang mit schwierigen Konstellationen im Vereinbarkeitsspielbrett
- **PPT**
  - Präsentation Modul_2_PPT_Einstieg,
  - Präsentation Modul_2_Entwicklungs- und Bindungstheorie
- **Material**
  - Beamer
  - Laptop
  - Lautsprecher
  - Stifte (Kugelschreiber)
- **Literatur**
  - Künster, A.-K.; Ziegenhain, U. (2014): Kommentar zu Risiken der Krippenbetreuung aus tiefenpsychologi-scher Sicht. In: Pädiatrische Praxis. Zeitschrift für Kinder- und Jugendmedizin in Klinik und Praxis, 82/3, S. 390 - 397

Methode
- Impulsvortrag
- Einzelarbeit
- Plenumsdiskussion

Überblick

In Modul 2 werden die Teilnehmer*innen durch die Workshopleitung zu einer Analyse familiärer Ressourcen und Hemmfak-toren für eine gelungene Vereinbarkeit angeleitet. Der Einstieg in die Thematik erfolgt anhand einer PowerPoint-Präsentation zu typischen familiären Stresssituationen im Rahmen von Vereinbarkeit, welche durch die Workshopleitung vorgestellt wird und zum gemeinsamen Austausch in der Gruppe anregen soll. Durch das Arbeitsblatt Vereinbarkeitsspielbrett_Familie (Commitment-Konzept (Fürstberger & Ineichen, 2016), adaptiert mit freundlicher Genehmigung der Autoren) wird den Teilnehmer*innen ein praktisches Tool an die Hand gegeben, mit welchem sie in Einzelarbeit förderliche und hinderliche Faktoren für eine gelungene Vereinbarkeit in ihrem familiären/sozialen Umfeld herausarbeiten sollen. Gemeinsam im Plenum oder in Kleingruppen werden dann die einzelnen Spielbretter vorgestellt und gemeinsam diskutiert, wie mit dieser Situation am besten umgegangen werden könnte (siehe auch Handreichung zum Umgang mit schwierigen Konstellationen im Vereinbarkeitsspielbrett). Den Abschluss dieses Moduls bildet eine PowerPoint-Präsentation zu den entwicklungs- und bindungstheoretischen Bedürfnissen von Kindern in Verbindung mit außerfamiliären Betreuungsformen.

Ablauf / Anleitung

**1. Einstieg O-Töne
(15 Minuten)**

- Sitzordnung: geöffneter Stuhlkreis Richtung Leinwand, sodass Teilnehmer*innen der Präsentation folgen können
- Beispiele zu schwierigen Situationen (O-Töne)/typischen familiären Stresssituationen im Rahmen von Vereinbarkeit werden anhand der PowerPoint-Präsentation: Modul_2_PPT_Einstieg den Teilnehmer*innen vorgestellt
- Teilnehmer*innen sollen nach dem Impulsvortrag dazu ermuntert werden, eigene „Stress"-Situationen zu schildern, um Gruppenzusammenhalt/-kohäsion zu stärken (Motto „Geteiltes Leid ist halbes Leid")
  - Fragen ans Plenum:
    - Kennen Sie solche Situationen?
    - Wie gehen Sie mit solchen Situationen um?
    - Was hilft Ihnen in solchen Situationen?

**2. Commitmentberechnung
(Fürstberger & Ineichen, 2016)
(5 Minuten)**

- Sitzordnung: geöffneter Stuhlkreis Richtung Flipchart, sodass Teilnehmer*innen der Präsentation folgen können
- Zur Einführung des Vereinbarkeitsspielbretts wird anhand der Flip Modul_2_Flipchartvorlage6_Commitment den Teilnehmer*innen das Commitment-Konzept erklärt.
  Die Teilnehmer*innen werden darüber informiert, dass das „Spielbrett" eine Methode aus der freien Marktwirtschaft ist, um beurteilen zu können, wie erfolgreich ein neues Projekt bewerkstelligt werden kann, d. h. wie stehen die einzelnen Teammitglieder zum Projekt. Das Commitment dieser Personen lässt sich aus den beiden Punkten V = Vertrauen in Sie als Person und G = Glaube an die Sache / Zuversicht berechnen (Commitment = V + G).
  Die Überleitung zum Vereinbarkeitsspielbrett erfolgt dadurch, dass die Workshopleitung nun vom „Vereinbarkeitsprojekt" spricht. Es wird dargestellt, dass Vereinbarkeit mehrere Personen betrifft und sich das Commitment dieser Personen aus den beiden Punkten V = Vertrauen in Sie als Mutter/Vater und G = Glaube an die Vereinbarkeit von Beruf und Familie („es lohnt sich") berechnen lässt (Commitment = V + G). Anhand eines Beispiels am Vereinbarkeitsspielbrett wird die Commitment-Berechnung exemplarisch der Gruppe vorgeführt: V = +3, G = -1 > C= 3 + (-1) = 2
  Einordnung von – 10 bis + 10.

**3. „Vereinbarkeitsspielbrett – Familie"
(30 Minuten)**

(adaptiert mit freundlicher Genehmigung der Autoren Fürstberger & Ineichen, 2016)

- Sitzordnung: loser Stuhlkreis → die Teilnehmer*innen können sich zur Bearbeitung des Arbeitsblattes im gesamten Raum verteilen
- Einführung mit Modul_2_Flipchartvorlage7_Vereinbarkeitsspielbrett:
- Die Bearbeitung des Arbeitsblatts wird mit folgender Aufgabenstellung eingeführt:
  „Dieses Arbeitsblatt dient der Analyse Ihres persönlichen Umfeldes und Beziehungsgefüges. Es soll Ihnen dabei helfen, mögliche „MitspielerInnen" wie Partner*in, eigene Eltern, Schwiegereltern, Freunde oder Bekannte aus dem Kindergarten zu identifizieren, die Sie in Ihrem Projekt, Beruf und Familie zu vereinbaren, unterstützen. Überlegen Sie sich bei der Einordnung auch, inwieweit genannten Personen Vertrauen in Ihre Rolle als berufstätige Mutter/berufstätiger Vater haben. Nehmen Sie sich bitte 10 Minuten Zeit und beziehen Sie sich auf die letzten vier bis acht Wochen."
- In der Regel ist es wichtig, vorab die Begrifflichkeiten auf dem Arbeitsblatt zu klären:
  - Vertrauen: Diese Person im meinem familiären/sozialen Umfeld glaubt an mich und meine Fähigkeiten und unterstützt mich Beruf und Familie bestmöglich zu vereinbaren.
  - Misstrauen: Diese Person im meinem familiären/sozialen Umfeld glaubt nicht an mich und meine Fähigkeiten und unterstützt mich nicht Beruf und Familie bestmöglich zu vereinbaren.
  - Zuversicht / Glaube an die Sache: Diese Person ist der festen Überzeugung, dass Vereinbarkeit sich sowohl für die Familie als auch für den Arbeitgeber lohnt und beide Bereiche von einem berufstätigen Elternteil profitieren.
  - Ablehnung/Verweigerung: Diese Person ist der festen Überzeugung, dass berufstätige Eltern weder in der Familie noch in ihrem Beruf volle Leistung erbringen können und stehen dem Ver-

einbarkeitsgedanke daher ablehnend gegenüber.
- Stressachse: Die Workshopleitung weist zusätzlich auf die Stressachse hin, die das Spielbrett in zwei Teile unterteilt. Sie erklärt, dass bei vielen „Gegenspieler*innen" unterhalb der Stressachse das Projekt Vereinbarkeit mehr Ressourcen und Energie von den Teilnehmer*innen abverlangt (= mehr Stress) als wenn mehr „Mitspieler*innen" oberhalb der Stressachse zu finden sind. Hier kann bereits ein Hinweis auf die Handreichung (Modul_2_AB_02_Handreichung zum Umgang mit schwierigen Konstellationen im Vereinbarkeitsspielbrett) gegeben werden, wie man es schafft, „Gegenspieler*innen" zu „Mitspieler*innen" werden zu lassen.
- Bearbeitung des Arbeitsblatts: Modul_2_AB_01_Vereinbarkeitsspielbrett_Familie
- Die Teilnehmer*innen erhalten das Vereinbarkeitsspielbrett bzw. Hinweis auf Logbuch.
- Aufgabenstellung: Anhand von Kreuzen auf dem Vereinbarkeitsspielbrett sollen die Teilnehmer*innen nun mögliche Mitspieler*innen den angegeben vier Feldern (überzeugte/r Mitspieler*in vs. Gegenspieler*in, sich arrangierende/r Mitspieler*in vs. wohlwollende/r Skeptiker*in) zuordnen. Die Bearbeitungszeit kann auf 15 Minuten bei Bedarf erhöht werden.
- Nachdem die Teilnehmer*innen ihre Mitspieler*innen eingezeichnet haben, tauschen sie sich in der Kleingruppe (2–3 Teilnehmer*innen bilden eine Gruppe) aus.
- Im Anschluss daran erfolgt je nach Gruppenzusammensetzung eine Rückmeldung aus den Kleingruppen im Plenum mit Diskussion:
  - Was war für Sie interessant?
  - Was hat das bei Ihnen angeregt?
  - Wie gehe ich mit der dargestellten Situation auf dem Spielbrett um?
  - Wo stehe ich selbst bzw. wo würde ich mich selbst auf dem Spielbrett einordnen und warum?
  - Wie kann ich weitere Mitspieler*innen auf meine Unterstützerseite ziehen?
  - Habe ich eine/n Mitspieler*in vergessen?

TRAINERHINWEIS:
Das Ausfüllen des Spielbrettes kann bei den Teilnehmer*innen positive und negative Gefühle auslösen und stellt eine sehr intime Arbeit dar. Daher sollen die Teilnehmer*innen vor der Durchführung nochmals auf folgende Punkte hingewiesen werden:
1. Verschwiegenheitsklausel: „Was im Workshop gesagt wird, bleibt im Workshop"
2. Niemand wird gezwungen, sein/ihr Spielbrett im Plenum vorzustellen
3. Je nachdem, wie die Teilnehmer*innen ihr Spielbrett ausgefüllt haben bzw. welche Personen sie wo verortet haben, macht es Sinn, das Spielbrett nicht offen in der Wohnung herumliegen zu lassen. Das Spielbrett kann bei Bedarf auch von der Workshopleitung wieder eingesammelt und vernichtet werden.
4. Hinweis auf Modul_2_AB_02_Handreichung zum Umgang mit schwierigen Konstellationen im Vereinbarkeitsspielbrett, welche den Teilnehmer*innen während der Besprechung des Spielbrettes ausgeteilt wird bzw. im Logbuch zu finden ist ➝ es hat sich als hilfreich herausgestellt, die Handreichung mit den Teilnehmer*innen kurz durchzugehen und zu erläutern

Je nach Gruppenzusammensetzung (verschiedene Hierarchien, Teilnehmer*innen aus mehreren Stationen usw.) macht es Sinn, die Besprechung des Spielbrettes nur in den jeweiligen Kleingruppen stattfinden zu lassen und nur eine kurze Rückmeldungsrunde anschließend im Plenum zu machen, um Teilnehmer*innen die Möglichkeit zu geben, sich bei Bedarf zu äußern.

4. Theoretischer Input zum Thema Entwicklungspsychologie und Selbstfürsorge (30 Minuten)

- Sitzordnung: geöffneter Stuhlkreis Richtung Leinwand, sodass Teilnehmer*innen der Präsentation folgen können
- Anhand der PowerPoint-Präsentation Modul_2_Entwicklungs- und Bindungstheorie stellt die Workshopleitung im Rahmen eines Vortrages bindungs- und entwicklungstheoretische Grundannahmen den Teilnehmer*innen vor wie z. B. Was braucht mein Kind? – kindliche Bedürfnisse, bindungstheoretische Annahmen zur außerfamiliären Betreuung, eigene Wünsche und Bedürfnisse – Selbstfürsorge

- Beispiel: wie sich Stress und die Vergegenwärtigung dessen auf den Alltag mit Kindern auswirken kann (bei Bedarf):

Ausgangssituation: Frühstück bei Familie Schneider, die fünfjährige Tochter trödelt herum, meint sie wolle heute kein „Kackaessen" mit in den Kindergarten nehmen.

In entspannten Situationen: Werden Sie das „Kacka" ignorieren und Ihrer Tochter erklären, dass das Brot schon geschmiert ist, es dafür heute Abend aber ihr Lieblingsessen gibt.

In angespannteren Situationen, weil die Zeit drängt und der kleine Bruder weint, ihr Stresslevel also am frühen Morgen schon sehr hoch ist, werden Sie als Mutter/Vater wahrscheinlich sehr genervt sagen „Du weißt, dass du nicht kacka sagen sollst! Sonst …". Dann drohen Sie vermutlich eine schwer einzuhaltende Strafe an wie „dann darfst du heute Abend keinen Nachtisch essen", deren Umsetzung Sie möglicherweise mehr Nerven kostet, als dass sie irgendetwas nutzt.

Eine **sehr angespannte Situation** könnte für Sie als Mutter/Vater dadurch entstehen, dass neben dem Zeitdruck und dem weinenden Kleinkind Ihr/e Partner*in anruft und sagt, dass er/sie heute Überstunden machen und die Kinder nicht wie versprochen abholen kann. Sie reagieren in der Folge stark gereizt auf das „Kackaessen", schreien Ihr Kind an, dass es dann heute nichts zu essen bekommt und …. Womöglich sind Sie über Ihre Handlung selbst erschrocken, erkennen sich selbst nicht mehr oder würden Ihr Verhalten als Außenstehende als „kindisch" bewerten.

„Diese Beispiele für Stresssituationen lassen sich beliebig ergänzen, verändern oder austauschen. Sich mit diesen und dem eigenen Handeln einmal auseinander zu setzen, hilft zu erkennen, dass die eigenen Handlungen sehr stark mit dem eigenen Stresslevel verknüpft sind. Ein und dieselbe Situation nehmen Sie ganz anders wahr und reagieren daher auch unterschiedlich darauf, je nachdem wie hoch Ihr Stresslevel ist. Möglicherweise wirkt Ihr Verhalten eskalierend und Sie und Ihr Kind „schaukeln" sich gegenseitig hoch. Sich dessen bewusst zu machen kann helfen, sich in Stresssituationen ein inneres STOPP-Schild hochzuhalten, um das eigene Handeln zu unterbrechen, sich über Grund und Ausmaß des Stresses bewusst zu werden und kurzfristige Interventionen zu suchen (Atemübungen, aus Situation herausgehen, jemand um Unterstützung bitten, Gefühle dem Kind gegenüber äußern „Ich habe mich gerade sehr geärgert, ich muss kurz nachdenken…")."

ONLINE-DURCHFÜHRUNG:

Alle Arbeitsblätter befinden sich im vorab zugesandten Logbuch.

Beide PowerPoint-Präsentationen können über die Funktion „Inhalte freigeben" den Teilnehmer*innen zur Verfügung gestellt werden. Eine Zusammenfassung der Präsentation finden die Teilnehmer*innen ebenfalls im Logbuch unter Modul 2. Je nachdem welche Videoplattform für die digitale Durchführung des Workshops genutzt wird, kann die Bearbeitung des Arbeitsblatts Vereinbarkeitsspielbrett auch in sog. Teilgruppensitzungen erfolgen. Die Besprechung erfolgt dann bei Bedarf wieder in der Gesamtrunde.

MODUL 3: SUPERWOMAN, SUPERMAN – VEREINBARKEIT UND BERUF

Ziele
- Teilnehmer*innen reflektieren ihre berufliche Situation
- Teilnehmer*innen erarbeiten ihre Ressourcen und Hindernisse für Vereinbarkeit im beruflichen Umfeld
- Teilnehmer*innen erhalten theoretisches Wissen zum Thema Stress

Tools
- **Flipcharts**
  - Modul_3_Flipchartvorlage8_Eltern als Jongleure
  - Modul_3_Flipchartvorlage9_Stressampel,
  - Modul_3_Flipchartvorlage10_Stress_Waage,
  - Modul_2_Flipchartvorlage7_Vereinbarkeitsspielbrett
- **Arbeitsblätter etc.**
  - Modul_3_AB_01_Vereinbarkeitsspielbrett_Beruf
  - Modul_3_AB_02_Bilanz_und_nächste_Schritte
  - Zusatzmaterial bei Online-Durchführung: Modul_3_OnlineZusatz_Auftragskarussell
- **PPT**
  - Modul_3_PPT_Stress
- **Material**
  - Stifte (Kugelschreiber)
  - Flipchart und Papier
  - 3–4 Bälle
  - Beamer und Leinwand

Methode
- Gruppenarbeit
- Einzelarbeit
- Plenumsdiskussion
- Impulsvortrag

Überblick

In Modul 3 werden die Teilnehmer*innen durch die Workshopleitung zu einer Analyse beruflicher Ressourcen und Hemmfaktoren für eine gelungene Vereinbarkeit angeleitet. Der Einstieg in die Thematik erfolgt anhand eines aktivierenden Gruppenspiels, um den Teilnehmer*innen ihre Vereinbarkeitssituation und den damit verbundenen Stress spürbar zu machen. Die Reflexionsergebnisse dieses Spiels dienen dann wiederum als Einstieg für den im Anschluss an die Bearbeitung des Arbeitsblatts Vereinbarkeitsspielbrett_Beruf (Commitment-Konzept, Fürstberger & Ineichen, 2016, adaptiert mit freundlicher Genehmigung der Autoren) folgenden theoretischen Input zum Thema Stress. Anhand des Arbeitsblatts Vereinbarkeitsspielbrett_Beruf erarbeiten die Teilnehmer*innen zunächst in Einzelarbeit förderliche und hinderliche Faktoren für eine gelungene Vereinbarkeit in ihrem beruflichen Umfeld heraus. Gemeinsam im Plenum oder in der Kleingruppe werden dann die einzelnen Spielbretter vorgestellt und gemeinsam diskutiert, wie mit dieser Situation am besten umgegangen werden kann (siehe auch Handreichung zum Umgang mit schwierigen Konstellationen im Vereinbarkeitsspielbrett aus Modul 2). Unter anderem durch die Bezugnahme auf das Einstiegsspiel leitet die Workshopleitung dann zum theoretischen Teil des Moduls über, der gleichzeitig als Überleitung zum praktischen Stressmanagement Yoga in Modul 4 dient. Den Abschluss des Moduls bildet die Bearbeitung des Arbeitsblattes Bilanz und nächste Schritte in Kleingruppenarbeit, mithilfe welchem die Teilnehmer*innen ihre Ausgangslage, ihre Möglichkeiten und Ressourcen sowie ihre weiteren Schritte schriftlich festhalten können.

Ablauf / Anleitung

1. „Eltern als Jongleure von Aufgaben"

(10 Minuten)

- Einführung: Modul_3_Flipchartvorlage3_Eltern als Jongleure
- Vereinbarkeitsballspiel: 3–4 Bälle, Teilnehmer*innen stellen sich im Kreis auf, sodass sie sich anschauen können
  - Berufsball, Familienball, Selbstfürsorge („Freie Zeit"), bei einer sehr motivierten Gruppe kann ein vierter Ball „Kind" hinzugenommen werden
  - Ziel: Aktivierung der Teilnehmer*innen, Reflexion der hohen Anforderung, alle Bälle in der Luft zu halten
  - Ablauf: Die Teilnehmer*innen stellen sich im Kreis auf. Die Workshopleitung erklärt, dass Eltern im Spannungsfeld von Vereinbarkeit oftmals Jongleure von Aufgaben seien und im wahrsten Sinne des Wortes die Bälle Beruf, Familie und Selbstfürsorge (und Kind) tagtäglich jonglieren müssen. Die Workshopleitung holt drei (vier) Bälle hervor, die jeweils einen der oben genannten Bereiche bzw. die Bereiche auf dem Flipchart repräsentiert. Die Workshopleitung bittet nun die Teilnehmer*innen sich den ersten Ball (= Familienball) gegenseitig zuzuwerfen. Dabei sollen sich die Teilnehmer*innen merken, an wen sie den Ball weitergeworfen haben. Diese Wurfreihenfolge für den Familienball wird bis zum Ende des Spiels beibehalten. Die Workshopleitung bringt nach kurzer Zeit den zweiten Ball (= Berufsball) ins Spiel. Dieser wird zeitgleich mit dem Familienball in der Gruppe hin- und hergeworfen, jedoch in einer anderen Wurf-reihenfolge. Dann folgt der dritte Ball (=Selbstfürsorge) und eventuell der vierte Ball (=Kind). Die Teilnehmer*innen sollten für eine kurze Zeit alle drei (vier) Bälle jonglieren, bis es zu den ersten „Aussetzern" kommt, dann gemeinsame Reflexion im Plenum.
  - Reflexionsfragen am Ende des Spiels ans Plenum:
    > Was bedeutet das für mich als Mutter/Vater täglich diese Aufgaben zu jonglieren?
    > Was hat mir dabei geholfen, den Überblick zu bewahren?

2. „Vereinbarkeitsspielbrett – Beruf"

(30 Minuten)

(adaptiert mit freundlicher Genehmigung der Autoren Fürstberger & Ineichen, 2016)

- Sitzordnung: loser Stuhlkreis > die Teilnehmer*innen können sich zur Bearbeitung des Arbeitsblattes im gesamten Raum verteilen
- Einführung mit Modul_2_Flipchartvorlage7_Vereinbarkeitsspielbrett:
- Die Bearbeitung des Arbeitsblatts wird mit folgender Aufgabenstellung eingeführt:

  „Dieses Arbeitsblatt dient der Analyse Ihres beruflichen Umfeldes und Beziehungsgefüges. Es soll Ihnen dabei helfen, mögliche „MitspielerInnen" wie KollegInnen, Vorgesetzte, Arbeitgeber als Institution usw. … zu identifizieren, die Sie in Ihrem Vorhaben, Beruf und Familie zu vereinbaren, unterstützen. Überlegen Sie sich bei der Einordnung auch, inwieweit genannten Personen Vertrauen in ihre Rolle als berufstätige Mutter / berufstätiger Vater haben? Nehmen Sie sich bitte 10 Minuten Zeit und beziehen Sie sich auf die letzten vier bis acht Wochen."

- In der Regel ist es wichtig, vorab die Begrifflichkeiten auf dem Arbeitsblatt zu klären:
  - Vertrauen: Diese Person im meinem beruflichen Umfeld glaubt an mich und meine Fähigkeiten und unterstützt mich Beruf und Familie bestmöglich zu vereinbaren
  - Misstrauen: Diese Person im meinem beruflichen Umfeld glaubt nicht an mich und meine Fähigkeiten und unterstützt mich nicht Beruf und Familie bestmöglich zu vereinbaren
  - Zuversicht/Glaube an die Sache: Diese Person ist der festen Überzeugung, dass Vereinbarkeit sich sowohl für die Familie als auch für den Arbeitgeber lohnt und beide Bereiche von einem berufstätigen Elternteil profitieren
  - Ablehnung/Verweigerung: Diese Person ist der festen Überzeugung, dass berufstätige Eltern weder in der Familie noch in ihrem Beruf volle Leistung erbringen können und stehen dem Vereinbarkeitsgedanken daher ablehnend
  - Stressachse: Die Workshopleitung weist zusätzlich auf die Stressachse hin, die das Spielbrett in zwei Teile unterteilt. Sie erklärt, dass bei vielen „Gegenspieler*innen" unterhalb der Stressachse das Projekt Vereinbarkeit mehr Ressourcen und

Energie von den Teilnehmer*innen abverlangt (= mehr Stress), als wenn mehr „Mitspieler*innen" oberhalb der Stressachse zu finden sind. Hier kann bereits ein Hinweis auf die Handreichung gegeben werden, wie man es schafft, „Gegenspieler*innen" zu „Mitspieler*innen" werden zu lassen.
- Bearbeitung des Arbeitsblatts: Workshop_zur_Vereinbarkeit_Modul_3_AB_01_Vereinbarkeitsspielbrett_Beruf
- Die Teilnehmer*innen erhalten das Vereinbarkeitsspielbrett bzw. Hinweis auf das Logbuch.
- Aufgabenstellung: Anhand von Kreuzen auf dem Vereinbarkeitsspielbrett sollen die Teilnehmer*innen nun mögliche Mitspieler*innen den angegeben vier Feldern (überzeugte/r Mitspieler*in vs. Gegenspieler*in, sich arrangierende/r Mitspieler*in vs. wohlwollende/r Skeptiker*in) zuordnen. Die Bearbeitungszeit kann auf 15 Minuten bei Bedarf erhöht werden
- Nachdem die Teilnehmer*innen ihre Mitspieler*innen eingezeichnet haben, tauschen sie sich in der Kleingruppe (2–3 Teilnehmer*innen bilden eine Gruppe) aus.
- Im Anschluss daran erfolgt je nach Gruppenzusammensetzung eine Rückmeldung aus den Kleingruppen im Plenum mit Diskussion:
  - Was war für Sie interessant?
  - Was hat das bei Ihnen angeregt?
  - Wie gehe ich mit der dargestellten Situation auf dem Spielbrett um?
  - Wo stehe ich selbst bzw. wo würde ich mich selbst auf dem Spielbrett einordnen und warum?
  - Wie kann ich weitere Mitspieler*innen auf meine Unterstützerseite ziehen?
  - Habe ich eine/n Mitspieler*in vergessen?

TRAINERHINWEIS:

Das Ausfüllen des Spielbrettes kann bei den Teilnehmer*innen positive und negative Gefühle auslösen und stellt eine sehr intime Arbeit dar. Daher sollen die Teilnehmer*innen vor der Durchführung nochmals auf folgende Punkte hingewiesen werden:
1. Verschwiegenheitsklausel: „Was im Workshop gesagt wird, bleibt im Workshop"
2. Niemand wird gezwungen, sein/ihr Spielbrett im Plenum vorzustellen
3. Je nachdem, wie die Teilnehmer*innen ihr Spielbrett ausgefüllt haben bzw. welche Personen sie wo verortet haben, macht es Sinn, das Spielbrett nicht offen in der Wohnung herumliegen zu lassen. Das Spielbrett kann bei Bedarf auch von der Workshopleitung wieder eingesammelt und vernichtet werden.
4. Hinweis auf Modul_2_Handreichung zum Umgang mit schwierigen Konstellationen im Vereinbarkeitsspielbrett, welche den Teilnehmer*innen während der Besprechung des Spielbrettes ausgeteilt wird bzw. im Logbuch zu finden ist → es hat sich als hilfreich herausgestellt, die Handreichung mit den Teilnehmer*innen kurz durchzu-gehen und zu erläutern

Je nach Gruppenzusammensetzung (verschiedene Hierarchien, Teilnehmer*innen aus mehreren Stationen usw.) macht es Sinn, die Besprechung des Spielbrettes nur in den jeweiligen Kleingruppen stattfinden zu lassen und nur eine kurze Rückmeldungsrunde anschließend im Plenum zu machen, um Teilnehmer*innen die Möglichkeit zu geben, sich bei Bedarf zu äußern.

Dieses Spielbrett eignet sich gut, um verhältnispräventive Elemente zu sammeln, die in die Runden Tische getragen werden sollen > Diese Möglichkeit der anonymen Informationsweitergabe an die Runden Tische sollte die Workshopleitung nochmal klar an die Teilnehmer*innen kommunizieren.

3. Theoretischer Input zum Thema Stress

(20 Minuten)

- Sitzordnung: geöffneter Stuhlkreis Richtung Leinwand /Flipchart, sodass Teilnehmer*innen der Präsentation folgen können
- Vor dem theoretischen Input zu Stress erfolgt eine kurze Abfrage im Plenum bezüglich des subjektiv erlebten Stresses im letzten Jahr „Wer hat letztes Jahr wenig/mittelmäßig/viel Stress erlebt?" → Teilnehmer*innen heben als Zeichen kurz die Hand (ggf. auch Rückgriff auf die gemeinsam gemachte Erfahrung im vorangegangenen Ballspiel: Woran haben Sie bemerkt, dass es „stressig" wurde?)
- Anhand Modul_3_Flipchartvorlage_9_Stressampel werden mit den Teilnehmer*innen folgende Fragen besprochen
  - Woran merken Sie, dass Sie Stress haben / Stress gehabt haben (Körper, Gefühle, Verhalten, Gedanken)? Dazu nutzt der Trainer zunächst die Stressampel, um die Symptome im grünen, gel-

ben, orangen oder roten Bereich einzuordnen. Die Farben werden erklärt als grün für gesunde/normale Reaktionen, gelb: erste Anzeichen von Stress, orange: beginnende Erkrankung und rot: krank. Hilfreich für die Einordnung ist einmal die Ausprägung der Reaktion: von „mal schlecht geschlafen" bis hin zu „manifester Schlafstörung" mit Ein- und Durchschlafproblemen und/oder Früherwachen und fast durchgängig erholsamen Schlaf. Zweitens spielt bei der Einordnung in der Ampel eine Rolle, inwieweit die individuelle Normalität verlassen wird (wie viele Stunden schlafe ich normalerweise/ wie leicht schlafe ich üblicherweise ein). Drittens hilft bei der Einordnung: je länger, dauerhafter oder hartnäckiger ein unangenehmer Zustand anhält, desto eher bewegt er sich in Richtung „rot" bzw. „chronischen Stress" oder „krank". Dabei soll der Trainer darauf hinweisen, dass der Übergang fließend verlaufen kann und es daher wichtig ist, rechtzeitig zu reagieren und auch die ersten Anzeichen zu erkennen.
- Was haben Sie gemacht, als Sie den Stress gespürt haben?

- Zur Überleitung zu Modul_3_PPT_Stress und der Thematik (chronischer) Stress und Beziehung kann Folgendes den Teilnehmer*innen erläutert werden: *„Heute haben wir meist psychosoziale Stressoren, wie zum Beispiel Streit mit den Kindern, Spannungen mit den Kolleg*innen, dem/der Partner*in, den/der Vorgesetzten, der/die Druck macht. Was unsere Stressreaktion angeht, reagieren wir aber wie wir schon vor tausenden Jahren reagiert haben. Bloß waren da die Auslöser zum Teil andere, z. B. Säbelzahntiger vor der Höhle etc. Aber schon damals fanden wir uns in Gruppen zusammen, um mehr Sicherheit und soziale Unterstützung zu erhalten, ganz nach dem Motto: Zusammen ist man stärker. Soziale Unterstützung ist ein wichtiges Thema. Sie haben in den beiden Vereinbarkeitsarbeitsblättern Ihre Mitspieler*innen positioniert. Neuere Untersuchung zeigen, wie soziale Unterstützung bzw. Beziehung und Stress zusammenhängen bzw. wie positive soziale Beziehungen Stress reduzieren können. Zunächst möchte ich Ihnen nochmal ein paar grundlegende Infos zum Thema Stress geben."*

- Anhand der PowerPoint-Präsentation Modul_3_PPT_Stress erklärt die Workshopleitung, welche Auswirkungen chronischer Stress auf den Körper hat und wie positive Beziehung Stress reduzieren kann.
- Anhand der Modul_3_Flipchartvorlage10_Stress_Waage wird nochmal eine Zusammenfassung gegeben, was Stress beeinflussen kann. Dies dient auch als Übergang zu Modul 4, in welchem den Teilnehmer*innen vermittelt wird, dass Yoga eine ruhige Ausgangsposition (Motto: Geist über den Körper beruhigen) unterstützen kann.

4. „Meine Ausgangslage, mein Ziel, meine Möglichkeiten und Ressourcen"

(30 Min)

- Sitzordnung: loser Stuhlkreis ➝ die Teilnehmer*innen können sich zur Bearbeitung des Arbeitsblattes Modul_3_AB_02_Bilanz_und_nächste_Schritte im gesamten Raum verteilen
- Die Workshopleitung stellt das Arbeitsblatt den Teilnehmer*innen vor und verortet die Punkte im Hinblick auf die Workshopinhalte. Bei den letzten beiden Punkten (Fazit und nächster Schritt) erklärt die Workshopleitung, dass diese Felder auch gerne noch frei gelassen werden können, da es für einen nächsten Schritt oder für ein Fazit noch zu früh sein kann und dass gerne darüber eine Nacht geschlafen werden kann
- Die Teilnehmenden bearbeiten in Einzelarbeit das Arbeitsblatt (10 Min):
Modul_3_AB_02_Bilanz_und_nächste_Schritte
- Je nach Gruppenzusammensetzung erfolgt ein kurzes Blitzlicht im Plenum (10 Min):
„Ich möchte Sie einladen, gerne etwas in die Gruppe zurückzugeben, was Ihnen vielleicht aufgefallen ist oder was Sie gerne mit der Gruppe teilen möchten"

TRAINERHINWEIS:

Bei einer sehr großen Gruppe empfiehlt es sich, die Zeit für die einzelnen Rückmeldungen einzugrenzen und die Teilnehmer*innen zu bitten, nur das Wichtigste in 2 – 3 Sätzen der Gruppe mitzuteilen.

ONLINE-DURCHFÜHRUNG:
Alle Arbeitsblätter befinden sich im vorab zugesandten Logbuch.

Die PowerPoint-Präsentation kann über die Funktion „Inhalte freigeben" der „Collaboration-Funktionen" den Teilnehmer*innen zur Verfügung gestellt werden. Eine Zusammenfassung der Präsentation finden die Teilnehmer*innen ebenfalls im Logbuch unter Modul 3. Je nachdem welche Videoplattform für die digitale Durchführung des Workshops genutzt wird, kann die Bearbeitung des Arbeitsblatts Vereinbarkeitsspielbrett auch in sog. Teilgruppensitzungen erfolgen. Die Besprechung erfolgt dann bei Bedarf wieder in der Gesamtrunde.

Für Punkt 1 wurde ein Zusatzmaterial Modul_3_OnlineZusatz_Auftragskarussell entwickelt, welches anstelle des aktivierenden Eingangsspiels „Eltern als Jongleure von Aufgaben" verwendet werden kann. Das Auftragskarussell kann entweder von der Workshopleitung vorab eingesprochen werden und den Teilnehmer*innen als Audioversion vorgespielt werden oder die Workshopleitung verteilt die entsprechenden Sprechrollen an die Teilnehmer*innen, die diese nacheinander und mit unterschiedlicher Lautstärke vortragen.

Quellennachweis „Auftragskarussell": Von Schlippe, A. & Schweitzer, J. (2009). Systemische Interventionen. Göttingen (Vandenhoeck & Ruprecht).

MODUL 4: PRAKTISCHES STRESSMANAGEMENT UND DER NÄCHSTE SCHRITT

Ziele
- Teilnehmer*innen lernen eine Yoga-Übung zum Stressabbau kennen
- Teilnehmer*innen erarbeiten ihren nächsten eigenen Schritt zu einer verbesserten Vereinbarkeit

Tools
- **Flipcharts**
  - Modul_4_Flipchartvorlage11_der nächste Schritt
- **Arbeitsblätter etc.**
  - Modul_4_AB_01_Brief an mich selbst
  - Modul_4_Yoga_Kärtchen
- **Material**
  - Beamer, Laptop und Lautsprecher
  - Stifte (Folienstifte, Permanentmarker, Kugelschreiber)
  - Stellwände, Befestigungsmaterial (Stecknadeln, Klebefilm o. Ä.)
  - Flipchart und Papier
  - Umschläge DIN A6 & DIN A4, Feedbackfragebogen (bei Bedarf), Postkarten, weißes Papier DIN A4,
  - Zusätzlich bei Online-Durchführung: ein leerer Umschlag in Postkartengröße sowie ein an die / den Trainer*in bzw. durchführende Einrichtung adressierten und frankierten Rückumschlag.
- **Sonstiges**
  - Internetzugang
  - Yogamatten
  - bequeme Kleidung

Methode
- Bewegungs- und Atemübungen (Yoga) in der Gruppe
- Einzelarbeit
- Feedback im Plenum

Überblick

In Modul 4 lernen die Teilnehmer*innen eine 30-minütige Ashtanga-Yoga-Übungssequenz zur praktischen Stressprävention kennen, welche sich durch die einfachen Übungen schnell erlernen und gut in den privaten und beruflichen Alltag einbauen lässt. Zusätzlich zielt die Übungssequenz aufgrund der körperlich anstrengenden Arbeit der Beschäftigten aus dem Pflege-, Funktions- und ärztlichen Dienst auf eine muskuläre Stärkung der im beruflichen Alltag viel beanspruchten Körperpartien ab. Die einzelnen Schritte der Übungsabfolge werden mittels eines/r (Yoga-)Trainers*in vor Ort oder online den Teilnehmer*innen Stück für Stück erklärt und vorgemacht. Im Anschluss an diese Yoga-Übungssequenz erhalten die Teilnehmer*innen ein Kärtchen mit dem Link zu dieser sowie zu einer kürzeren 10-minütigen Yoga-Sequenz. Nach der Yoga-Übung erhalten die Teilnehmer*innen die Aufgabe, einen Brief an sich selbst zu schreiben, als eigenes Resümee des Workshops. Die Workshopleitung bittet dann die Gruppe um ein persönliches und mündliches Gesamtfazit zum Workshop, bedankt sich für die Mitarbeit und teilt – bei Bedarf – die Feedbackfragebögen zur Evaluation des Workshops aus.

Ablauf / Anleitung

1. Praktisches Stressmanagement

(45 Min)

- In Bezugnahme auf den theoretischen Input in Modul 3 zum Thema Stresserleben etc. leitet die Workshopleitung nun zum praktischen Stressmanagement in Form von Yoga über. Die Teilnehmer*innen werden gebeten, sich die mitgebrachten bequemen Kleidungsstücke anzuziehen und sich dann jeweils eine Yoga-Matte zu nehmen. Die Yoga-Matte sollte so platziert werden, dass der/die Trainer*in oder der Film gut zu sehen sind.
- Die Durchführung der Yoga-Übung kann je nach Bedarf von einem/r externen Yoga-Trainer/in oder von der Workshopleitung unter Zuhilfenahme des Videos (Dauer: ca. 45 Min) angeleitet werden
- Für die Durchführung der Übungsabfolge anhand des Filmes werden Leinwand, Beamer, Laptop, Lautsprecher sowie ein Internetzugang benötigt.
- Link zu Videos:
  https://de.ashtangayoga.info/180121-kurze-stunde/ (45 Min); https://de.ashtangayoga.info/180320-10-minute-class/ (10 Min)
- Nach der Übungsabfolge erhalten die Teilnehmer*innen ein Kärtchen mit dem Link zu den Übungsvideos. Hier verweist die Workshopleitung nochmal auf die kürzere 10-minütige Version: Workshop_zu_Vereinbarkeit_Modul_4_Übungsvideos_Yoga zwei Yoga-Videos

TRAINERHINWEIS:
Die Teilnehmenden auf die Durchführung der Oberbauch-Flanken-Rücken-Brust-Atmung gegen Akutstress verweisen.

Nachzuschauen unter:
https://de.ashtangayoga.info/180320-10-minute-class/
1:18 – 2:26 Min

2. „Der nächste Schritt"

(15 Min)

- Sitzordnung: Stuhlkreis
- Die Workshopleitung verteilt Postkarten mit ansprechenden Bildern auf dem Boden. Der Stuhlkreis ist um die Postkarten angeordnet.
- Die Teilnehmer*innen kommen zurück in den Stuhlkreis und werden eingeladen, die Postkarten erstmal auf sich wirken zu lassen und dann in einem zweiten Schritt eine Postkarte pro Person auszusuchen und diese optional zu beschriften:
  - Was habe ich heute mitgenommen?
  - Was ist mein nächster Schritt?
  - Was sind meine Ziele bzgl. der Vereinbarkeit von Beruf und Familie?
  - Welche Ressourcen habe ich (oder wünsche ich mir)?
  - Woran möchte ich mich in drei Monaten, wenn ich an den Workshop zurückdenke, erinnern?

TRAINERHINWEIS:
Die Workshopleitung verweist auf den Nutzen der Postkarte für die Teilnehmer*innen: Die Postkarte soll ein Geschenk für die Teilnehmer*innen sein, dass ihnen in 3 Monaten, wenn der Alltag sie wieder fest im Griff hat, ein Lächeln ins Gesicht zaubern soll. Es geht NICHT darum, dass sich die Teilnehmer*innen ertappt fühlen, weil sie etwas nicht geschafft haben, sondern dass sich die Teilnehmer*innen freuen, wenn sie den Brief aufmachen und sich bestärkt fühlen.

- Anschließend werden Briefumschläge, die die Teilnehmer*innen mit ihrer Adresse beschriften, ausgeteilt und optional wird das Arbeitsblatt Modul_4_AB_01_Brief an mich selbst ausgeteilt. In den Briefumschlag können die Teilnehmer*innen ihre Postkarte und auch optional die Arbeitsblätter des Workshops (z.B. Modul_3_AB_03_Bilanz_und_nächste_Schritte) hineinstecken und bei der Workshopleitung abgeben. Diese wird nach 12 Wochen an die Teilnehmer*innen versendet.
- Optional (z.B. bei Nachfrage) kann die Flipchartvorlage Modul_4_Flipchartvorlage11_der nächste Schritt gezeigt werden, um eine konkrete Zielformulierung zu verdeutlichen.
- Ziel dieser Übung ist es, die Nachhaltigkeit zu stärken, indem die Teilnehmer*innen nach einigen Wochen noch einmal an die Inhalte des Workshops erinnert werden.

TRAINERHINWEIS:
FAQ der Teilnehmer*innen: Woher soll ich die Zeit für mich auch noch herbekommen?"

Mögliche Antwort: „Es geht um die Stärkung ihrer eigenen Ressourcen, d. h. wenn Sie auf sich achten, dann hilft das auch ihrem Kind, z. B. indem Sie weniger gestresst sind und weniger gestresst in verschiedenen Situationen (z. B. Morgens Kaba verschüttet) reagieren. Dabei geht es in erster Linie nicht um die großen Veränderungen, sondern um die kleinen Dinge, die Sie auch selber in der Hand haben, z. B. in Ruhe für 5 Minuten einen Kaffee zu trinken oder kurz 30 Sekunden bewusst ein- und auszuatmen (Hinweis zur Integration der Yoga-Übung in den Alltag). Auch ist es wichtig, sich die eigenen Ansprüche an sich zu verdeutlichen: Muss ich eine perfekte Hausfrau, Mutter, Ehefrau und Ärztin/Krankenschwester/Hebamme sein? Ist das überhaupt realistisch? Woher kommen diese Ansprüche und Erwartungen an die eigene Person?"

3. Gesamtfazit

   (15 Min)

- Sitzordnung: Stuhlkreis
- Die Workshopleitung bitte die gesamte Gruppe zu einem abschließenden mündlichen Feedback im Plenum (optional: Visualisierung durch eine Flipchart mit je einer Spalte für Koffer und Blitz)
    - Was war gut? / Was nehmen Sie als Teilnehmer*in mit? (Koffer)
    - Was ist mir aufgefallen? Was hat mich irritiert? Was möchte ich dalassen? (Blitz)

4. Feedbackfragebogen
   (bei Bedarf)
   (10 Min)

- Sitzordnung: Stuhlkreis
- Nach dem mündlichen Feedback durch die Teilnehmer*innen bittet die Workshopleitung um das Ausfüllen der Evaluationsfragebögen. Diese werden von den Teilnehmer*innen in Einzelarbeit ausgefüllt und von der Workshopleitung eingesammelt.

5. Verabschiedung und Dank
   (5 Min)

- Sitzordnung: Stuhlkreis
- Die Workshopleitung bedankt sich herzlich für die Teilnahme und die Mitarbeit.

ONLINE-DURCHFÜHRUNG:

Alle Arbeitsblätter befinden sich im vorab zugesandten Logbuch.

Für das praktische Stressmanagement kann entweder auf das bereits vorhandene Video verwiesen werden oder ein/e externe/r Trainer*in für eine Online-Yogastunde engagiert werden.

Für die Durchführung der Übung „der nächste Schritt" wird den Teilnehmer*innen eine Postkarte, ein leerer Umschlag in Postkartengröße sowie ein frankierter und adressierter Rückumschlag mit dem Logbuch zugesandt. Die Teilnehmer*innen beschreiben ihre Postkarte und fügen diese in den leeren Umschlag in Postkartengröße ein und schließen den Umschlag. Die Teilnehmer*innen werden gebeten, diesen Umschlag mit ihrer persönlichen Adresse zu beschriften und diesen Umschlag in den bereits an die/den Trainer*in adressierten und frankierten Rückumschlag einzufügen. Die Teilnehmer*innen erhalten dann nach 3 Monaten ihren selbstbeschrifteten Umschlag mit der Postkarte von der/von dem Trainer*in per Post zugesandt.

LITERATURVERZEICHNIS

Hander, N.R.; Gulde, M.; Klein, T.; Mulfinger, N.; Jerg-Bretzke, L.; Ziegenhain, U.; Gündel, H.; Rothermund, E. Group-Treatment for Dealing with the Work-Family Conflict for Healthcare Professionals. Int. J. Environ. Res. Public Health 2021, 18, 11728. https://doi.org/10.3390/ ijerph182111728

Künster, A.- K.; Ziegenhain, U. (2014): Kommentar zu Risiken der Krippenbetreuung aus tiefenpsychologischer Sicht. In: Pä-diatrische Praxis. Zeitschrift für Kinder- und Jugendmedizin in Klinik und Praxis, 82/3, S. 390–397

Quellennachweis Commitment-Konzept:
Fürstberger G. & Ineichen, T. (2016). Commitment gewinnen als laterale Führungskraft (Haufe).

Quellennachweis „Auftragskarussell":
Von Schlippe, A. & Schweitzer, J. (2009). Systemische Interventionen. Göttingen (Vandenhoeck & Ruprecht).

ANLAGE

Modul 1

Ablaufplan	Materialien	Sonstiges	Online
1. Begrüßung und Einführung	Modul_1_Flipchartvorlage1_Begrüßung Modul_1_Flipchartvorlage2_Gruppenvereinbarungen Infoblatt Teilnehmer: Modul_1_Programmablauf_TeilnehmerInnen	– Flipchart	Flipcharts als PowerPoint-Folie, Präsentation erfolgt über geteilten Bildschirm Modul_1_Flipchartvorlage2_Gruppenvereinbarungen und Infoblatt Teilnehmer: Modul_1_Programmablauf_TeilnehmerInnen befinden sich im vorab per Post zugesandten Logbuch
2. Vorstellungsrunde zum gegenseitigen Kennenlernen	Modul_1_Flipchartvorlage3_Lebendige Statistik	– Flipchart	Entfällt
3. Persönliche Erwartungen und Ziele	Mo-ul_1_Flipchartvorlage4_Vorstellungsrunde_die_zweite	– Flipchart – Karteikarten (mind. 3 verschiedene Farben) – Stifte (Permanentmarker, Kugelschreiber) – Stellwände – Überschriften auf Karteikarten („Ressourcen", „Themen", „Ziele") – Befestigungsmaterial (Stecknadeln, Klebefilm o. ä.)	Flipcharts als PowerPoint-Folie, Präsentation erfolgt über geteilten Bildschirm Vorstellungsrunde erfolgt mündlich im Plenum Modul_1_Flipchartvorlage4_Vorstellungsrunde_die_Zweite befindet sich im vorab per Post zugesandten Logbuch
4. Mindmap – Inhalt und Ziele des Workshops	Infoblatt Teilnehmer: Modul_1_AB_01_Mindmap Modul_1_Flipchartvorlage5_Ziel und Inhalt	– Flipchart	Flipcharts als PowerPoint-Folie, Präsentation erfolgt über geteilten Bildschirm Infoblatt Teilnehmer: Modul_1_AB_01_Mindmap befindet sich im vorab per Post zugesandten Logbuch
5. Strategien im Umgang mit unlösbarem Arbeitsstress (Rollenspiel)	Infoblatt Leitung. Modul_1_Rollenspiel_gesamt Infoblatt Teilnehmer: Mo-dul_1_Rollenspiel_Karteikärtchen	– Bedruckte Karteikärtchen für Teilnehmer*innen mit Rollenbeschreibungen	Bedruckte Karteikärtchen für Teilnehmer*innen mit Rollenbeschreibungen vorab zusammen mit dem Logbuch per Post versenden

Modul 2

Ablaufplan	Materialien	Sonstiges	Online
1. Einstieg O-Töne	Präsentation Modul_2_PPT_Einstieg	• Beamer • Laptop	Präsentation erfolgt über geteilten Bildschirm
2. Commitmentberechnung	Modul_2_Flipchartvorlage6_Commitment	• Flipchart	Flipcharts als PowerPoint-Folie Präsentation erfolgt über geteilten Bildschirm Modul_2_Flipchartvorlage6_Commitment befindet sich im Logbuch
3. Vereinbarkeitsspielbrett – Familie	Arbeitsblatt Teilnehmende: Modul_2_AB_01_Vereinbarkeitsspielbrett_Familie Modul_2_AB_02_Handreichung zum Umgang mit schwierigen Konstellationen im Vereinbarkeitsspielbrett Modul_2_Flipchartvorlage7_Vereinbarkeitsspielbrett	• Flipchart • Stifte (Kugelschreiber)	Flipcharts als PowerPoint-Folie, Präsentation erfolgt über geteilten Bildschirm Modul_2_AB_01_Vereinbarkeitsspielbrett_Familie und Modul_2_AB_02_Handreichung zum Umgang mit schwierigen Konstellationen im Vereinbarkeitsspielbrett befinden sich im Logbuch
4. Theoretischer Input zum Thema Bindungstheorie, Entwicklungspsychologie, Selbstfürsorge	Präsentation Modul_2_Entwicklungs- und Bindungstheorie	• Beamer • Laptop	Präsentation erfolgt über geteilten Bildschirm Verweis auf Zusammenfassung im Logbuch

Modul 3

Ablaufplan	Materialien	Sonstiges	Online
1. „Eltern als Jongleure von Aufgaben"	Modul_3_Flipchartvorlage8_ Eltern als Jongleure	• Flipchart • 3 Bälle	Wird ersetzt durch Zusatzmaterial Modul_3_OnlineZusatz_ Auftragskarussell
2. Vereinbarkeitsspielbrett – Beruf	Arbeitsblatt Teilnehmende: Modul_3_AB_01_Vereinbarkeitsspielbrett_Beruf Modul_2_Handreichung zum Umgang mit schwierigen Konstellationen im Vereinbarkeitsspielbrett Modul_2_Flipchartvorlage7_ Vereinbarkeitsspielbrett	• Stifte (Kugelschreiber) • Flipchart	Flipcharts als PowerPoint-Folie, Präsentation erfolgt über geteilten Bildschirm Arbeitsblatt Teilnehmende: Modul_3_AB_01_Vereinbarkeitsspielbrett_Beruf Modul_2_Handreichung zum Umgang mit schwierigen Konstellationen im Vereinbarkeitsspielbrett befinden sich im Logbuch
3. Stresserleben	Präsentation Modul_3_Stress Modul_3_Flipchartvorlage9_ Stressampel Modul_3_Flipchartvorlage10_ Stress_Waage	• Beamer • Laptop • Flipchart	Flipcharts als PowerPoint-Folie, Präsentation erfolgt über geteilten Bildschirm Verweis auf Zusammenfassung der Präsentation Modul_3_PPT_ Stress im Logbuch Arbeitsblatt Teilnehmende: Modul_3_Flipchartvorlage9_ Stressampel, Modul_3_Flipchartvorlage10_ Stress_Waage befinden sich im Logbuch
1. Meine Ausgangslage, mein Ziel, meine Möglichkeiten und Ressourcen	Arbeitsblatt Teilnehmer: Modul_3_AB_02_Bilanz_und_ nächste Schritte	• Stifte (Kugelschreiber, Bleistifte)	Arbeitsblatt Teilnehmende: Modul_3_AB_02_Bilanz_und_ nächste Schritte befindet sich im Logbuch

Modul 4

Ablaufplan	Materialien	Sonstiges	Online
1. Praktisches Stressmanagement	Karteikärtchen für Teilnehmer: Modul_4_Übungsvideos_Yoga	– Beamer – Laptop – Lautsprecher – Yogamatten	Durchführung einer Online-Yoga-Stunde durch externe/n Trainer*in oder Workshopleitung
2. Der nächste Schritt	Modul_4_Flipchartvorlage11_der nächste Schritt	– Flipchart – Stifte (Kugelschreiber, Bleistifte) – Umschläge Din A6, Din A4 – Weißes Papier Din A4 – Postkarten	Für die Durchführung der Übung „Der nächste Schritt" wird den Teilnehmenden eine Postkarte, ein leerer Umschlag in Postkartengröße sowie ein frankierter und adressierter Rückumschlag mit dem Logbuch zugesandt.
3. Gesamtfazit			
4. Feedbackfragebogen (bei Bedarf)	Feedbackfragebogen für Teilnehmende	– Stifte (Kugelschreiber)	
5. Verabschiedung und Dank			

GESUND BLEIBEN IM BERUF

SELBSTFÜRSORGE ÜBER DIE
LEBENSSPANNE

GESUND BLEIBEN IM BERUF

SELBSTFÜRSORGE ÜBER DIE LEBENSSPANNE

Madeleine Helaß, Anja Greinacher, Imad Maatouk
& Christoph Nikendei

INHALT – TP1.E

EINLEITUNG ZUM TEILPROJEKT — 176

ZU BEGINN — 177

ZEITSTRUKTUR DES TRAININGS — 178

MODUL 1: WARM-UP UND ACHTSAMKEIT — 180
- Überblick — 180
- Ziele — 180
- Methode — 180
- Tools — 180
- Ablauf / Anleitung — 180
- FC: Struktur — 181
- FC: Wunschbaum — 181
- IB: Achtsamkeit — 184

MODUL 2: STRESS UND RESSOURCEN — 185
- Überblick — 185
- Ziele — 185
- Methode — 185
- Tools — 185
- Ablauf / Anleitung — 185
- AB: Was ich persönlich als belastend erlebe — 187
- IB: Wann erlebe ich Stress — 188
- IB: Stress – Psychophysiologie
    - Die Wirkungen von Sympathikus und Parasympathikus — 189
- IB: Stress und allgemeines Anspannungsniveau — 190
- IB: Wie ich mit Stress umgehen kann — 191
- AB: Ressourcen — 192

MODUL 3: ALTERN ALS STRESSOR UND RESSOURCE — 193
- Überblick — 193
- Ziele — 193
- Tools — 193
- Methode — 193
- Ablauf / Anleitung — 193
- AB: Alter und Altern — 195
- IB: Progressive Muskelentspannung — 196
- IB: Progressive Muskelentspannung – Instruktion — 197

MODUL 4: SOK — 200
- Überblick — 200
- Ziele — 200
- Tools — 200
- Methode — 200
- Ablauf / Anleitung — 200
- IB: Das SOK-Konzept — 202
- AB: Das SOK-Konzept – Ziele formulieren — 203
- AB: SOK Teilschritte — 204

MODUL 5: EVALUATION DER SOK-PROJEKTE — 206
- Überblick — 206
- Ziele — 206
- Tools — 206
- Methode — 206
- Evaluation der SOK-Projekte — 206
- FC: Problemlöseprozess — 206

MODUL 6: ABSCHLUSS UND INTEGRATION — 207
- Überblick und Ziele — 207
- Tools — 207
- Methode — 207
- FC Feedback — 208

ANHANG A — 209

EINLEITUNG ZUM TEILPROJEKT

Die Teilnehmenden lernen, eigene Strategien und Ressourcen zu analysieren, ggf. Neue zu entwickeln und anzuwenden, um besser für sich und ihre Gesundheit zu sorgen. Das übergeordnete Ziel ist - trotz beruflicher und privater Belastungen - ein höheres Maß an psychischem Wohlbefinden und Selbstfürsorge über die gesamte Lebensspanne zu erreichen. Dabei soll neben einer Reduktion der realen Arbeitsbelastung eine weitere – möglicherweise individuell steuerbare - Perspektive entwickelt werden: eine gute Lebensqualität trotz hoher Arbeitsbelastung aufrechterhalten.

Das Training sollte idealerweise wöchentlich mit der Bearbeitung jeweils eines Moduls stattfinden, um den Teilnehmenden zwischen den Modulen ausreichen Zeit zur Nachreflektion der Erfahrungen und zum Üben zu ermöglichen. Alternativ kann das Training auch als Blockveranstaltung angeboten werden, sodass es an zwei Trainingstagen durchgeführt wird. Das bedeutet, das vier Module à 90 am ersten Tag und zwei Module à 90min am zweiten Tag durchgeführt werden. Die optimale Anzahl der Teilnehmenden pro Gruppe liegt bei zehn Teilnehmenden und sollte auf 15 begrenzt werden, um zu gewährleisten, dass alle Teilnehmenden vom Gruppenleiter*in aktiv eingebunden werden können. Das Konzept ist für einen Einzeltrainer ausgelegt; ab einer Gruppengröße von zehn Teilnehmenden sollten zwei Trainer beteiligt sein. Es empfiehlt sich, zwischen den Trainingstagen mindestens eine vierwöchige Pause zu machen. Der erste Tag beginnt mit einer Kennenlern- und Orientierungsphase, in der Rahmenbedingungen und Ziele des Trainings erarbeitet und vorgestellt werden. Die Teilnehmenden bekommen die Gelegenheit, sich in einem zwanglosen Rahmen zu begegnen und damit eine zentrale Voraussetzung für die gemeinsame Gruppenarbeit zu entwickeln (Modul 1). Anschließend werden das Thema Stress und Ressourcen unter theoretischen Gesichtspunkten behandelt und gemeinsam mit den Teilnehmenden durch individuelle Maßnahmen zur Stressreduktion (z. B. Ressourcen, Entspannungsverfahren...) und Reflektion über die eigenen vorhandenen Ressourcen der Praxisbezug hergestellt (Modul 2).

Im Zuge der demografischen Entwicklung spielt Altern als Stressor aber auch als Ressource eine zunehmende Rolle im Arbeitsalltag und wird in Modul 3 bearbeitet. Das letzte Modul (Modul 4) des ersten Trainingstages sieht die Vorstellung eines Modells effektiven Alterns, des SOK-Modells, vor und schließt mit der Entwicklung und Vorbereitung eines individuellen Projekts ab. Die vierwöchige Pause wird von den Teilnehmenden zur Erprobung ihres Projektes verwendet und am zweiten Trainingstag im Modul 5 evaluiert und korrigiert. Die Abschlusssitzung dient der Evaluation des Trainings, der Durchführung diverser Feedbacks und Verabschiedung. In Anhang A sind einige Achtsamkeitsübungen aufgeführt, die bei Bedarf zu Beginn und Ende der Module mit den Teilnehmenden durchgeführt werden können und so den Einstieg in die Modularbeit als auch deren Abschluss markieren kann.

Heidelberg, Oktober 2021
Madeleine Helaß, Anja Greinacher, Imad Maatouk, Christoph Nikendei

ZU BEGINN

Die Wirksamkeit des Trainings wird davon mitbestimmt, ob die Teilnehmenden in einen guten Austausch kommen. Bevor Sie mit dem eigentlichen Training beginnen, können kleine Maßnahmen eine gute Atmosphäre in der Trainingssituation schaffen. Stellen Sie z. B. Getränke (Wasser, Kaffee, Schorle, ...) und kleine Snacks oder Knabbereien bereit.

Da das Training neben Kurzvorträgen auch Einzel- und Gruppenarbeiten vorsieht, in denen Notizen gemacht werden können, empfiehlt sich die Sitzordnung in U-Form und eine Tafel in Abhängigkeit von der Gruppengröße. Um den Austausch zwischen den Teilnehmenden zu fördern, ein Hierarchiegefälle in Form einer etwaigen Lehrer-Schüler-Konstellation zu vermeiden, sowie eine gleichberechtigte Beziehung zwischen Teilnehmenden und GruppenleiterIn zu wahren, kann sich der Gruppenleiter/die Gruppenleiterin (in Tafelnähe) mit an den Tisch setzen.

Für die Stärkung des Vertrauensverhältnisses der Teilnehmenden untereinander und zum Gruppenleiter empfehlen wir im Vorfeld die Gruppenregeln festzulegen. Diese sind interaktiv mithilfe des Wunschbaumes mit der Gruppe zu erarbeiten (s. Modul 1).

Wichtige Gruppenregeln sind:
- Es besteht Schweigepflicht für alle Teilnehmenden und Themen, die in der Gruppe besprochen werden.
- Das Training beginnt und endet pünktlich.
- Die Teilnehmenden lassen einander ausreden.
- Jede Meinung zählt und darf geäußert werden.
- Fragen dürfen jederzeit gestellt werden.

Um dem Ziel der praxisnahen Gestaltung des Trainings gerecht zu werden, stellen wir dem Lesenden Arbeitsblätter, praktische Übungen mit Instruktionstexten sowie Fragebeispiele zur Gestaltung der Trainingssitzung zur Verfügung. Alle benötigten Materialien (AB=Arbeitsblätter, FC=Flipcharts, IB=Informationsblätter) werden am Ende jeden Kapitels angefügt.

Aus unserer Erfahrung ergeben sich bei der Durchführung des Trainings wertvolle Diskussionen und Themen, die im Manual nicht behandelt werden, aber die die Teilnehmenden vertiefen möchten. Um dafür den entsprechenden Raum zu geben, könne Inhalte des Manuals gekürzt werden. Die Abschnitte, die eher als Vertiefung gedacht sind und die zu Gunsten wertvoller Gruppendiskussionen ausgelassen werden können, sind mit einem türkisen Quadrat gekennzeichnet. Abschnitte, deren Inhalte und Bearbeitung für den Weitergang des Trainings essentiell sind, wurden mit einem orangen Quadrat markiert.

■ **Ergänzung und Vertiefung des Manuals**

■ **Notwendiger Bestandteil des Manuals**

ZEITSTRUKTUR DES TRAININGS

Modul 1: Warm-Up und Achtsamkeit

Inhalt/Ziel	Methode	Dauer (Minuten)
Warm-Up	– Begrüßung der Teilnehmenden – Vorstellung GL – Klärung Rahmenbedingungen (Gruppenregeln, Zeiten, Pausen, Fragen, Aufzeichnung, Ansprechform, Vertraulichkeit, …)	30
	Formalia	5
	Struktur des Programms + Booster	5
	Vorstellung im Plenum: (Name, Berufsjahre, derzeitige Position/Abteilung) Wunschbaum	10
	Auflockerungsübung	10
Achtsamkeitskonzept	Input Achtsamkeit	10
	Praktisches Üben: Eierübung	15
	PAUSE	

Modul 2: Stress und Ressourcen

Inhalt/Ziel	Methode	Dauer (Minuten)
Stress – Stressbewältigung	Bearbeitung IB Was ich persönlich als belastend erlebe (Stressoren) und Zusammenfassung am Flipchart durch GL	20 + 5
	Entstehung von Stress, Stress-Modell	
	Theoretischer Input: Psychophysiologie	10
	Theoretischer Input: allg. Anspannungsniveau	10
Ressourcenanalyse	Einzelarbeit Ressourcen und Zusammenfassung am Flipchart durch GL	20 + 10
	Theoretischer Input: emotions-/problemfokussierte Bewältigung	15
	PAUSE	

Modul 3: Altern als Stressor und Ressource

Inhalt/Ziel	Methode	Dauer (Minuten)
Alter	Einzelarbeit: AB_Alter und Altern mit Plenumsdiskussion	15 + 15
Altersstereotype	Plenumsarbeit: Altersstereotype	15
Entspannungsverfahren: PME	Theoretischer Input: PME	15
	Praktisches Üben und Anleitung durch GL	30
	PAUSE	

Modul 4: SOK

Inhalt/Ziel	Methode	Dauer (Minuten)
Vorstellung des SOK-Modells und Auswahl eines eigenen Projekts	Selektion: Zielexploration: Input SMART und Konkretisierung	10
	Einzelarbeit: AB Ziele formulieren	5
	Selektion: Zielexploration: Input SMART und Konkretisierung	10
	Einzelarbeit: AB Ziele formulieren	10
	Einzelarbeit: AB Teilschritte,	30
	Hindernisse antizipieren, Diskussion im Plenum	25
	PAUSE FÜR DIE DURCHFÜHRUNG DER PROJEKTE (CA. VIER WOCHEN)	

Modul 5: Evaluation SOK-Projekte

Inhalt/Ziel	Methode	Dauer (Minuten)
SOK-Projekte: erste Evaluation	Erfahrungsaustausch zu den Projekten	30
	Theoretischer Input: Problemlösetraining nach D´Zurilla und Goldfried	10
	Durchführung der Problemlösung im Plenum	90
	PAUSE	

Modul 6: SOK

Inhalt/Ziel	Methode	Dauer (Minuten)
Zusammenfassung	Zusammenfassung und Überblick über alle Inhalte	10
Feedback	Feedback durch Teilnehmer	15
	Rückmeldung und Abschied der Gruppe untereinander	20
	Feedback durch Leiter	10
Achtsamkeit zum Abschluss	GL Anleitung „Ich wünsche dir"	5

MODUL 1: WARM-UP UND ACHTSAMKEIT

Überblick
In der ersten Sitzung lernen sich die Teilnehmenden kennen, die Rahmenbedingungen werden erarbeitet und die Struktur des Trainings wird vorgestellt. Anschließend erfolgt die Vorstellung des Konzeptes Achtsamkeit anhand praktischer Beispiele und Anwendungen.

Ziele
- Einführung, Klärung der Rahmenbedingungen
- Vorstellung der Trainingsinhalte
- Kennenlernen der Teilnehmer, Schaffen einer vertrauensvollen Atmosphäre
- Kennenlernen des Achtsamkeitskonzepts
- Erste Erfahrungen mit Achtsamkeit machen
- Reflektion des persönlichen Nutzens von Achtsamkeit im Alltag

Methode
- Kurzvortrag
- Themenzentrierte Interaktion (TZI, Ergebnissicherung)
- Achtsamkeitsübung

Tools
- IB:
  - IB Achtsamkeit
  - IB Sammlung Achtsamkeitsübung
- FC:
  - Struktur
  - Wunschbaum
  - Achtsamkeit – Input,
  - Achtsamkeit – Was/Wie
- Material:
  - Haftnotizen,
  - Ogo-Soft-Bälle,
  - Stifte,
  - Gong,
  - Workbooks/ Ordner,
  - Duftöle
  - Eier nach Anzahl der
  - Teilnehmendenools

Ablauf / Anleitung

Einführung

Nach der Begrüßung der Teilnehmenden und Vorstellung der Gruppenleiter wird die Agenda für die 1. Sitzung vorgestellt. Im Anschluss wird die Struktur des Trainings anhand (> FC Struktur) erläutert.

Kennenlernen der Teilnehmer

Die Teilnehmenden stellen sich der Reihe nach vor (bspw. Name, Berufsjahre). Jeder Teilnehmende kommt mit Erwartungen, Wünschen und Bedürfnissen, aber auch Ängsten und Befürchtungen in die Gruppe. Diese gilt es, vor Beginn der Bearbeitung der Inhalte zu formulieren. Ängste und Befürchtungen werden als positives Pendant formuliert (bspw. Angst vor Vertrauensbrüchen durch Weitererzählen der Bemerkungen eines Teilnehmers außerhalb der Gruppe ➔ Wunsch nach Verschwiegenheit). Diese Wünsche werden auf Haftnotizen notiert und an dem (> **FC Wunschbaum**) angeheftet. Aus dieser Sammlung ergeben sich Ansätze für die Rahmenbedingungen, die anhand eines Flipcharts mit Informationen zu Zeit und Dauer, Pausen, Umgang mit Fragen, Notwendigkeit der Aufzeichnung/Mitschrift, ... angereichert werden können.

Auflockerungsübung:
Die Teilnehmenden sollen sich nun in einem anderen Rahmen kennenlernen und miteinander in Kontakt treten, ohne zu sprechen. Da die Teilnehmenden sich nicht offenbaren müssen, wird die Übung häufig als weniger bedrohlich wahrgenommen. Im besten Falle entsteht durch diese Übung eine humorvolle aufgelockerte Atmosphäre mit der Erfahrung, dass die anderen Teilnehmenden als zugewandt erlebt und eine vertrauensvolle Stimmung geschaffen wird.

„Ich möchte Sie nun zu einer Übung einladen. Bitte stehen Sie auf und stellen Sie sich zu einem Kreis zusammen. Ich habe hier einen Ogo-Ball, der von Ihnen durch den Raum zu einem anderen Mitglied der Gruppe geworfen werden soll. Dabei ist wichtig, dass Sie nicht mit den anderen Teilnehmenden sprechen. Es gibt nur eine Regel: Der Ball darf in einer Runde nie zweimal bei einer Person sein, sondern jeder Teilnehmenden muss einmal den Ball haben.

Idealerweise merken Sie sich, von wem der Ball kam und an wen er gehen soll." Der GL wirft den Ball einem Teilnehmenden zu und wartet bis zwei Runden reibungslos verlaufen. Dann wird der zweite, dritte und vierte Ogo-Ball in die Runde geworfen. Wenn zwei Runden reibungslos verlaufen sind, wird die Übung beendet.

Im Anschluss an die Übung werden die Erfahrungen in der Gruppe reflektiert.
- Was konnten Sie bei der Übung bei sich beobachten?
- Welche Gedanken kamen Ihnen bei der Übung?
- Welche Gefühle hat die Übung ausgelöst?

Als Überleitung zum ersten Themenkomplex kann der Gruppenleiter darauf hinweisen, dass Emotionen und Stress durch Bewertungen ausgelöst werden. Eine Möglichkeit dem Stress zu begegnen ist, Bewertungen zu unterlassen und eine Haltung des Annehmens (der Achtsamkeit) zu entwickeln. Dieses Konzept ermöglicht es, im Hier und Jetzt zu bleiben, sich zu fokussieren und Energie zielgerichtet einzusetzen.

 Achtsamkeit

Was verstehen wir unter Achtsamkeit?
Eine fernöstliche Weisheit oder Anekdote verdeutlicht sehr gut, was Achtsamkeit bedeutet **(> IB Achtsamkeit)**.

Sie kennen es vielleicht auch aus Ihrem Alltag. Sie reinigen das Bad, kochen Kaffee oder lagern gerade einen Pat. In Gedanken sind Sie schon bei der Visite, der Mittagspause oder überlegen sich, was Sie in der Übergabe an die nächste Schicht weitergeben müssen. In diesen Momenten sind Sie nicht achtsam, denn Achtsamkeit heißt, mit unserer ganzen Aufmerksamkeit und Konzentration bei dem zu sein, was gerade ist – was wir sehen, was wir riechen, was wir schmecken, was wir hören, was wir denken oder auch, welches Gefühl wir gerade haben. Statt mit unserer Aufmerksamkeit und unseren Gedanken ständig woanders als im gegenwärtigen Moment zu sein, entwickeln wir ein Bewusstsein für das „Hier und Jetzt" und können so das „wirkliche" Leben intensiver erfahren.

Achtsamkeit zeichnet sich durch eine offene und annehmende Haltung aus, d. h. wir nehmen Dinge wahr und benennen sie, ohne zu bewerten. Wir nehmen den Moment genauso an, wie er ist, ohne nach dem zu greifen, was wir haben wollen oder uns von dem abzuwenden, was wir nicht mögen, was wir gern hätten, wie es ist und was wir meinen, wie es sein sollte.

Wozu Achtsamkeit?
Mit Achtsamkeit können wir lernen, die Selbstwahrnehmung zu verbessern, z. B. nehmen wir wahr, welche Gedanken und Gefühle auftreten und wann sie sich verändern. Achtsamkeit schärft das Bewusstsein dafür, was um uns herum geschieht. Dadurch können wir mehr Kontrolle über unser Erleben und auch über unser Handeln erfahren. Dabei sollen Bewertungen zunächst bewusst gemacht und später auch unterlassen werden. Achtsamkeit befähigt uns darüber, Abstand zu unangenehmen Gefühlen zu bekommen. Sicher kennen Sie das. Viele Ängste, Sorgen oder Traurigkeit entstehen durch Gedanken an die Vergangenheit oder Zukunft. Wenn wir uns jedoch mit der Gegenwart beschäftigen, stellen wir fest, dass wir uns aktuell keine Sorgen machen müssen.

Das heißt nicht, dass wir uns nie mit der Vergangenheit oder der Zukunft beschäftigen sollen. Selbstverständlich müssen wir auch für die Zukunft planen oder auch vergangene Ereignisse auswerten, um z. B. aus ihnen zu lernen oder auch Fehler wieder gut zu machen. Im Rahmen der Achtsamkeit üben wir jedoch ganz bewusst, im gegenwärtigen Moment zu verweilen. Insgesamt beruhigt Achtsamkeit unsere Gedanken und verhilft uns zu einer ausgeglicheneren Sicht auf die Dinge des Alltags, unabhängig von Stimmungen und momentanen Gefühlen.

 Exkurs: Eierübung (10min)

Die Eierübung dient der Veranschaulichung des Loslassens und Nichtbewertens. Die Teilnehmenden werden gebeten, ein Ei auf dem Tisch (auf der breiteren Seite) zum Stehen zu bringen. Häufige Reaktionen wie Unglauben und Ablehnung werden von dem Gruppenleiter angenommen und die Teilnehmenden ermutigt, es trotzdem zu versuchen.
- *Welche Gedanken hatten Sie zu Beginn der Übung?*
- *Wie haben sich diese im Verlauf verändert?*
- *Haben Sie an die Arbeit gedacht, als Sie die Übung gemacht haben?*

In der Regel erleben die Teilnehmenden zu Beginn der Übung Bewertungen wie „Das geht doch nie" oder „Bei mir klappt das bestimmt nicht". Diese reduzieren sich gewöhnlich im Verlauf. Sie versuchen, das Ei zum Stehen zu bringen und denken nicht an das was war und was sein wird. Sie sind ganz im Moment und bei dem Ei. Das ist Achtsamkeit.

Durchführung
Vor der Anleitung einer Achtsamkeitsübung ist es sinnvoll, sich zu Beginn die Haltung der Achtsamkeit bewusst zu machen. Sie könnte bspw. folgendermaßen lauten:

„Nehmen Sie bitte eine Haltung ein, die es Ihnen erlaubt wach zu bleiben... Lassen Sie alle unnötigen Anspannungen los...Nehmen Sie Ihre Absichten und Bewertungen wahr und lassen Sie diese ebenfalls los... Wenn sie wiederkehren, nehmen Sie sie wahr, aber halten Sie nicht daran fest... Bleiben Sie in der Gegenwart, bei dem, was jetzt gerade geschieht. ... Schließen Sie, wenn möglich, die Augen. ..."

Bei der Anleitung der Übungen vermeiden Sie bitte eine besonders weiche, beruhigende, langsame oder sonstwie veränderte Sprechform. Das normale Sprechen hält wach und betont die Normalität und Alltäglichkeit. Jede Übung beginnt und endet mit einem Gong.

Dass sich Achtsamkeit als Grundhaltung etablieren kann, setzt das Ausprobieren verschiedener Übungen und regelmäßiges Üben voraus. Eine breite Auswahl an Übungen finden Sie unter **Anhang A Achtsamkeitsübungen**

FC : Gesund Bleiben im Beruf – Überblick

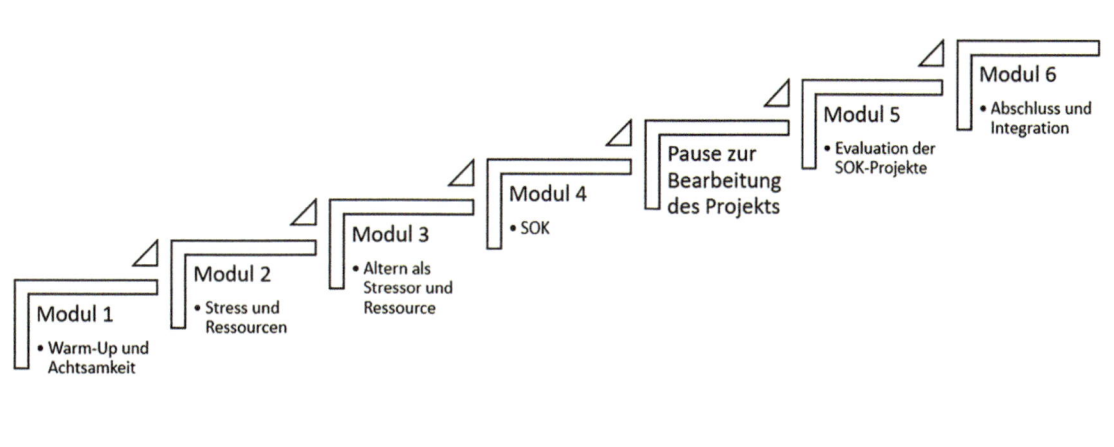

FC : Wunschbaum

IB: Achtsamkeit

Ein Mann wurde einmal gefragt

Ein Mann wurde einmal gefragt,
warum er trotz seiner vielen Beschäftigungen
immer so gesammelt sein könne.

Er sagte:
Wenn ich stehe, dann stehe ich,
wenn ich gehe, dann gehe ich,
wenn ich sitze, dann sitze ich …
die Fragesteller: das tun wir doch auch …

Er sagte wiederum:
Wenn ich stehe, dann stehe ich,
wenn ich gehe, dann gehe ich,
wenn ich sitze, dann sitze ich…
Die Fragesteller wiederum: das tun wir doch auch …

Er sagte zu ihnen:
Nein, wenn ihr sitzt,
dann steht ihr schon
und wenn ihr steht,
dann lauft ihr schon,
und wenn ihr lauft,
dann seid ihr schon am Ziel.

(Fernöstliche Weisheit)

Was verstehen wir unter Achtsamkeit?

Achtsamkeit heißt, mit unserer gesamten Aufmerksamkeit und Konzentration bei dem zu sein, was gerade ist – was wir sehen, was wir riechen, was wir schmecken, was wir hören, was wir denken oder auch, welches Gefühl wir gerade haben. Statt mit unserer Aufmerksamkeit und unseren Gedanken ständig woanders als im gegenwärtigen Moment zu sein, entwickeln wir ein Bewusstsein für das „Hier und Jetzt" und können so das „wirkliche" Leben intensiver erfahren.

Achtsamkeit zeichnet sich durch eine offene und annehmende Haltung aus, d.h. wir nehmen Dinge wahr und benennen sie, ohne zu bewerten. Wir nehmen den Moment genauso an, wie er ist, ohne nach dem zu greifen, was wir haben wollen oder uns von dem abzuwenden, was wir nicht mögen, was wir gerne hätten.

Wozu Achtsamkeit?

Mit Achtsamkeit können wir lernen, die Selbstwahrnehmung zu verbessern, z. B. nehmen wir wahr, welche Gedanken und Gefühle auftreten und wann sie sich verändern. Achtsamkeit schärft das Bewusstsein dafür, was um uns herum geschieht. Dadurch können wir mehr Kontrolle über unser Erleben und auch über unser Handeln erfahren. Dabei sollen Bewertungen zunächst bewusst gemacht und später auch unterlassen werden. Achtsamkeit befähigt uns darüber, Abstand zu unangenehmen Gefühlen zu bekommen. Sicher kennen Sie das. Viele Ängste, Sorgen oder Traurigkeit entstehen durch Gedanken an die Vergangenheit oder Zukunft. Wenn wir uns jedoch mit der Gegenwart beschäftigen, stellen wir fest, dass wir uns aktuell keine Sorgen machen müssen.

Das heißt nicht, dass wir uns nie mit der Vergangenheit oder der Zukunft beschäftigen sollen. Selbstverständlich müssen wir auch für die Zukunft planen oder auch vergangene Ereignisse auswerten, um z. B. aus ihnen zu lernen oder auch Fehler wieder gut zu machen. Im Rahmen der Achtsamkeit üben wir jedoch ganz bewusst, im gegenwärtigen Moment zu verweilen. Insgesamt beruhigt Achtsamkeit unsere Gedanken und verhilft uns zu einer ausgeglicheneren Sicht auf die Dinge des Alltags, unabhängig von Stimmungen und momentanen Gefühlen.

> Schon in einigen Wochen des regelmäßigen Übens werden Sie feststellen, dass Sie Ihre Achtsamkeit ausdehnen und erweitern können.

MODUL 2: STRESS UND RESSOURCEN

Überblick
Das Modul umfasst die Analyse von Belastungen und Ressourcen. Ausgehend von den theoretischen Inhalten werden individuelle Stressoren erarbeitet und dazugehörige Ressourcen und Copingstrategien exploriert.

Ziele
- Sensibilisierung für das Thema Stress
- Informationsvermittlung zu Stress und Bewältigung anhand des Transaktionalen Stressmodells nach LAZARUS
- Beschäftigung mit der eigenen Stressbelastung und Eruieren erfolgreicher Ressourcen und Copingstrategien

Tools
- **AB:**
  - AB Was ich persönlich als belastend erlebe
- **IB:**
  - IB Wie ich mit Stress umgehen kann
  - IB Psychophysiologie
  - IB Stress und Anspannungsreaktion
- **Material:**
  - Stifte
  - Ressourcenkärtchen auf Tisch
  - Symbolkarten für Belastungen und Ressourcen (Bentrup, M., Geupel, B. ,2016. Ideen aus der Box. Borgmann Media, Dortmund.)

Methode
- Themenzentrierte Interaktion (TZI, Ergebnissicherung)

Ablauf / Anleitung

 Stress

Die zweite Sitzung beginnt mit einer Stressanalyse. Die Teilnehmenden finden sich in Dyaden zusammen und interviewen sich gegenseitig unter Zuhilfenahme des (**> AB Was ich persönlich als belastend erlebe**). Nach einer geeigneten Bearbeitungszeit von ca. 20 min werden die Ergebnisse im Plenum besprochen. Der GL fasst die Themen am Flipchart zusammen und entwickelt eine Unterteilung nach individuellen-persönlichen und strukturell-organisationalen Themen (Verhaltens-/Verhältnisprävention)

Nachdem die Stressoren erarbeitet wurden, folgt ein theoretischer Input zu den Ursachen und Bedingungen, physiologischen Konsequenzen von Stress und Ansatzpunkten für Interventionen. Nach Lazarus entsteht Stress, wenn es zu einem Missverhältnis zwischen Anforderungen einer Situation und vorhandenen Ressourcen einer Person kommt (s.a. Transaktionales Stressmodell) (**>FC/IB Wann erlebe ich Stress**) Das bedeutet eine Person prüft zunächst in einer neuartigen Situation, ob ihr für die Lösung der Situation die erforderlichen Ressourcen und Strategien zur Verfügung stehen. Sie fragt sich: „Schaffe ich das" oder „kann ich mit der Situation umgehen?" Kann die Person die Frage bejahen, d. h. es stehen ausreichend Ressourcen zur Verfügung, wird die Situation als Herausforderung bewertet (Eustress). Erst wenn die Person die Frage verneinen muss, entsteht (Di-)Stress.

Beispiel:
Sie kommen aus der Übergabe und haben Ihre Aufgaben für den Dienst erhalten. Sie beginnen mit der Visite. Dort wird beschlossen, einen Patienten auf Intensivstation zu verlegen. Sie müssen die Verlegung bearbeiten. Der nächste Patient möchte vorzeitig entlassen werden. In der Visite wird der Arzt zu einem Notfall abberufen. In der Zwischenzeit beginnen Sie, die Verlegung vorzubereiten. Mitten in ihrer Arbeit kommt der Arzt zurück und möchte die Visite fortsetzen. Die Patienten sind zwischenzeitlich ihrer Wege gegangen und nicht mehr auf der Station. Ergo: Die Visite dauert länger, weil auf die Patienten gewartet werden muss. Sie machen (wenn überhaupt) verspätet Mittagspause, müssen dann noch die Visite ausarbei-

ten. Es wird spät. Sie merken, Sie werden mit Ihren Aufgaben nicht fertig. Die Übergabe naht. Sie haben Stress.

Was bedeutet das nun für den Körper? Stress wirkt sich auf alle Körperfunktionen aus. Verantwortlich sind Sympathikus (Fluchtreaktion) und Parasympathikus (Entspannung), des vegetativen Nervensystems.

Körperliche Veränderungen unter Stress

In einer Plenumsarbeit werden die stressbedingten körperlichen Veränderungen von Stress erarbeitet und ggf. durch den GL ergänzt (> FC/ IB Psychophysiologie von Stress).

Sie haben vielleicht schon erlebt, dass es Tage gibt, an denen Sie durch hohe Anforderungen unterschiedlich stark gestresst sind, bspw. vor und nach einem Urlaub. Entscheidend ist, wie hoch Ihr Anspannungsniveau ist (>IB Stress und allgemeines Anspannungsniveau ist am Flipchart zu entwickeln). *Die Grundanspannung ist ein zeitlich überdauerndes Erregungsniveau, das alle Körperfunktionen beeinflusst. Wir nehmen an, dass das Anspannungsniveau (d. h. die Grundanspannung) vor dem Urlaub höher ist als nach dem Urlaub.*

Nehmen wir unser Beispiel von eben heran. Sie sind seit 2 Monaten ununterbrochen im Dienst, der Urlaub steht an. Sie machen Visite mit dem Stationsarzt. Die Verlegung wird entschieden (niedriges Stresslevel [SL]). Diese Aufgabe delegieren Sie an Ihre Kollegin. Kurz darauf kommt die vorzeitige Entlassung zur Sprache. Da die Kollegin mit der Verlegung beschäftigt ist, müssen Sie die Entlassung übernehmen. Sie planen dies für die Zeit nach der Visite ein (mittleres SL). Der Arzt wird abberufen, Sie unterbrechen sie Visite, beginnen mit der Ausarbeitung, werden dabei durch die Rückkehr des Arztes unterbrochen und führen die Visite fort. Sie machen sich Gedanken, wie Sie alles bis zur Übergabe fertigbekommen sollen (hohes SL). Jetzt stellen wir uns dieselbe Situation mit dem Unterschied, dass Sie gerade aus dem Urlaub zurückgekehrt sind vor, aber Sie kommen aus dem Urlaub.

Die Verlegung und vorzeitige Entlassung würde Sie herausfordern, aber die Stressschwelle noch nicht überschreiten. Erst wenn eine große Anforderung an Sie gerichtet wird, wird es für Sie stressig. Wie können Sie diese Erkenntnis für Ihre Lebensgestaltung nutzen?

Die Teilnehmenden können erkennen, dass die Regulation der Grundspannung entscheidend für die Entwicklung von Stress ist.

Ressourcenanalyse

Der GL greift die Arbeit „was ich persönlich als belastend erlebe" auf und bittet die Teilnehmer, sich konkrete Situationen zu den Stressoren vorzustellen. In Einzelarbeit sollen durch folgende Fragen Ressourcen gefunden werden. Unterstützend kann eine Ressourcenliste bereitgelegt oder die Ressourcen als Karten auf dem Tisch ausgelegt werden:

- Wie sind Sie nun damit umgegangen?
- Welche Fähigkeiten, Strategien und Ressourcen haben Ihnen bei der Bewältigung dieser schwierigen Situation geholfen?

Der GL sammelt die Ressourcen und Strategien am Flipchart. Anschließend wird das (> AB Wie ich mit Stress umgehen kann) ausgehändigt und die Punkte am Flipchart der Form (emotions- oder problemfokussiert) zugewiesen. Eine weitere emotionsorientierte Strategie (PME) wird in anschließend in Modul 3 erläutert und durchgeführt. Der Blick auf die problemorientierte Seite der Strategien kann als Ausblick für das in Modul 4 thematisierte SOK-Modell geben.

AB: Was ich persönlich als belastend erlebe

Notieren Sie bitte stichpunktartig, durch welche Ereignisse, Umstände oder Situationen Sie sich im Alltag belastet fühlen!

-
-
-
-
-
-
-
-
-
-
-
-

IB: Wann erlebe ich Stress
(in Anlehnung an Kleinstäuber et al, 2017)

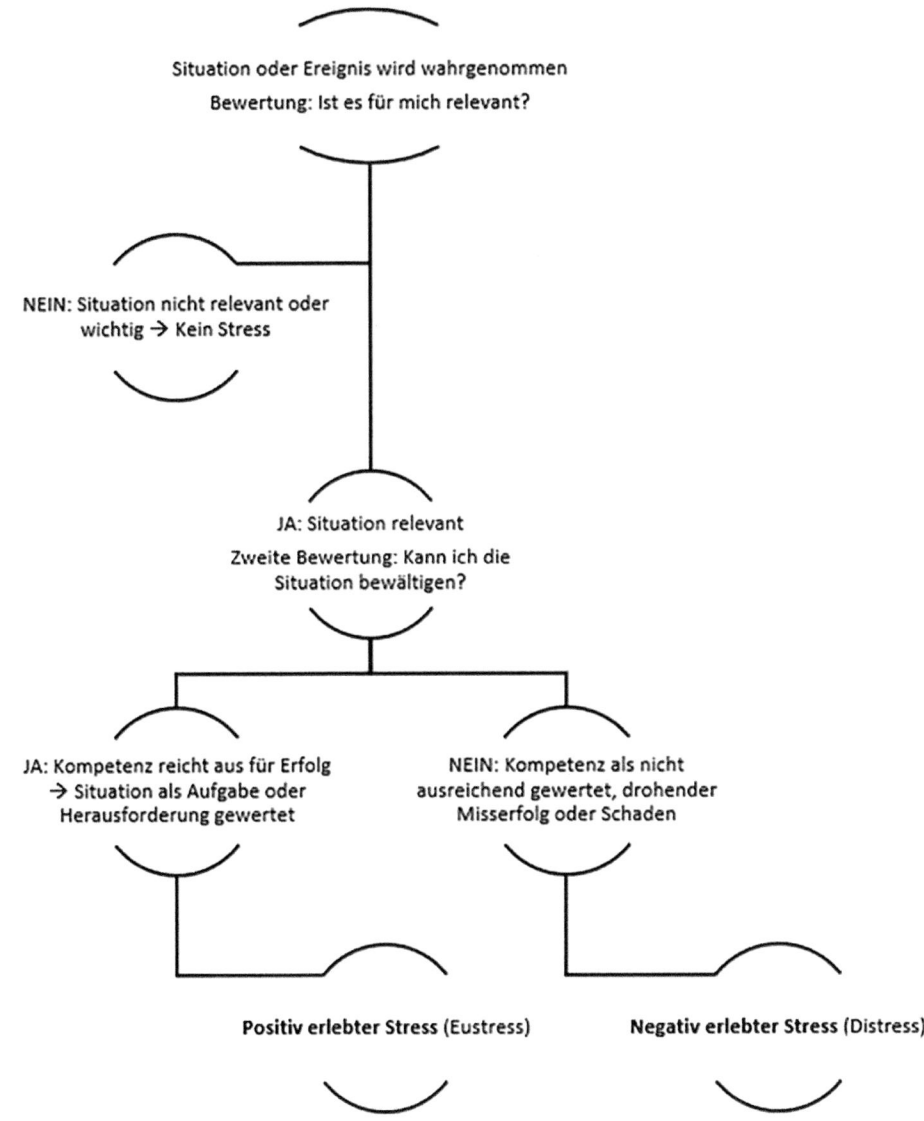

IB: Stress – Psychophysiologie
Die Wirkungen von Sympathikus und Parasympathikus (in Anlehnung an Kleinstäuber et al, 2017)

Sympathikus > Mobilisierung der körpereigenen Energiereserven zu „Flucht oder Kampf"	**Parasympathikus** > Aufbau von Energiereserven für „Ruhe und Entspannung"
Augen	
Pupillenerweiterung	Pupillenverengung
Haut	
Vermehrte Schweißbildung	Keine Wirkung
Lunge	
Erweiterung der Bronchien, beschleunigte Atmung, gesteigerte Aufnahme von Sauerstoff	Verengung der Bronchien, langsamere Atmung
Herz	
Beschleunigung der Herzfrequenz und Erhöhung des Blutdruckes	Verlangsamung der Herzfrequenz, Senkung des Blutdrucks
Magen	
Hemmung der Magensaftsekretion und der Durchblutung des Magens	Aktivierung der Magensaftsekretion
Leber	
Abbau von Glykogen, Glukose ins Blut > Energie	Speicherung von Glucose als Glykogen
Verdauungsorgane	
Hemmung des Verdauungsprozesses zur Energieeinsparung	
Skelettmuskulatur	
Vermehrte Durchblutung und Zunahme der Muskelspannung	
Fettgewebe	
Abbau von Fettreserven > Energie	
Blut	
Abnahme der Blutungsneigung, schnellere Gerinnung	
Haare	
Aufrichtung der Körperhaare	
ZNS	
Erhöhte Aufmerksamkeit	
Mund	
Hemmung des Speichelflusses	

IB: Stress und allgemeines Anspannungsniveau

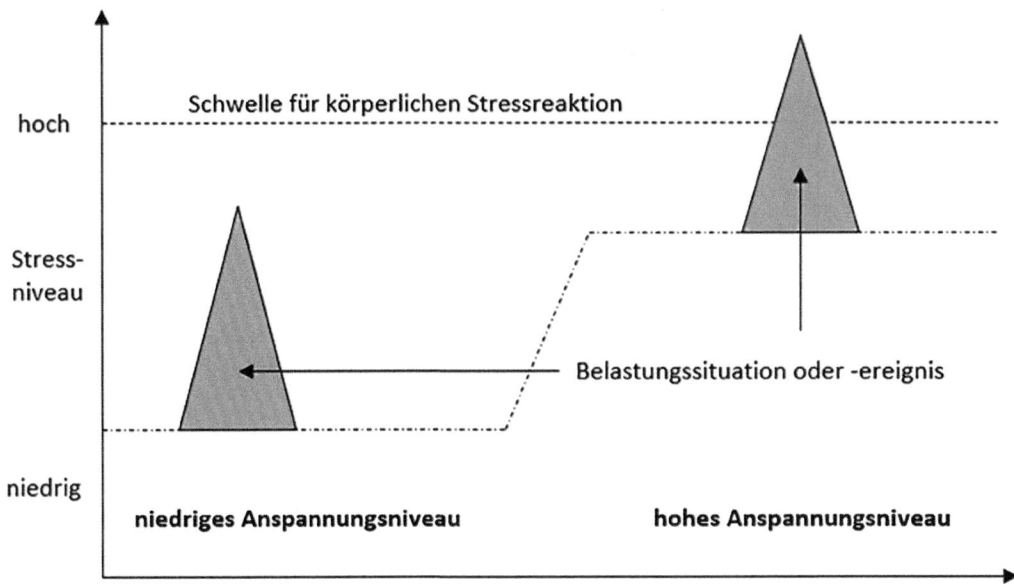

Um eine **körperliche Stressreaktion** auszulösen, müssen die Reize eine bestimmte **Schwelle** überschreiten. Die Höhe der Schwelle ist **individuell verschieden**. Teilweise ist sie genetisch, teilweise durch die gemachten Erfahrungen bestimmt. Stress bzw. belastende Ereignisse und Situationen können, je nachdem wie hoch das **allgemeine Anspannungsniveau** ausgeprägt ist, zu einer Überschreitung der Schwelle führen, was zur Auslösung einer körperlichen Stressreaktion führt. Andererseits gibt es Einflüsse, welche die Schwelle herabsetzen können. Je höher die Grunderregung und je niedriger die Schwelle, umso weniger Zusatzbelastung braucht es, um eine körperliche Stressreaktion auszulösen.

Überlegen Sie einmal, durch welche Methoden es Ihnen gelingt, Ihr allgemeines Anspannungsniveau zu senken, um lang-fristig „stressresistenter" zu werden!

IB: Wie ich mit Stress umgehen kann
   Ein Überblick über mögliche Strategien

Menschen gehen unterschiedlich mit Stress um. Das gemeinsame Ziel ist immer, mit den Anforderungen einer Situation oder eines Ereignisses fertig zu werden, d. h. den Stress zu bewältigen.

Hilfreich ist, zu erkennen, ob die belastende Situation durch einen selbst verändert werden kann oder nicht. Strategien im Umgang mit Stress können je nach Fokus in zwei Gruppen unterschieden werden: in problem- und gefühlsorientierte Strategien.

Problemorientierte Strategien
   a. Versuche, die Situation zu verändern, das Problem zu beseitigen (der Fokus liegt außerhalb der Person)
   b. Versuche, die eigenen Bewertungen, Einstellungen oder Ansprüche zu verändern (der Fokus liegt in der Person)

Gefühlsorientierte Strategien
   Versuche, das eigene Befinden zu verbessern und unangenehme Gefühlszustände zu verringern

---

Folgender Satz des Theologen **Friedrich Christoph Oetinger** mag dies verdeutlichen:

*Gib mir die Gelassenheit, Dinge hinzunehmen,
die ich nicht ändern kann.*

*Gib mir den Mut, Dinge zu ändern,
die ich ändern kann.*

*Und gib mir die Weisheit,
das eine vom anderen zu unterscheiden.*

AB: Ressourcen
(in Anlehnung an Brentrup & Geupel, 2011)

Einkommen/Besitz	Schutz/Vertrauen

Freude an schönen Dingen	Sexualität/Erotik	Offenheit	Glaube/Spiritualität
Liebe	Spaß/Freude	Gutes Aussehen	Herkunft/Wurzeln
Flexibilität	Hoffnung	Selbstbewusstsein	Einfühlungsvermögen/Empathie
Selbstliebe	Würde	Kontaktfähigkeit	Leistungsfähigkeit
Freunde			
	Wagnis/Mut	Reise- und Abenteuerlust	Freude am Naturerleben
Begabungen	Sport/Bewegung	Intelligenz	Hobbys/Interessen
Fantasie	Geduld	Hobbys/Interessen	
Kreativität			Freunde
	Verantwortung	Entspannung	
			Hilfsbereitschaft
Familie	Beruflicher Erfolg	Gesundheitsfürsorge	Kraft

MODUL 3: ALTERN ALS STRESSOR UND RESSOURCE

Überblick
In diesem Modul wird Altern als Stressor und als Ressource mit den Teilnehmenden disputiert. Durch Reflektion der eigenen Stereotype und dem Austausch mit den Kollegen sollen individuelle negative altersbezogene Bewertungen korrigiert und Ideen für das Modul 4 SOK herausgearbeitet werden. Das Modul schließt mit der Vermittlung einer Ent-spannungsmethode, der Progressivem Muskelentspannung (PME), ab.

Ziele
- Selbstreflektion des eigenen Alterungsprozesses
- Eruieren von Altersstereotypen
- Reflektion der Zusammenarbeit mit älteren Kollegen
- Prüfen von evtl. vorhandenen Altersstereotypen
- Kennenlernen und Erfahren von Entspannungsverfahren: PME

Tools
- **AB:**
  - AB Alter und Altern
- **IB:**
  - ggf. IB Psychophysiologie (aus Modul 2)
  - IB Entspannungsreaktion
- **Material:**
  - Metaplanwand/FC
  - Stifte
  - Haftnotizen
  - Entspannung-CDs

Methode
- Themenzentrierte Interaktion (TZI),
- Ergebnissicherung

Ablauf / Anleitung

Altern sowie die Zusammenarbeit mit Älteren können Stress und Ressource gleichermaßen ein.

 Altern

Gesundes Altern ist im Zuge der demografischen Entwicklung und der Verschiebung des Renteneintrittsalters von zunehmendem Interesse für jüngere als auch ältere Arbeitnehmer*innen. Das Modul beginnt mit einer zehnminütigen Einzelarbeit, in der die Teilnehmenden die Fragen in **(> AB Alter und Altern)** bearbeiten.

Anschließend werden die Ergebnisse im Plenum diskutiert.

 Altersstereotype

Negative Vorbehalte gegenüber älteren Kollegen können sich auf die Zusammenarbeit, Arbeitsleistung, Selbstwirksamkeit und Pensionsabsicht auswirken und werden in diesem Modul separat behandelt. Gemeinsam werden Argumente und Haltungen für die Zusammenarbeit mit älteren und jüngeren Mitarbeitern gesammelt, im Plenum diskutiert und am Flipchart notiert. Als Impulse für die Diskussion können folgende Fragen dienen:

Welche Vorbehalte gegenüber älteren KollegInnen kennen Sie? Oder was sagt man gemeinhin über ältere Mitarbeiter?

Welche Vor- und Nachteile hat die Zusammenarbeit mit jüngeren und älteren KollegInnen?

Wo gibt es noch Punkte, die in der Zusammenarbeit mit älteren und jüngeren MitarbeiterInnen verbessert werden können?

Der Abschnitt schließt mit einer Zusammenfassung der genannten Punkte durch den GL und mit einem Ausblick auf Modul 4 SOK ab.

Progressive Muskelentspannung (PME)

Die Progressive Muskelentspannung ist eine verkürzte Form der klassischen Muskelentspannung nach Edmund Jacobson (1996), das ursprünglich ein Training zur Muskelwahrneh-mung gewesen war.

Die hier vorgestellte Kurzform arbeitet mit dem Kontrast zwischen Anspannung und Entspannung, wobei die betreffenden Muskelgruppen auf ein Kommando angespannt und wieder entspannt werden. Hier bewährt sich bereits die ver-besserte Selbstwahrnehmung durch das regelmäßige Üben der Achtsamkeit. Die richtige Anspannungsstärke sollte zu-sammen mit den Teilnehmenden vor Beginn der Übungen ermittelt werden. Hierfür bitten Sie die Teilnehmenden eine Faust zu machen, so stark sie können. Diese entspricht einer Anspannungsstärke von 100. Die Teilnehmenden lassen nun die Anspannung in der Faust bis auf einen Wert von 40 los. Das ist die beste Anspannung für die PME. Die folgenden Punkte erarbeitet der GI mit den Teilnehmenden interaktiv und sammelt diese am Flipchart.

Sie erinnern sich: in der zweiten Sitzung haben wir uns bereits mit der Psychophysiologie von Stress beschäftigt?

- Wie sieht Entspannung auf körperlicher Ebene aus?
- Auf welcher Ebene kann man denn noch entspannen? Woran merken wir das?
- Woran merken Sie, dass Sie entspannt sind?

Körperliche Veränderungen
- Lockerung der Muskulatur
- Bessere Durchblutung der Gliedmaßen, was zu einem Gefühl der Wärme und Schwere, manchmal zu Kribbelempfinden in Armen und Beinen führen kann
- Verlangsamung von Herzfrequenz und Blutdruck
- Verlangsamung und Vertiefung der Atmung
- Abnahme der Hautleitfähigkeit bzw. Schweißdrüsenaktivität
- Veränderung der hirnelektrischen Aktivität, Zunahme von Gehirnwellen mit niedriger Frequenz

Psychische Veränderung
- Gefühl der Gelassenheit
- Erhöhung der Wahrnehmungsschwellen (Außenreize wie z. B. Geräusche, Beleuchtungsveränderung oder taktile Stimulation bzw. Berührungen verlieren immer mehr die Fähigkeit, eine Reaktion auszulösen)
- Geistige Frische, Verbesserung der Konzentrationsfähigkeit
- Abnahme belastender Gedanken („Abschalten")

Was Sie beachten sollten:
- Am Anfang täglich üben und neue Erfahrungen protokollieren
- Geduld mit sich haben, denn es ist noch kein Meister vom Himmel gefallen
- Die Anspannung der Muskeln sollte spürbar, aber nicht maximal sein
- Ideale Übungsumgebung ist ein ruhiger, abgedunkelter Raum
- Beengende Kleidungsstücke oder Accessoires vorher ablegen (z. B. Schuhe, Gürtel, Brille, Armbanduhr, Ringe)
- Eine bequeme und entspannte Sitzpositionen einnehmen, die Füße sollten guten Kontakt zum Boden haben
- auftretende Körpergeräusche oder -empfindungen (z. B. Magenknurren, Kribbelgefühle, Muskelzucken, vermehrter Speichelfluss) sowie abschweifenden Gedanken kommen und gehen lassen – sie sind normal und kein Anlass zu Sorge

AB: Alter und Altern

1. Welche positiven Aspekte verbinden Sie mit „Alter und Altern im Beruf"?

2. Welche negativen Aspekte verbinden Sie mit „Alter und Altern im Beruf"?

3. Wie sieht gelungenes Altern aus?

4. Welche Vorbilder für gelungenes Altern haben Sie und warum sind diese Personen gut Vorbilder?

5. Was gelingt Ihnen heute besser als früher?

IB: Progressive Muskelentspannung

Die Entspannungsreaktion

Körperliche Veränderungen
- Lockerung der Muskulatur
- Bessere Durchblutung der Gliedmaßen, was zu einem Gefühl der Wärme und Schwere, manchmal zu Kribbelempfinden in Armen und Beinen führen kann
- Verlangsamung von Herzfrequenz und Blutdruck
- Verlangsamung und Vertiefung der Atmung
- Abnahme der Hautleitfähigkeit bzw. Schweißdrüsenaktivität
- Veränderung der hirnelektrischen Aktivität, Zunahme von Gehirnwellen mit niedriger Frequenz

Psychische Veränderung
- Gefühl der Gelassenheit
- Erhöhung der Wahrnehmungsschwellen (Außenreize wie z. B. Geräusche, Beleuchtungsveränderung oder taktile Stimulation bzw. Berührungen verlieren immer mehr die Fähigkeit, eine Reaktion auszulösen)
- Geistige Frische, Verbesserung der Konzentrationsfähigkeit
- Abnahme belastender Gedanken („Abschalten")

Progressive Muskelentspannung (PME)

Wie funktioniert PME?
Grundprinzip: Bestimmte Muskelgruppen werden in einer bestimmten Reihenfolge erst angespannt, dann gelockert, während gleichzeitig konzentriert auf die Unterschiede zwischen Anspannung und Entspannung geachtet wird. Durch die Anspannung der Muskeln wird ein Kontrastef-fekt zur nachfolgenden Entspannung erzeugt, so dass die Entspannung schnell und intensiv gespürt werden kann.

Wozu dient Muskelentspannung?
PME ist ein körperliches Entspannungsverfahren. Mit Hilfe der PME, vorausgesetzt sie wird regelmäßig geübt, können körperliche und seelische Anspannung und Nervosität verringert und alltägliche Stresssituationen gelassener bewältigt werden. Regelmäßiges Entspannungstraining kann zu mehr Ruhe, Ausgeglichenheit und Wohlbefinden führen.

Was Sie beachten sollten:
- Am Anfang täglich üben und neue Erfahrungen protokollieren
- Geduld mit sich haben, denn es ist noch kein Meister vom Himmel gefallen
- Die Anspannung des Muskels sollte spürbar, aber nicht übertrieben sein
- Ideale Übungsumgebung ist ein ruhiger, abgedunkelter Raum
- Beengende Kleidungsstücke oder Accessoires vorher ablegen (z. B. Schuhe, Gürtel, Brille, Armbanduhr, Ringe)
- Eine bequeme und entspannte Sitzposition einnehmen, die Füße sollten guten Kontakt zum Boden haben
- Auftauchende Körpergeräusche oder -empfindungen (z. B. Magenknurren, Kribbelgefühle, Muskelzucken, vermehrter Speichelfluss) sowie abschweifenden Gedanken kommen und gehen lassen – sie sind normal und kein Anlass zu Sorge

IB: Progressive Muskelentspannung – Instruktion (1)

Nehmen Sie eine entspannte Haltung ein und stellen Sie sich darauf ein, dass Sie sich nun entspannen werden.

Achten Sie zunächst darauf, wie Sie sitzen. Der Rücken ist angelehnt. Die Füße stehen fest auf dem Boden, Arme und Hände ruhen locker auf dem Schoß. Der Kopf hat eine angenehme Position. Die Augen können geschlossen werden. Sollte dies nicht möglich sein, fixieren Sie einen Punkt ca. 1 m vor sich auf dem Boden. Gehen Sie in Gedanken durch Ihren Körper und versuchen Sie aufzuspüren, welche Muskeln angespannt sind und versuchen Sie, diese etwas zu lockern. Atmen Sie einige Male tief ein und dann langsam wieder aus. ...

Beobachten Sie wie sich Ihre Bauchdecke beim Einatmen hebt und beim Ausatmen wieder langsam senkt. ...

Wenn wir nun mit den Übungen beginnen, achten Sie dabei bitte ganz aufmerksam auf Ihre Empfindungen bei der Anspannung und der anschließenden Entspannung der Muskeln. Es kommt nicht darauf an, die Muskeln stark anzuspannen, sondern darauf, den Unterschied zwischen Anspannung und Entspannung deutlich wahrzunehmen.

Bitte führen Sie die Anspannung der Muskeln immer erst dann durch, wenn ich „jetzt" sage.

Richten Sie Ihre Aufmerksamkeit auf die rechte Hand und Ihren rechten Unterarm und ballen Sie Ihre rechte Hand zur Faust – jetzt – Halten Sie die Spannung einen Moment ... und mit dem nächsten Ausatmen lösen Sie die Anspannung in Hand und Unterarm und lockern die Muskeln.

Achten Sie auf den Unterschied zwischen Anspannung vorher und der Entspannung jetzt und bleiben Sie mit der Aufmerksamkeit bei den Muskeln die Sie gerade entspannt haben.

Als nächstes kommen wir zum rechten Oberarm. Beugen Sie den Ellenbogen mit geöffneter Hand nach oben – jetzt – Spüren Sie die leichte Anspannung in den Muskeln ... und mit dem nächsten Ausatmen lassen Sie den Arm wieder sinken und entspannen ... Achten Sie darauf, wie mit dem Nachlassen der Anspannung die Entspannung ganz langsam eintreten kann. Die Finger, die rechte Hand, der rechte Unterarm und der rechte Oberarm werden mehr und mehr entspannt.

Wir lassen den rechten Arm entspannt und wenden unsere Aufmerksamkeit nun dem linken Arm zu. Ballen Sie die linke Hand zu einer Faust – jetzt – Beobachten Sie die Empfindungen der Anspannungen in Hand und Unterarm ... und mit dem nächsten Ausatmen lassen Sie die Spannung wieder los und entspannen ... Achten Sie wieder auf den Unterschied zwischen Anspannung vorher und der Entspannung jetzt und bleiben Sie mit der Aufmerksamkeit bei den Muskeln die Sie gerade entspannt haben. Gehen Sie in Gedanken durch die einzelnen Finger und auch in das Handinnere. Versuchen Sie, die einzelnen Muskeln noch mehr fallen zu lassen, ganz loslassen. Wir beziehen jetzt den linken Oberarm mit ein. Beugen Sie den Ellenbogen mit geöffneter Hand nach oben – jetzt – Beobachten Sie die leichte Anspannung der Muskeln ... und mit dem nächsten Ausatmen lockern Sie die Muskeln im Oberarm, lassen den Arm sinken und entspannen.

Erneut ist der Unterschied zwischen der Anspannung vorher und der Entspannung jetzt spürbar. Lassen Sie alle Spannung aus dem Arm herausfließen und entspannen Sie den Arm immer mehr und mehr. Beobachten Sie das Gefühl der Entspannung, das sich in beiden Armen ausbreitet. Achten Sie darauf, wie mit dem Nachlassen der Anspannung ein Gefühl der Entspannung eintritt. Folgen Sie diesem Gefühl immer tiefer und tiefer in Ruhe und Entspannung. Lassen Sie die Entspannung mit jedem Ausatmen immer tiefer werden und noch tiefer.

„..." entspricht einer Pause von 5 Sekunden

IB: Progressive Muskelentspannung – Instruktion (2)

Wir gehen nun über zu den Muskeln von Hals und Nacken. Drehen Sie den Kopf zunächst nach rechts und beu-gen Sie ihn leicht zur Schulter – ganz langsam – jetzt – Halten Sie die Spannung einen Moment … und mit dem nächsten Ausatmen drehen Sie den Kopf wieder ganz langsam in die Ausgangslage zurück … Drehen Sie den Kopf nun noch einmal, diesmal zur linken Seite und beugen Sie ihn zur Schulter – jetzt – Halten Sie die Spannung einen Moment. … und mit dem nächsten Ausatmen drehen Sie den Kopf wieder zurück in die Ausgangslage und entspannen. … Folgen Sie dem Nachlassen der Spannung immer tiefer und tiefer in Ruhe und Entspannung. Lassen Sie die Entspannung mit jedem Ausatmen immer noch tiefer werden und noch tiefer.

Wir gehen nun zum Gesicht über. Ziehen Sie die Augenbrauen nach oben und halten Sie die Spannung – jetzt - Achten Sie auf die Spannung in der Stirn … und mit dem nächsten Ausatmen lassen Sie die Spannung wieder los und achten darauf, wie mit dem Nachlassen der Anspannung Ihre Stirn ganz glatt und entspannt wird … Kneifen Sie nun die Augen zusammen als würden Sie geblendet – jetzt – und lassen Sie mit dem nächsten Aus-atmen die Spannung wieder los. … Halten Sie die Augen geschlossen. Sie können die Schwere der Augenlider auf den Augen spüren … Der übrige Körper bleibt davon ganz unbeteiligt. Sie atmen ruhig und regelmäßig wei-ter. Rümpfen Sie nun die Nase – jetzt - und mit dem nächsten Ausatmen lösen Sie die Spannung und entspan-nen die gesamte Nasenpartie. Beißen sie nun ganz leicht ohne zu verkrampfen die Zähne aufeinander und drücken Sie die Zunge gegen den Gaumen – jetzt – Spüren Sie die Anspannung … und mit dem nächsten Ausatmen lassen Sie die Spannung wieder los und öffnen leicht den Mund. Achten Sie auf die Anspannung vorher und die Entspannung jetzt. … Ziehen Sie nun die Mundwinkel so weit wie möglich auseinander und machen einen breiten Mund – jetzt - lassen Sie mit dem nächsten Ausatmen die Spannung wieder los. Schieben Sie nun den Mund nach vorn zu einem spitzen Mund zusammen, spitzen Sie die Lippen – jetzt - und lassen Sie mit dem nächsten Ausatmen die Spannung wieder los. Entspannen Sie den Mund, nehmen Sie alle Spannung aus der Mundpartie weg … und spüren Sie das wohlige Gefühl der Entspannung. Mit jedem Atemzug wird die Entspannung tiefer und tiefer … Fühlen Sie wie Ihr Gesicht weich und entspannt wird. Spüren Sie die Entspannung in Stirn – Nase – Kiefer – und Mund. Ein angenehmes Gefühl von Ruhe und Entspannung breitet sich aus. …

Wir kommen nun zu den Schultern. Ziehen Sie die Schultern etwas nach hinten – jetzt – Achten Sie auf die Anspannung im gesamten Schulterbereich … und mit dem nächsten Ausatmen lassen Sie die Schultern sinken und entspannen die gesamte Schultermuskulatur. Lassen Sie die Schultern so tief wie möglich sinken … Lassen Sie alle Spannung aus den Schultern entweichen … Ein angenehmes Gefühl von Ruhe und Entspannung breitet sich aus. Folgen Sie diesem Gefühl und vertiefen Sie es mit jedem Ausatmen immer mehr und mehr.

Richten Sie Ihre Aufmerksamkeit nun auf Ihren Rücken. Drücken Sie Ihren Rücken so durch, dass ein leichtes Hohlkreuz entsteht – jetzt – Spüren Sie die Anspannung im unteren Rücken … und mit dem nächsten Ausat-men lassen Sie die Spannung wieder los und entspannen. … Achten Sie wieder auf den Unterschied zwischen der Anspannung vorher und der Entspannung jetzt. … Achten Sie darauf, wie sich ein angenehmes Gefühl der Entspannung allmählich im unteren Rücken ausbreitet. Folgen Sie diesem Gefühl von Ruhe und Entspannung immer tiefer und tiefer und vertiefen Sie es mit jedem Ausatmen immer mehr und mehr.

Als nächstes spannen Sie die Bauchmuskeln an, als wollten Sie einen leichten Schlag abfangen – jetzt – Spüren Sie die Spannung in der der Bauchdecke … und mit dem nächsten Ausatmen lassen Sie die Spannung wieder los und entspannen. Auch hier spüren Sie den Unterschied zwischen der Anspannung vorher und der Entspan-nung jetzt. Lassen Sie die Bauchmuskeln ganz locker und entspannt werden.

IB: Progressive Muskelentspannung – Instruktion (3)

Wir gehen nun weiter zu den Beinen. Richten Sie Ihre Aufmerksamkeit zunächst auf die Oberschenkelmuskula-tur des rechten Beines und drücken Sie das rechte Bein in den Boden – jetzt – Halten Sie die Spannung einen Moment ... und mit dem nächsten Ausatmen lassen Sie die Muskeln wieder locker und entspannen. Lassen Sie den Oberschenkel locker und entspannt werden.

Als nächstes spannen Sie die Wadenmuskeln des rechten Beins an, indem Sie sich auf die Zehenspitzen stellen – jetzt ... Achten Sie auf die Anspannung ... und mit dem nächsten Ausatmen lassen Sie die Wadenmuskeln ganz locker und entspannt werden. Beobachte Sie, wie sich die Entspannung immer mehr und mehr ausbreitet ... dieses angenehme Gefühl von Ruhe und Entspannung.

Wir gehen nun über zum linken Bein. Spannen Sie die Muskeln des linken Oberschenkels an, indem Sie das linke Bein in den Boden stemmen – jetzt – Halten Sie die Spannung einen Moment ... und mit dem nächsten Ausatmen lassen Sie wieder ganz locker und entspannen. Lassen Sie die Muskeln ganz locker und entspannt werden ... und spüren Sie die Entspannung, die sich auch hier ganz langsam einstellt.

Spannen Sie nun die Wadenmuskeln des linken Beins an, indem Sie den linken Fuß auf die Zehenspitze aufstel-len – jetzt – Achten Sie auf die Anspannung ... und mit dem nächsten Ausatmen lassen Sie die Muskeln wieder locker und entspannt werden. Spüren Sie wie die Entspannung bis in die Füße hinein reicht, bis in die Zehen-spitzen. Folgen Sie der Entspannung und lassen Sie sie mit jedem Ausatmen immer noch tiefer werden und noch tiefer.

Und nun konzentrieren Sie sich nur noch auf das angenehme Gefühl der Entspannung. Folgen Sie diesem Ge-fühl und versuchen Sie, es mit jedem Ausatmen immer noch tiefer werden zu lassen. ... Lassen Sie dieses ange-nehme Gefühl in jedem Teil Ihres Körpers fließen: in die Arme ... und Hände ... in jedem einzelnen Finger ... in Stirn und Kopfhaut ... in die Augen ... die Nase ...Lippen und Mund ... Kiefer ... in Hals und Nacken ... in die Schultern ... den ganzen Rücken hinunter ... in den Bauch ... in das Gesäß ... die Oberschenkel ... die Unter-schenkel ... in die Füße hinein ... bis in die Zehenspitzen.

Bleiben Sie noch einen Moment bei diesem angenehmen und entspannten Zustand (ca. 30sec)
...

Sagen Sie sich nun, dass Sie die Übung allmählich beenden werden.

Zählen Sie langsam von 5 rückwärts: 5-4-3-2-1.

Spannen Sie beide Hände und Füße wieder an, winkeln Sie die Arme ein paar Mal kräftig an und strecken und räkeln sich.

Atmen Sie einige Male tief ein und aus und öffnen Sie dann die Augen.

MODUL 4: SOK

Überblick
Das Modul beginnt mit der Vermittlung der theoretischen Inhalte des SOK-Modells nach Baltes und Baltes. Die Kom-ponenten der Selektion, Optimierung und Kompensation werden erläutert. Im zweiten Teil soll mit der Erarbeitung eines individuellen SOK-Projektes der persönliche Bezug hergestellt und die Voraussetzung für die eigenständige Anwendung erarbeitet werden.

Ziele
- Vermittlung des Konzepts SOK
- Auswahl eines eigenen Projekts der Teilnehmer, Zielexploration
- Konkrete Ziele setzen zur Verhaltensänderung, Optimierung und Kompensation
- Vorbesprechung individueller SOK-Projekte

Tools
- **AB:**
  - AB SOK Teilschritte
  - AB SOK Ziele formulieren
- **IB:**
  - IB SOK-Konzept

Methode
- Themenzentrierte Interaktion (TZI)
- Ergebnissicherung

Ablauf / Anleitung

Die Sitzung beginnt mit einer Zusammenfassung der bisherig besprochenen Inhalte.

„Bislang haben wir uns mit persönlichen und beruflichen Krisen, den genutzten Ressourcen und Strategien beschäf-tigt. Wir haben uns über Stress und Stressoren in Ihrer Vergangenheit als auch Altern als zukünftigen Stressor und Ressource unterhalten. Im letzten Teil unserer heuti-gen Sitzung werden wir uns darüber unterhalten, wie Sie auch zukünftig mit den bereits etablierten Ressourcen eine Strategie entwickeln könne, die es Ihnen ermöglicht, weiterhin gesund im Beruf zu bleiben. Hierfür werden wir uns dem Modell der Selektion, Optimierung und Kompensation widmen, nach dessen Schema Sie am Ende Ihr eigenes kleines Projekt planen und umsetzen können"

SOK-Konzept

Der GL stellt den Teilnehmenden das SOK Modell vor. SOK nach Baltes und Baltes wird als prototypisches Modell für eine effektive Alternsstrategie vorgeschlagen. Es setzt sich aus drei Komponenten zusammen: Selektion – Optimierung – Kompensation.

Selektion beschreibt die Auswahl und Fokussierung von Bereichen, die eine hohe Priorität haben. Optimierung bedeutet, dass der Mensch das allgemeine Niveau an Kapazitätsreserven anhebt und selbstgewählte Lebenswege qualitativ und quantitativ verbessert. Im Alter wird die Bandbreite des Adaptationspotentials reduziert. Kompensation bedeutet, dass man sich auf einzelne Punkte aus dem Pool an möglichen Anpassungsoptionen konzentriert die Punkte ausgleicht, die nicht in den Fokus genommen werden.

Verdeutlicht werden kann das Modell am Beispiel von Arthur **Rubinstein**, der selbst im hohen Alter ein begnadeter Pianist blieb. Rubinstein suchte sich für sein Repertoire nur Stücke aus, die er wirklich beherrschte (Selektion). Er musste länger üben (Optimierung). Rubinstein spielte bspw. deutlich langsamer vor schwierigen/schnellen Passagen (Kompensation). Zur Kompensation gehört zum Beispiel auch, schwindende Sehkraft mit einer Brille auszugleichen oder sich bei zunehmender Vergesslichkeit mit Zetteln an Termine und bevorstehende Aufgaben zu erinnern.

Wie können wir uns dies zunutze machen?

 Eigenes SOK-Projekt

Selektion
Die in Modul 2 bereits genannte Themen (FC Was ich als belastend erlebe) werden nun wieder aufgegriffen, indem die Teilnehmenden aus dieser Sammlung nach den Krite-rien der Dringlichkeit und Erfolgswahrscheinlichkeit (d. h. einen Stressor, bei dem eine erfolgreiche zeitnahe Verän-derung im Rahmen des Trainings zu erwarten ist) auswäh-len („Quick-Win") **(> AB SOK_Ziele formulieren A)**.

„Wenn Sie es nicht schon getan haben, dann lade ich Sie jetzt ein, ein Thema oder Stressor auszuwählen und die Schritte, über die wir gerade gemeinsam gesprochen haben für Ihr Projekt anzuwenden. Wo finden sich Ansätze für SOK?"

Nach Auswahl des Belastungsfaktors werden die individuellen Ziele formuliert.
Nehmen Sie sich konkrete Veränderungsziele vor und formulieren Sie daraus Sätze mit 'Ich will...' und 'Ich möchte...'": „Wie könnte ein `smartes` Ziel für Ihr Thema heißen?"

Optimierung
Im nächsten Schritt überlegen sich die Teilnehmenden die Teilschritte zu dem gewählten Ziel **(> AB_SOK_Teilschritte)** in Einzelarbeit.
- Was sind die nächsten Schritte?

Kompensation
Im nächsten Schritt stellen die Teilnehmenden ihr Projekt und die bisherigen Überlegungen im Plenum vor. Dabei übernimmt jeder Teilnehmende einmal die Rolle der Fokusperson. Folgende Fragen werden mit der Fokusperson erörtert:
- Welche Schwierigkeiten und Hindernisse erwarten Sie?
- Wie können diese bewältigt werden?

Der GL bittet anschließend die Gruppenteilnehmenden um Rückmeldung an die Fokusperson.
Pause für Durchführung der SOK-Projekte für ca. vier Wochen.

IB: Das SOK-Konzept

Veränderungsziel

Selektion
Was möchte ich erreichen / verändern?

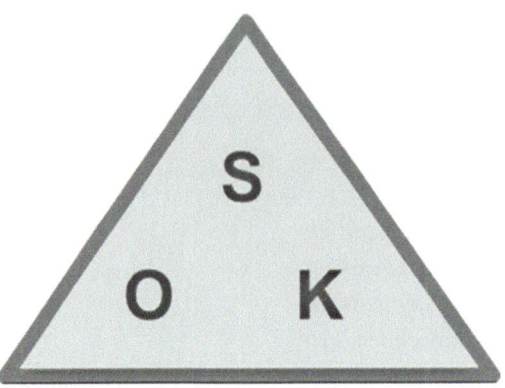

Optimierung
Wie komme ich am besten
zum Ziel?

Kompensation
Wie bewältige ich Schwierigkeiten
und Hindernisse?

AB: Das SOK-Konzept – Ziele formulieren

A. Wählen Sie bitte aus Ihrer Liste in Modul 2 **(AB Was ich als belastend erlebe)** eine Belastung aus, die für Sie die höchste Wichtigkeit hat und tragen Sie diese hier ein:

_____

B. Veränderungswünsche

Prinzipiell ist es wichtig, dass Veränderungen, die man in Angriff nehmen möchte, mit hoher Wahrscheinlichkeit auch wirklich erreichbar sind. Es gibt daher eine Reihe von Kriterien, die ein Ziel als eher „günstig" oder eher „ungünstig" kennzeichnen:

Günstige Ziele	Ungünstige Ziele
• Erreichbar	• „Sollte"-Ziel
• Realistisches Anspruchsniveau	• Geringe persönliche Bedeutung
• Konkret	• Unrealistisches Anspruchsniveau
• Spürbares Erfolgserlebnis	• Vage
• Langanhaltende Wirkung	• Geringes Erfolgserlebnis
• Selbstbestimmt	• Fremdbestimmt
• Bei der Erreichung weiterer Ziele hilfreich	• Ausschließlich von anderen abhängig
• Günstiges Verhältnis zwischen Anstrengung und Gewinn	• Hohe Anstrengung und Ausdauer erforderlich

Hilfreich bei der Zielformulierung des Veränderungswunsches ist die sogenannte **SMART Formel:**

> **S** = Specific (Spezifisch)
> **M** = Measurable (Messbar)
> **A** = Achievable (Erreichbar)
> **R** = Realistic (Realistisch)
> **T** = Time framed (Zeitrahmen)

C. Mein Ziel lautet:

_____

AB: SOK Teilschritte

Was ist der nächste Schritt?

Aktueller Projektstand am

Was mache ich als Nächstes?

Wann ist eine günstige Gelegenheit?

Mit welchen Schwierigkeiten ist zu rechnen?

Wie könnte ich diese Schwierigkeiten bewältigen?

MODUL 5: EVALUATION DER SOK-PROJEKTE

Überblick
Die Lektion ermöglicht den Teilnehmenden eine kritische Reflektion der Durchführung des eigenen Projekts und Evaluation der Schwierigkeiten und Hindernisse. Ausgehend vom Problemlöseprozess nach D`Zurilla & Goldfried können zu den geschilderten Problemen Lösungsansätze erarbeitet werden, die eine eigenständige Weiterverfolgung ihrer Ziele bahnen können.

Ziele
- Selbstreflektion der Durchführung der eigenen Projekte
- Evaluation und Erfahrungsaustausch zu den Projekten
- Vermittlung einer Problemlösestrategie
- Erarbeiten von Lösungsansätze bei Hindernissen in der Umsetzung

Tools
- FC:
  - Problemlösetraining

Methode
- Themenzentrierte Interaktion
- Ergebnissicherung
- Problemlösetraining nach D`Zurilla & Goldfried

Ablauf / Anleitung

 Evaluation der SOK-Projekte

Die Teilnehmenden stellen zunächst ihr Projekt im Plenum vor und berichten über den Verlauf. Aufgetretene Probleme werden am FC gesammelt. Nachdem alle vorgestellt haben, wählt die Gruppe ein Problem aus, das exemplarisch bearbeitet werden soll.

Es folgt ein theoretischer Input zum Problemlösetraining nach D`Zurilla & Goldfried (**> FC Problemlöseprozess**). Diese Vorgehensweise darf gern den Teilnehmenden als Metastrategie mitgegeben werden. Die Intervision durch die Gruppe ermöglicht den Teilnehmenden das Üben der neuen Metastrategie und dem Fokusteilnehmenden die Lösung eines Problems.

Vorgehensweise

1. Problem- und Zieldefinition
   - Was ist das Problem? Wo komme ich an meine Grenzen (auch struktureller Art)?
   - Was ist das Ziel?

2. Brainstorming in der Gruppe:
   - Wie muss ich mein Projekt verändern, um mein Ziel zu erreichen?
   - Wie kann ich diese Schwierigkeiten bewältigen oder Hindernisse umgehen?
   - Welche Alternativen gibt es?

3. Bewertung der Lösungsansätze nach Machbarkeit und Effektivität

4. Auswahl eines Lösungsansatzes / Entscheidung

5. Umsetzen

6. Evaluation (entfällt im Training)

FC: Problemlöseprozess

1. Problem- und Zieldefinition

2. Entwicklung von Lösungsmöglichkeiten (Brainstorming)

3. Bewerten der Lösungsmöglichkeiten nach Effektivität und Wichtigkeit

4. Entscheidung für die beste Lösung

5. Planung der Umsetzung

6. Rückblick und Bewertung

MODUL 6: ABSCHLUSS UND INTEGRATION

Überblick
Die abschließende Sitzung gibt zunächst einen Überblick über die Inhalte und ermöglicht eine Evaluation des Trai-nings, Feedback der Teilnehmenden untereinander und Verabschiedung aus der Gruppe.

Ziele
- Selbstreflektion der Durchführung der eigenen Projekte
- Evaluation und Erfahrungsaustausch zu den Projekten
- Vermittlung einer Problemlösestrategie
- Erarbeiten von Lösungsansätze bei Hindernissen in der Umsetzung

Tools
- **FC:**
  - Rucksack/Mülltonne
- **Material**
  - A4 Blanko-Blätter
  - Klebeband
  - Stifte

Methode
- Themenzentrierte Interaktion
- Ergebnissicherung

Ablauf / Anleitung

 Abschlussrunde

Der GruppenleiterIn fasst anhand des **> FC Struktu**r aus Modul 1 die Inhalte des Trainings zusammen. Im nächsten Schritt können mithilfe des Wunschbaums nicht beantwortete Fragen bearbeitet und erste Rückmeldungen der Gruppe zum Training erhalten werden.

In der Abschlussrunde werden die Teilnehmenden um eine Rückmeldung gebeten. Zur Strukturierung empfiehlt sich die Evaluation via Mülltonne und Rucksack (**> FC Feedback**)
- Rucksack: Was nehme ich aus dem Seminar gern mit? Was habe ich gelernt? Was möchte ich weiterverfolgen? Was war hilfreich?
- Mülltonne: Was möchte ich zurücklassen, was war nicht hilfreich oder hinderlich?

Nach dem inhaltlichen Feedback schließt sich das persönliche Feedback der Teilnehmenden untereinander an. Die Teilnehmenden werden gebeten, einander ein A4-Papier mit Klebeband auf den Rücken zu heften. Mit einem Papier auf dem Rücken gehen die Teilnehmenden durch den Raum und jeder Teilnehmende schreibt bei jedem Teilnehmenden auf das Papier, was er an ihm schätzen gelernt hat und welches Geschenk er ihm machen würde (ca. 20 min). Anschließend werden die Zettel angenommen und jeder Teilnehmenden liest sich seinen Zettel durch. Abschließend führt der GruppenleiterIn eine Blitzlichtrunde durch, in der die Teilnehmenden nach ihrem aktuellen Befinden befragt und Anmerkungen zur Übung gemacht werden können.

 Achtsamkeitsübung

Der GruppenleiterIn schließt das Training mit der Achtsamkeit „Ich wünsche Dir" (s. Anhang A, Seite VII) und verabschiedet die Gruppe.

FC: Feedback

Rucksack
- Was nehme ich aus dem Seminar mit?
- Was habe ich gelernt?
- Was möchte ich weiter verfolgen?
- Was war hilfreich?

Mülltonne
- Was möchte ich zurücklassen?
- Was war nicht hilfreich?
- Was war hinderlich?

ANHANG A: ACHTSAMKEITSÜBUNGEN

Über einen KOAN nachdenken

Art: Nachdenken
Aufgabe: Eine Schnittblume in einer Vase auf dem Tisch betrachten und sich darüber Gedanken machen, ob es sich um eine noch lebende oder tote Pflanze handelt

Achtsam die Hände eincremen

Art: Bewegen – Fühlen – Riechen
Aufgabe: Wir cremen uns mit Handcreme achtsam die Hände ein.
Hilfsmittel: Handcreme

RUMI – Das Gasthaus

Art: Zuhören und Nachdenken
Aufgabe: Der/die LeiterIn liest den nachfolgenden Text vor. Die TeilnehmerInnen versuchen sich vorzustellen, wie sie ihre Gäste, auch die schwierigen, bewirten.
Hilfsmittel: vorzulesender Text:

Das Gasthaus

Das menschliche Dasein ist ein Gasthaus.
Jeden Morgen ein neuer Gast.
Freude, Depression und Niedertracht –
Auch ein kurzer Moment der Achtsamkeit
Kommt als unverhoffter Besucher.
Begrüße und bewirte sie alle!
Selbst wenn es eine Schar von Sorgen ist,
die gewaltsam Dein Haus
seiner Möbel entledigt,
selbst dann behandle jeden Gast ehrenvoll.
Vielleicht bereitet er dich vor
Auf ganz neue Freuden.
Dem dunklen Gedanken, der Scham, der Bosheit –
begegne ihnen lachend an der Tür
Und lade sie zu Dir ein.
Sei dankbar für jeden, der kommt,
denn alle sind zu Deiner Führung
geschickt worden aus einer anderen Welt.

Über das neue Jahr nachdenken

Art: Vorstellungen / Phantasien entwickeln
Aufgabe: Die Übung eignet sich für den Jahresbeginn. Alle TeilnehmerInnen schreiben sich auf einen Notizzettel die Jahreszahl des neuen Jahres auf. Der Zettel wird nun 2 Minuten betrachtet, um die Gedanken bezüglich des neuen Jahres kommen und gehen zu lassen.
Hilfsmittel: Notizzettel, farbige Stifte

Was ist Glück

Art: Zuhören und Nachdenken
Aufgabe: Der/die LeiterIn liest den nachfolgenden Text vor. Die TeilnehmerInnen hören aufmerksam zu. Der Leiter lässt am Ende des Textes die Geschichte eine halbe Minute lang nachklingen.
Hilfsmittel: Text

Was ist Glück?

Vor dreitausend Jahren herrschte in China ein grausamer und selbstsüchtiger Kaiser. Zum Schutz seines riesigen Reiches ließ er eine 6000 km lange Mauer errichten. Bei dem geforderten Frondienst kamen viele seiner Untertanen ums Leben. Zu jener Zeit lebte in China ein alter Bauer, der in der einfachen Welt, die er liebte, nur zwei Dinge sein eigen nannte: seinen einzigen Sohn und sein Pferd. Eines Tages lief ihm da Pferd davon und so war der Bauer noch ärmer als zuvor. Nachdem die Nachbarn davon gehört hatten, kamen sie herbei um ihn zu trösten: „Was für ein Unglück, dass dein Pferd weggelaufen ist!" Der alte Mann aber fragte: „Woher wollt ihr wissen, dass es ein Unglück ist?"

Einige Tage darauf kehrte das Pferd zurück, gefolgt von sechs anderen wilden Pferden, die der Bauer zähmte und in seinen Dienst nahm. Auf diese Weise wurde der Wohlstand des alten Mannes gesteigert. Die Dorfbewohner bemerkten dies und kamen zu ihm und lobten: „Was für ein Glück du hast mit deinen sieben Pferden!" Der Bauer aber sann eine Weile nach und antwortete: „Wie wollt ihr wissen, dass es ein Glück ist?"

Nun werden die Stadtväter nachdenklich und fingen an, sich zu beraten. Nach einem Tag kehrten sie zu dem alten Bauern zurück und teilten ihm mit: „Wir haben eingesehen, dass du der weiseste Mann in ganz China

bist. Wir würden es deshalb als großes Glück ansehen, wenn du unser Gemeindevorsteher würdest." Ein letztes Mal fragte der alte Mann: „Woher wollt ihr wissen, dass dies ein großes Glück wäre?"
Mit diesen Worten lehnte er das hohe Amt ab, denn er kannte das Geheimnis des Glücks!

Das ABC aufschreiben

Art: Denken – Konzentrieren – Feinmotorische Bewegung
Aufgabe: Das ABC wird in „Schnürlischrift" aufgeschrieben und zwar soll jeder Buchstabe einmal groß und einmal klein geschrieben werden.
Hilfsmittel: Notizpapier, Schreibzeug

Mit den Buchstaben eines Wortes so viele neue Worte wie möglich machen

Art: Denken – Konzentrieren – Feinmotorische Bewegung – Phantasie walten lassen
Aufgabe: Das Wort Pfingstrose wird auf ein Blatt Papier geschrieben. Dann werden mit den Buchstaben des Wortes so viele neue Worte wie möglich aufgeschrieben.
Hilfsmittel: Notizpapier, Schreibzeug

Die Schuhe des Gegenübers beschreiben

Art: Beobachten – Nicht wertend formulieren
Aufgabe: Je zwei Gruppenmitglieder sitzen sich so gegenüber, dass sie einander auf die Schuhe schauen können. Die Schuhe des Gegenübers sollen beschrieben werden, dass keine Wertung stattfindet.
Hilfsmittel: keine

Aufmerksames Zuhören

Art: Hören
Aufgabe: Im Raum, in welchem die Gruppe sitzt, werden die Fenster geöffnet. Die Teilnehmenden horchen aufmerksam und nicht wertend den Geräuschen zu, die von draußen hereinkommen.
Hilfsmittel: keine

Ein Papiertaschentuch zerlegen

Art: Konzentrieren – Feinmotorische Bewegung
Aufgabe: Jedes Gruppenmitglied erhält ein Papiertaschentuch. Die Aufgabe besteht darin, dieses Papiertaschentuch achtsam und vorsichtig in seine Blätter zu zerlegen und vor sich hinzulegen.
Hilfsmittel: Papiertaschentücher

Was es ist – Gedicht von Erich Fried

Art: Zuhören und nachdenken
Aufgabe: Der/die LeiterIn liest das nachfolgende Gedicht vor. Die TeilnehmerInnen hören aufmerksam zu. Der/die LeiterIn lässt am Ende des Textes das Gedicht eine halbe Minute lang nachklingen.
Hilfsmittel: Vorzulesender Text

Was es ist
Es ist Unsinn, sagt die Vernunft.
Es ist, was es ist, sagt die Liebe.
Es ist Unglück, sagt die Berechnung.
Es ist nichts als Schmerz, sagt die Angst.
Es ist aussichtslos, sagt die Einsicht.
Es ist was es ist, sagt die Liebe.
Es ist lächerlich, sagt der Stolz.
Es ist leichtsinnig, sagt die Vorsicht.
Es ist unmöglich, sagt die Erfahrung.
Es ist, was es ist, sagt die Liebe.

Kniechen – Näschen – Öhrchen

Art: Koordination – Präzision – Motorik
Aufgabe: In einer achtsamen Haltung werden beide Hände auf die Oberschenkel gelegt (Ausgangsstellung). Nun werden die linke Hand zur Nase und die rechte Hand zum linken Ohr bewegt. Dann kehren beide Händen in die Ausgangsstellung zurück. Nun werden die Hände gewechselt: die rechte Hand wandert zur Nase und die linke Hand zum rechten Ohr. Wichtig ist es, den Rhythmus einzuhalten. Das Tempo kann gesteigert werden.
Hilfsmittel: keine

Einem Witz zuhören

Art: Zuhören – Lachen – Entspannen
Aufgabe: Der/die LeiterIn erzählt den nachfolgenden Witz, während die Teilnehmenden aufmerksam zuhören
Hilfsmittel: zu erzählender Witz

Der müde Petrus und die drei Gestalten
Eines Abends um 16 Uhr an der Himmelspforte sah Petrus drei Gestalten über die Wolken herannahen. Da er einen sehr anstrengenden Tag mit vielen Aufnahmen hinter sich hatte, verspürte er wenig Lust noch Überzeit zu leisten. Als die drei Gestalten die Pforte erreicht hatten, sprach er zu ihnen: „Hört mal, Jungs, ich habe wirklich einen anstrengenden Tag hinter mir und wenn ihr heut noch in den Himmel wollt, müsst

ihr schon eine gute Story auf Lager haben, ansonsten machen wir mit der Aufnahmezeremonie morgen früh weiter!"

Da trat der erste Mann vor und sagte: „Ich war ein verheirateter Geschäftsmann und wohnte zusammen mit meiner Frau seit kurzem im 5. Stock eines Hochhauses. In der letzten Zeit plagte mich der Verdacht, dass mich meine Frau betrügt. So kehrte ich unangekündigt einen Tag früher von einer Geschäftsreise zurück, kam in meine Wohnung und merkte sofort, dass irgendetwas nicht stimmte, obwohl ich meine Frau alleine antraf. Ich durchsuchte alle Zimmer, fand aber nichts. Als ich aber auf dem Balkon nachsah, hing ein nur leicht bekleideter Mann am Geländer. Ich wusste sofort, dass es sich um den Liebhaber meiner Frau handelte und versuchte in meinem Zorn den Rivalen zu beseitigen. Nachdem es mir nicht gelungen war, seine Finger vom Geländer zu lösen, holte ich in der Wohnung einen Hammer und schlug ihm auf die Finger, bis er loslassen musste und abstürzte.

Unglücklicherweise wurde sein Sturz durch einen großen Busch abgefedert, sodass er immer noch lebte. Darüber wurde ich noch wütender, kehrte in die Wohnung zurück, riss den Kühlschrank aus seiner Verankerung und schmiss ihn meinem Rivalen nach, sodass er endlich tot war. Über die ganze Angelegenheit habe ich mich so aufgeregt, dass ich einen schweren Herzinfarkt erlitt und starb.

Da sagte Petrus: „Bist wirklich ein armer Kerl. Tritt in den Himmel ein."

Da trat der zweite Mann vor und sprach: „Ich wohne in einem Hochhaus im 7. Stock. Wie jeden Morgen machte ich auf dem Balkon meine Turnübungen. Ich rutsche aber heute aus, verlor das Gleichgewicht und stürzte ich die Tiefe. Zum Glück konnte ich mich zwei Stockwerke weiter unten am Balkongeländer auffangen.

Ich war gerade dabei, mich hochzuziehen, als ein Irrer mit hochrotem Kopf fluchend und gestikulierend auf dem Balkon versuchte, meine Finger vom Balkongeländer zu lösen. Als ihm das nicht gelang, holte er einen Hammer und schlug so lange auf meine Finger, bis ich vor Schmerz loslassen musste. Als mein Sturz durch ein großes Gebüsch aufgefangen wurde und ich schon dachte, dass ich jetzt wirklich großes Glück gehabt hätte, schmiss dieser Idiot mit einem Kühlschrank nach mir, dem ich nicht mehr rechtzeitig ausweichen konnte. So verstarb ich auf der Stelle."

Da sagte Petrus: „Bist wirklich ein armer Kerl. Tritt in den Himmel ein."

Da trat der dritte Mann vor und stammelte: „Also ich – ich komme überhaupt nicht drauf, was ist; denn eigentlich saß ich nur im Kühlschrank…"

Sich ein Bild einprägen und wieder abrufen

Art::Aufmerksamkeit – Konzentration – Erinnern
Aufgabe: Jedes Gruppenmitglied erhält ein Bild (Kunstkarte, Memorykarte, Postkarte o.ä.). Nach dem ersten Gong wird das Bild eine Minute lang genau betrachtet. Während einer weiteren Minute versuchen die TeilnehmerInnen, das Bild vor dem geistigen Auge möglichst genau wieder abzurufen
Hilfsmittel: Karten / Bilder

Einen Ball mit einer bestimmten Reihenfolge hin und her werfen

Art: Reaktion – Konzentration – Feinmotorik – Erinnerungsvermögen
Aufgabe: Ein kleiner Ball oder ein Säcklein wird in einer bestimmten Reihenfolge von einer Person zur nächsten geworfen. Bei einer kleinen Runde (8–10 Mitglieder) können alle berücksichtigt werden. Die Teilnehmenden müssen sich eine Reihenfolge bzw. den Weg des Gegenstandes merken und wiederholen ihn während zwei Minuten in der immer gleichen Reihenfolge. Das Tempo kann gesteigert werden
Hilfsmittel: kleiner Ball, Säcklein oder anderer Kleingegenstand
Ergänzungen:
Weitere Möglichkeit: mit einer Schnur (Knäuel) oder einem dritten Ball und diesen in die entgegengesetzte Richtung werfen.

Das Gegenüber beobachten – Etwas verändern oder herausfinden, was es war

Art: Beobachtung – Merkfähigkeit
Aufgabe: Die Gruppe wird in Pärchen aufgeteilt, die sich gegenüberstehen und genau betrachten. Nach einer Minute drehen sich beide um und verändern etwas (den Ring an einen anderen Finger stecken, den Ring umdrehen, einen Ohrring wegnehmen, einen Knopf öffnen usw.). Danach sich wieder zuwenden und herausfinden, was der/die PartnerIn verändert hat.
Hilfsmittel: keine

Klopfen mit Faust und Fingern

Art: Konzentration und Feinmotorik
Aufgabe: Zuerst mit geschlossenen Fäusten (kleine Finger unten) auf den Tisch klopfen. Dann mit den Daumen auf den Tischen klopfen. Danach mit dem Zeige- und Mittelfinger auf den Tisch klopfen. Es folgen Zeige- und kleiner Finger. Von vorne beginnen und mir der Zeit schneller werden.
Hilfsmittel: keine

„Ups"

Art: Konzentration
Aufgabe: Die Gruppe erhebt sich und beginnt fortlaufend von Eins weg zu zählen. Jede Drei, auch ein Vielfaches von Drei sowie zusammengesetzte Zahlen, die eine Drei enthalten, müssen durch den Laut „Ups" ersetzt werden, also z. B. 3, 6, 9, 13, 18, usw. Wer eine Zahl anstatt „Ups" sagt, darf sich setzen und nimmt an den weiteren Runden nicht mehr teil.
Hilfsmittel: keine

Ich wünsche Dir

Art: Zuhören und nachdenken
Aufgabe: Der/die LeiterIn liest den folgenden Text vor. Die TeilnehmerInnen hören aufmerksam zu. Der Leiter baut eine kurze Pause nach dem ersten Lesen des Textes ein, um die Worte nachklingen zu lassen. Dann liest er den Text nochmals vor, lässt die Worte nachklingen und beendet die Übung mit einem Gongschlag.
Hilfsmittel: vorzulesender Text

> Ich wünsche Dir
> Ich wünsche Dir Augen, die die kleinen Dinge des Alltags wahrnehmen
> und ins rechte Licht rücken.
> Ich wünsche Dir Ohren, die die Schwingungen der Untertöne im Gespräch mit anderen aufnehmen.
> Ich wünsche Dir Hände, die nicht lange zögern, zu helfen und gut zu sein.
> Ich wünsche Dir Freude, Zuversicht, Liebe, Gelassenheit und Glück,
> Eigenschaften, die dich das werden lassen, was Du bist. Und immer werden willst – jeden Tag ein wenig mehr!

Salz und Zucker

Art: Fühlen – Tasten – Riechen – Schmecken
Aufgabe: In zwei gleichen Gefäßen ein bisschen Salz und Zucker vorbereiten. Ein Gefäß rechts, eines links zirkulieren lassen. Die Teilnehmenden müssen durch Fühlen, Tasten, Riechen und Schmecken herausfinden, welcher Stoff in welchem Gefäß ist.
Hilfsmittel: 2 gleiche Gefäße, Salz und Zucker

Der weiße Eisbär

Art: Radikale Akzeptanz
Aufgabe: Ziel ist es, möglichst nicht an einen weißen Eisbären zu denken. Der/die LeiterIn erwähnt in der Einführung möglichst oft den Begriff „weißer Eisbär" und erklärt mehrfach, dass man während der Übung an eben diesen nicht denken soll. Da dies kaum gelingen wird, besteht eine mögliche Konsequenz darum, den weißen Eisbären zu akzeptieren.
Hilfsmittel: kein
Ergänzung: alternativ mit rosa Elefanten

Eine Zen Geschichte

Art: Zuhören und nachdenken
Aufgabe: Der/die LeiterIn liest den nachfolgenden Text vor. Die TeilnehmerInnen hören aufmerksam zu. Der Leiter lässt nach dem Vorlesen des Textes die Worte eine halbe Minute lang nachklingen.
Hilfsmittel: vorzulesender Text

In einer der typischen Geschichten dieser Art sucht der Held sich eine allerletzte Instanz, die die Antwort kennt. Er bekam beispielsweise den Rat, einen weisen Guru ausfindig zu machen, der auf einem unzugänglichen Berg im Himalaya hauste. Stunden um Stunde echte Zeit vergingen, wenn wir von den jahrelangen Abenteuern des Helden bei seiner Suche nach dem Guru hörten. Der Guru trug ein langes Gewand, hatte ein gütiges Gesicht voller Falten und einen mächtigen grauen Bart. Er saß da und meditierte. Der Held brachte seine Frage selbstverständlich sofort vor und bekam eine Antwort wie „Das Leben ist ein Brunnen." Das stürzte unseren Helden in Verwirrung und Angst, und er platzte nach einigen inneren Kämpfen heraus: „Die Antwort kann doch nicht sein, dass das Leben wie ein Brunnen ist." Daraufhin erwiderte der Guru gelassen: „Dann ist das Leben eben kein Brunnen."

Den Körper wahrnehmen

Art: Spüren – Fühlen – Gleichgewicht – Motorik
Aufgabe: Fest mit beiden Beinen auf dem Boden stehen. Bewusst den Boden wahrnehmen. Das Gleichgewicht langsam von vorne nach hinten und von links nach rechts verlagern – wie ein Blatt im Wind. Dabei wahrnehmen, was im Körper geschieht.
Hilfsmittel: keine
Ergänzungen: Oder auf einem Bein stehen und Balance halten

Gerüche von Nadelbäumen erraten

Art: Riechen – Beschreiben
Aufgabe: Drei kleine Becherchen, gefüllt mit Nadeln oder kleinen Zweigen von unterschiedlichen Nadelbäumen werden herumgereicht. Wenn alle Teilnehmenden an allen drei Nadelsorten gerochen haben, versuchen sie anschließend – nicht wertend – ihre Wahrnehmungen zu beschreiben.
Hilfsmittel: 3 kleine Becherchen, 3 verschiedene Sorten Nadeln (z. B. Tanne, Lärche, Thuja)

Titel-Doppelworte verändern

Art: Konzentration – Nachdenken – Phantasie und Wortschatz
Aufgabe: Der/die LeiterIn beginnt mit einem Doppelwort, z. B. „Fußballspiel". Das nachfolgende Gruppenmitglied muss nun mit dem letzten Wort ein neues Doppelwort bilden, z. B. „Spielfeld", und gibt es dem nächsten Teilnehmenden weiter, der/die daraus z. B. „Feldhase" machen kann, usw.
Hilfsmittel: keine

Kreistelefon

Art: Tasten – Fühlen
Aufgabe: Die Teilnehmenden bilden einen Kreis und halten sich an den Händen. Auf den Gongschlag hin schließen sie die Augen. Der/die LeiterIn gibt auf einer Seite einen Händedruck. Dieser wird im Kreis weitergegeben. Der Druck kann aber auch von jedem Teilnehmenden in die Gegenrichtung geleitet werden. So müssen sich alle Teilnehmenden auf beide Hände konzentrieren. Sobald der Händedruck wieder beim/bei der LeiterIn angekommen ist, schlägt er/sie den Gong erneut, womit die Übung beendet ist.
Hilfsmittel: keine

Telefonvermittlung

Art: Konzentration – Reaktion – Motorik
Aufgabe: Der/die LeiterIn hält die Hände ans Ohr (mit dem Daumen am Ohrläppchen), öffnet und schließt die Hände und macht dazu mit dem Mund/der Zunge Geräusche einer surrenden Telefonanlage ("brrr"). Der/die TeilnehmerIn links macht dasselbe nur mit der rechten Hand. Der/die TeilnehmerIn rechts macht dasselbe nur mit der linken Hand. Nach ein paar Sekunden übergibt der/die Leiter/in mit einem Knackgeräusch („tägg") und einem Fingerzeig einem anderen Gruppenmitglied, dass sich so verhalten muss wie der/die LeiterIn zuvor. Analog müssen die TeilnehmerInnen links und rechts der neuen „Telefonzentrale" die Bewegungen und Geräusche ihrer Vorgänger übernehmen.
Hilfsmittel: keine

Assoziationsübung

Art: Konzentration – Nachdenken – Phantasie und Wortschatz – Aktivierung
Aufgabe: Der/die LeiterIn beginnt mit einem Wort. Der Nächste bildet mit dem letzten Buchstaben des genannten Wortes ein neues Wort. So geht es im Kreis herum. Es empfiehlt sich, zwei Runden zu machen.
Hilfsmittel: keine
Ergänzung: Durch Assoziation zum genannten Wort eine neues bilden.

Buchstabensuppe

Art: Nachdenken – Wort bilden
Aufgabe: Alle TeilnehmerInnen erhalten ein Häufchen Buchstaben. Daraus bilden sie ein möglichst langes Wort.
Hilfsmittel: Buchstabensuppe (ungekocht)

Gedankenreise

Art: Wahrnehmen und Nachdenken
Aufgabe: Alle Teilnehmenden stehen gut auf ihren Füßen, nehmen den Boden, den Kontakt zur Erde wahr. Der/die LeiterIn leitet die Teilnehmenden an, sich in Gedanken zu überlegen, wohin ihre Füße sie schon überall getragen haben. Dafür ein paar Minuten Zeit lassen.
Hilfsmittel: keine
Ergänzungen: auch als angeleitete Gedankenreise möglich

Atemübung

Art: Atem wahrnehmen und Bildern
Aufgabe: Beim Einatmen stellen sich die Teilnehmenden im Bauch eine aufgehende Rose vor. Beim Ausatmen ein Stein, der im Wasser langsam auf den Grund sinkt.
Hilfsmittel: keine

Ich packe meine Koffer

Art: Konzentration und Gedächtnis
Aufgabe: Die Teilnehmenden stehen im Kreis. Der Leiter fängt an mit dem Satz: „Ich packe in meinen Koffer..." und nennt dann eine Sache, die er einpackt, z. B. Sonnenbrille. Der nächste beginnt wieder gleich und wiederholt die vorher genannte Sache und fügt selbst noch eine hinzu. Der nächste macht wieder das Gleiche, dann immer so weiter. Der Leiter bestimmt, wann aufgehört wird.
Hilfsmittel: keine
Ergänzungen: was packe ich in meinen Koffer, was mir hilft, mit Stress besser umzugehen (Geduld, Mut, Respekt, Familie, Stärke, ...)

Gegenstände reichen

Art: Geben und nehmen
Aufgabe: Jeder Teilnehmenden wählt einen Gegenstand, den man einigermaßen gut in der Hand halten kann. Die Gruppe bildet einen Kreis. Immer abwechselnd wird er Gegenstand mit überkreuzten Armen dem linken Nachbarn weitergereicht (alle gleichzeitig). Dann werden die Arme geöffnet und der neue Gegenstand wird wieder nach links abgegeben, in die offene Hand. Ein paar Runden immer so weiter.
Hilfsmittel: jeder einen Gegenstand (aus dem Raum oder persönlich.)

Kopfbewegung: Ja-Sagen

Art: Spüren und Motorik
Aufgabe: Den Kopf ganz langsam auf die Brust senken und dort vorsichtig „hängen" lassen. Nachspüren, welche Muskeln dafür nötig sind, welche nicht. Den Kopf ganz langsam heben und vorsichtig in den Nacken legen. Spüren, welche Muskeln angespannt sind. Den Kopf mehrmals hin und her bewegen. Die Übung kann mit geschlossenen oder geöffneten Augen durchgeführt werden.
Hilfsmittel: keine
Ergänzungen: Man kann die Übung auch mit „Nein sagen" machen.

Die liegende Acht (Lazy Eight)

Art: Geben und Konzentration – integrierende Übung aus „Brain-Gym" v. Dennison
Aufgabe: Den linken Daumen in Lesedistanz auf Augenhöhe vor dem Gesicht halten. Nach links oben eine liegende Acht fahren. Der Mittelpunkt der liegenden Acht ist zugleich der Mittelpunkt der Augen in Lesedistanz. Mit den Augen dem Daumen folgen. Nach einigen liegenden Achten den Arm/Daumen wechseln. Wieder nach links oben beginnen. Zum Schluss die Hände in Augenhöhe falten und die Augen auf die gekreuzten Daumen richten. Wieder liegende Achten nach links oben beginnen und mit den Augen folgen.
Hilfsmittel: keine

Knie klopfen und stampfen

Art: Koordination und Konzentration
Aufgabe: Alle Teilnehmenden sitzen und machen dem Leiter alles nach. Es sagt, was getan wird: zuerst gleichzeitig mit den Händen auf die Knie klatschen und mit den Füßen auf den Boden, im Rhythmus von ca. 4x/sec: „… und jetzt hört die rechte Hand auf … und jetzt hört das linke Bein auf…und jetzt fängt die rechte Hand wieder an…und jetzt hören das rechte Bein und die linke Hand auf…und jetzt fangen alle wieder an…" etc.
Hilfsmittel: jeder einen Gegenstand (aus dem Raum oder persönlich.)

Rhythmus klatschen

Art: Koordination und Konzentration
Aufgabe: Alle Teilnehmenden sitzen im Kreis und haben die Hände auf den Knien. Alle zusammen klatschen einen 5er/7er-Rhythmus zu den Silben Ta-Ke-Ti-Ta-Ke bzw. Ta-Ke-Ti-La-Ta-Ke-Ti. Die linke Hand zeigt mit der Handfläche nach oben, mit der rechten Handfläche klatschen bei Ta, mit dem linken Handrücken bei Ti.
Hilfsmittel: keine

Atmung wahrnehmen

Art: Wahrnehmen
Aufgabe: Durch den Mund ein- und durch die Nase ausatmen. Dabei auf mögliche Körperwahrnehmungen (z. B. trockener Mund, Bewegungen der Nasenhärchen, Heben der Bauchdecke…) achten.
Hilfsmittel: keine

Stretching

Art: Bewegung
Aufgabe: Im Stehen sich achtsam strecken. Nach Belieben alle Körperteile dehnen.
Hilfsmittel: keine
Ergänzungen: auch möglich mit Gähnen

„Der angepflockte Elefant" v. Jorge Bucay

Art: Zuhören und nachdenken
Aufgabe: Text
Hilfsmittel: Geschichte

Als ich ein kleines Kind war, war ich vollkommen vom Zirkus fasziniert und am meisten gefielen mir die Tiere. Vor allem die Elefanten hatten es mir angetan. Wie ich später erfuhr, ist es das Lieblingstier vieler Kinder. Während der Zirkusvorstellung stellte das riesige Tier sein ungeheures Gewicht, seine eindrucksvolle Größe und seine Kraft zur Schau. Nach der Vorstellung aber und auch in der Zeit bis kurz vor seinem Auftritt blieb der Elefant immer am Fuß an einen kleinen Pflock angekettet. Der Pflock war allerdings nichts weiter als ein kleines Stück Holz, das kaum ein paar Zentimeter in der Erde steckte. Und obwohl die Kette mächtig und schwer war, stand für mich ganz außer Zweifel, dass ein Tier, das die Kraft hatte, einen Baum mitsamt der Wurzel auszureißen, sich mit Leichtigkeit von einem solchen Pflock befreien und fliehen konnte. Dieses Rätsel beschäftigt mich bis heute. Was hält ihn zurück? Warum macht er sich nicht auf und davon? Als Sechs- oder Siebenjähriger vertraute ich noch auf die Weisheit der Erwachsenen. Also fragte ich einen Lehrer, einen Vater oder Onkel nach dem Rätsel der Elefanten. Einer von ihnen erklärte mir, der Elefant mache sich nicht aus dem Staub, weil er dressiert sei. Meine nächste Frage lag auf der Hand: „Ich erinnere mich nicht, je eine schlüssige Antwort darauf bekommen zu haben. Mit der Zeit vergaß ich das Rätsel um den angeketteten Elefanten und erinnerte mich nur dann wieder daran, wenn ich auf andere Menschen traf, die sich dieselbe Frage irgendwann auch schon einmal gestellt haben. Vor einigen Jahren fand ich heraus, dass zu meinem Glück doch schon jemand weise genug gewesen war, die Antwort auf die Frage zu finden:

Der Zirkuselefant flieht nicht, weil er schon seit frühester Kindheit an einem solchen Pflock gekettet ist. Ich schloss die Augen und stellte mir den wehrlosen neugeborenen Elefanten am Pflock vor. Ich war mir sicher, dass er in diesem Moment schubst, zieht und schwitzt und sich zu befreien versucht. Und trotz aller Anstrengungen gelingt es ihm nicht, weil dieser Pflock zu fest in der Erde steckte. Ich stellte mir vor, dass er erschöpft einschläft und es am nächsten Tag wieder versucht, und am nächsten Tag wieder, und am nächsten... Bis eines Tages, eines für die Zukunft verhängnisvollen Tages, das Tier seine Ohnmacht akzeptiert und sich in sein Schicksal fügt. Dieser riesige, mächtige Elefant, den wir aus dem Zirkus kennen, flieht nicht, weil der Ärmste nicht glaubt, dass er es kann. Allzu tief hat sich die Erinnerung daran, wie ohnmächtig er sich kurz nach seiner Geburt gefühlt hat, in sein Gedächtnis eingebrannt. Und das Schlimmste dabei ist, dass er diese Erinnerung nie ernsthaft hinterfragt hat. Nie wieder hat er versucht, seine Kraft auf die Probe zu stellen.

Sich umschubsen wollen

Art: Gleichgewicht und Konzentration
Aufgabe: Sich in Reiterstellung möglichst eng gegenüberstehen und sich an der Schulter versuchen umzuschubsen. Der Geschubste dreht sich nach hinten weg und lässt so die Energie abfließen. Es gibt Leute, die man nicht umschubsen kann.
Hilfsmittel: keine

Der böse Mann und die junge Palme (Afrikanisches Märchen)

Art: Zuhören und Nachdenken
Aufgabe:
Einst kam ein finsterer Mann in eine Oase. Er hatte einen so verdorbenen Charakter, dass er sich an nichts freuen konnte. Immer wollte er Schaden anrichten. Am Rande der Oase sah er eine wunderschöne junge Palme, die sich der Sonne entgegenstreckte. Das störte den finsteren Mann. Er nahm einen schweren Stein und legte ihn der jungen Palme mitten auf die Krone. Böse lachend verließ der Mann die Oase. Die junge Palme aber schüttelte sich aus Leibeskräften und versuchte, die unbequeme Last abzuwerfen. Doch vergeblich. Der Stein saß so fest in der Krone. Der Stein saß so fest in der Krone, dass nichts half. Da krallte sich die Palme mit den Wurzeln tiefer in den Boden. Sie suchte mehr Halt im Erdreich und bohrte sich bis zu den tiefsten Wasseradern. Und sie stemmte sich mit der schweren Last gegen den Himmel. Bald war die Palme größer als alle anderen Palme in der Oase, und ihre Wurzeln waren so tief, dass sie immer genug Wasser hatte. Die Sonne von oben und das Wasser von unten machten aus dem jungen Baum eine königliche Palme. Viele Jahre später kam der böse Man wieder an der Oase vorbei. Er erinnerte sich an seine Tat und wollte sehen, wie die arme Palme wegen des Steins ein kleiner Krüppel geworden war. Aber er konnte nichts dergleichen finden. Da senkte die Palme die Krone, zeigte dem Mann den Stein und sagte: "Ich muss dir danken. Deine Last hat mich stark gemacht."
Hilfsmittel: keine

Emotionen benennen

Art: Wahrnehmen und Erkennen
Aufgabe: Jeder bekommt einen Zettel auf dem eine Emotion steht. Dann sagt jeder nacheinander seinem Nachbarn zur Rechten den Satz: „Ich sehe das blaue Haus" im Ausdruck der Emotion, die er auf dem Zettel stehen hat. Der Nachbar versucht die dargebotene Emotion zu benennen. Es wird sonst nichts geredet. Wenn er falsch benannt hat, versucht der andere es nochmals. Jeder hat drei Versuche. Wurde die Emotion richtig erkannt oder sind die drei Versuche vorbei, kommt der nächste dran.
Hilfsmittel: Zettel, auf denen Emotionen stehen, am besten Grundemotion wie Wut, Liebe, Angst usw.

Streifen reißen

Art: Feingefühl und Geschicklichkeit
Aufgabe: Jeder bekommt ein gleichgroßes Blatt, z. B. A3 oder A4. Nun versucht jeder in der gegebenen Zeit einen möglichst langen zusammenhängenden Streifen zu reißen.
Hilfsmittel: Papier

Achtsames Wort

Art: Assoziation und Wahrnehmen
Aufgabe: Jeder schreibt ein Wort auf einen Zettel. Diesen gibt er dann zwei Personen nach links weiter. Nun liest jeder achtsam sein Wort, d. h. „beobachten/wahrnehmen und benennen", was für Assoziationen / Gefühle und Wertungen auftauchen. Diese nicht festhalten oder fortstoßen, sondern weiterziehen lassen.
Hilfsmittel: Papier und Stifte

Bewusstes Atmen

Art: Atemübung
Aufgabe: Im Stehen die Hände hinter dem Kopf verschränken. Beim Einatmen die Ellenbogen nach hinten drücken, beim Ausatmen Oberkörper Richtung Knie beugen, Elenbogen zusammenführen, locker in den Knien.
Hilfsmittel: keine

Formen und Kneten

Art: Kreativität
Aufgabe: Jeder bekommt ein Stück Knetmasse und einen gegenständlichen Begriff auf einem Papier. Nun versucht jeder seinen Begriff mit der Knetmasse darzustellen.
Hilfsmittel: Knetmasse, Zettel mit Begriffen

Quellenverzeichnis

Brentrup, M., & Geupel, B. (2011). Ideen aus der Box. Fundus für Psychotherapie und Beratung. Dortmund: Borgmann Media.

Kleinstäuber, M., Thomas, P., Witthöft, M., & Hiller, W. (2017). Kognitive Verhaltenstherapie bei medizinisch unerklärten Körperbeschwerden und somatoformen Störungen. Springer-Verlag.